ひとりもとりこぼさない学校へ

ひとりもとりこぼさない学校へ

部落、貧困、障害、外国ルーツの若者の語りから

Kokichi Shimizu
志水宏吉――編

岩波書店

目次

序章　本書で何をするのか

志水宏吉

1　何が問題か

本書の目的は、現代日本の学校教育システムのありようを、マイノリティ集団に対する排除と包摂という視点から把握し、その改革・改善の方途を探ることにある。その背景には、「新たな時代に即した公教育をどう再編成するか」という実践的かつ政策的な問いかけがある。

かつてはその平等性や全人性を海外からも高く評価されていた日本の学校教育システムであるが、一九九〇年代以降の格差社会化の趨勢や「ペアレントクラシー」(＝親の富と教育期待が子どもの将来を大きく規定する事態)と呼ばれる動向の進展のなかで、そのあり方にほころびが目立ち始め、公教育の危機が叫ばれるようになってきている。具体的には、階層間・社会集団間の教育達成の格差が顕在化し、その平等化機能や社会統合機能に疑問符が呈されるようになっている(佐藤他 二〇一六)。

公教育とは、「公費を投じて運営する教育」のことであり、日本の場合には私学をふくめた学校教育システムがその実態をなす。教育の公共性を問うた場合、それは政府(国)が運営するものである(official)だけではなく、すべての人に開かれ(open)、人々の共通の基盤(common)を提供するものでなければならない(齋藤 二〇〇〇)。しかしながら、日本の現状を振り返ると、それが十分にオープンかつコモンなものであるかというと大きな疑問符をつけざるをえない。

一九九〇年代以降、社会科学の分野で、「不平等」や「格差」といった用語を補完する形で生まれてきたのが、「排除」(および、その対をなす「包摂」)という概念である。前者(不平等や格差)が「状態」を表す言葉であるのに対して、後者(排除と包摂)は状態を表すと同時に、プロセス(動的な過程)をも表示しうる概念である(岩田 二〇〇八)。本書では、これらをキーコンセプトとして、いくつかのマイノリティ集団に所属する子ども・若者が学校教育システムとかかわりあう過程を当事者への聞き取りを通じてリアルに把握し、社会的公正を重視する学校教育システムの再構築への方途を探ってみたい。

すなわち、冒頭に掲げた実践的・政策的問いかけを背景とした本研究の学術的問いは、以下のように表現することができる。すなわち、第一に、マイノリティ集団に所属する子ども・若者は、学校教育システムにおいていかに排除されているのか。第二に、その現実に抗して、彼らをより積極的に包摂し、彼らが望む教育を保障する学校教育システムをいかに再構築しうるか。

編者でもある、本章の筆者志水は、二〇一四年から二〇二〇年にかけて、日本学術会議において第一部会員(心理学・教育学委員会に所属)を務めた。排除・包摂と教育分科会の委員長となり、その成果物として発出したのが、提言『すべての人に無償の普通教育を――多様な市民の教育システムへの包摂に向けて』(二〇二〇)である。この文書は、「教育の力で、社会的排除への趨勢をできる限り押しとどめ」ることを意図し、「すべての人に無償の普通教育を」という理念を掲げ、現状の把握と改善の方向性を提案した。具体的には、「不登校の子ども」「外国籍の子ども」「障害のある子ども」「貧困家庭の子ども」「被差別部落の子ども」「周辺化される目立たない子ども」という六つのカテゴリーを設定し、彼らが教育の場からいかに排除されているかを検討したうえで、彼らをよりよく包摂するための手立てを「国」「地方自治体」「学校」の三つに分けて論じた。本書は、そもそもその分科会での議論に触発されて構想されたものである。

次節で見るように、「排除と包摂」という概念は、従来の「貧困」概念に代わるものとして一九八〇年代にフランスで生み出された。「排除と包摂」は新たな切り口を提示したが、のちに見るように、その多義性やあいまいさが批判されることもある。

「排除と包摂」は「貧困」に取って代わる用語として成立したという来歴からも明らかなように、それは、「きびしい状況に置かれた人々（＝しんどい層）をいかに支えるか」という社会課題への対応を念頭に置いたものである。それはそれできわめて大切なテーマであり、筆者自身もこの二〇年ほどは、子どもたちの学力格差をどう克服するかという具体的課題に取り組んできた。ただし、問題だと考えられるのは、「しんどい層を支える」という発想がそうではない層への視点を希薄化させ、「しんどい層」を生み出している社会構造自体への考察や働きかけを視野の外に置きがちになってしまうという点である。

そうした下層に位置づく人々をメインストリーム社会に引き戻そうという営みが、今日的意味での「包摂」である。それ自体は推進すべきことがらである。しかし、それだけで事足れりとするのは、違うのではないか。筆者はそう思う。なぜか。それだけでは、不平等で差別的な既存の社会構造やそれを維持しているイデオロギーなり常識なりが温存されるからである。自らマッチで火をつけ、それを自らポンプで水をかけて消すという「マッチポンプ」の構造にこそ、メスを入れなければならない。

このような問題意識をもって、私たちは調査研究に乗り出した。具体的には、「被差別部落」「貧困層」「障害者」「外国人」という四つのマイノリティ集団に注目し、彼らに対する教育における排除の実態を、①彼らが有する教育機会の現実（後期中等教育や高等教育への進学機会を中心に、統計データの収集等を通して）、②それに対する当事者の経験や意味づけ（高校生および二十歳すぎまでの若者層への聞き取り調査を通して）の二側面から把握しようと試みた。その上で、彼らをよりよく学校システムおよび社会システムに包摂するための方向性や具体的方策を理論的・実践的に追究しようとしてきた。それらの作業のまとめとして作成したのが本書である。

ここで、なぜその四つのマイノリティ集団に着目したのかについて、その理由を述べておこう。直接的な答えは、私たちが準拠している教育社会学という分野において、これらのグループに対する研究の蓄積が相対的に多いから、というものである。すなわち、彼らがいかに教育の場から排除されてきたか、あるいは彼らをいかに教育システムに包摂するかという問題が、長きにわたって研究者の関心事となってきたからである。

私たちの研究グループでは、今から一〇年ほど前に出版された学会誌(『教育社会学研究』)に、「マイノリティと教育」という文献レビューを掲載した(志水他 二〇一四)。このレビューは、「マイノリティ」という語を冠した、おそらく最初のアカデミックな文献レビューである。そこで扱ったマイノリティ集団が、「被差別部落」「障害者」「在日外国人」の三者であった。本章で扱う四つのグループのうち三つがこのレビューでカバーされている人々ということになる。今回新たに加えたのが、「貧困層」である。周知のように、この二〇年ほどの間に、「貧困問題」に対する社会的関心は増大し、さまざまな政策が採用され、実践的取り組みや理論的把握が行われるようになっている。そのような社会状況をふまえ、本調査では「貧困層」をも対象グループとして設定することにした。

先に述べた、日本学術会議の提言(『すべての人に無償の普通教育を』)においては、この四者に加えて、「不登校の子ども」と「周辺化される目立たない子ども」という二つが検討の対象とされている。この両者は、いずれも重要な問題領域を構成する子どもたちであることに間違いない。しかしながら、まず「不登校」はどちらかというと、学校教育の「結果」として生み出される側面が強いため、本章で扱うマイノリティ集団とは性格が異なると考え、今回の調査対象からはずした。また、「周辺化される目立たない子ども」も同様に学校教育のプロセスにおいて生み出されるものであること、さらには彼らを調査対象として扱うことはきわめて困難なために、調査対象とはしなかった。

もう一点、「性的マイノリティ」を中心に、今日とりわけ注目を集めつつあるマイノリティ集団も新たに見出されている。ただ性的マイノリティについては、調査対象としてある一定数以上の子ども・若者の協力を得て話を聞かせてもらうことは私たちの研究グループの能力を超えるため、検討の対象とは設定しなかったことを付け加えておく。

以下、本章では、まず2節において、排除と包摂という用語についての概念整理を行っておく。続く3節で、本書のベースとなっている、私たちの研究グループが実施した聞き取り調査の概要を述べる。そして4節では、得られたデータを分析するうえでの視点・枠組みについて解説する。最後の5節では、本書の構成について述べる。

2　概念の整理

(1)社会的排除と社会的包摂

日本教育社会学会編の『教育社会学事典』(二〇一八)では、社会的排除という言葉は、倉石によって次のように説明されている。

> 社会的排除とは従来の「貧困」概念を拡張し、金銭的・経済的次元のみならず住宅・健康・教育・職業・近隣関係といった社会生活の多次元における参加からの疎外としてとらえ、また時間軸を導入しプロセスとしてそれをとらえようとする概念である。(日本教育社会学会 二〇一八、一一八―一一九頁)

第一に、先にもふれたように、「社会的排除」は従来の「貧困」概念の発展型として位置づけられる概念であること、第二にそれは、経済的次元にとどまらない多次元性を持つものとして構成されていること、そして第三にそれは、一時点での状態ではなく累積的なプロセスとして把握されうること、を右の引用は端的に示している。

社会的排除は、「フランス生まれ、ＥＵ育ち」の概念であるという（岩田 二〇〇八、第一章）。若者の長期失業問題が深刻となった一九八〇年代のフランスにおいて、「排除」と「参入」をキーワードとする現状把握と事態改善の動きが顕著となった。ここで言う「参入」とは、「排除される人々の社会的コミュニケーションやネットワークの回復に社会の側が責任をもつ」という意味を持つものであり、「具体的政策レベルでは、職業やその他の社会生活の機会の提供」を指す（岩田、一七─一八頁）。それ以降、この言葉は「包摂」という語に置き換えられることになる。

「排除と包摂」は、一九九〇年代後半以降のイギリス労働党政権（当時は「ニューレイバー」と呼ばれた）の政策路線「第三の道」を象徴する言葉となり、社会の各方面における排除を克服し、包摂を実現するために、「ソーシャルエクスクルーション・ユニット」が立ち上げられた（日本教育社会学会 同前書、一一九頁）。

社会的排除という概念についての理論的検討を行ったバラ＆ラペールは、端的に社会的排除とは、「社会的統合を保証すべき諸制度の機能不全」（バラ＆ラペール 二〇〇五、一九頁）だと定義づけている。日本にその概念を導入するうえで大きな役割を果たした岩田は、それを「主要な社会関係から特定の人々を閉め出す構造から、現代の社会問題を説明し、それを阻止して『社会的包摂』を実現しようとする政策の新しい言葉」（岩田、一七頁）だと説明している。両者を統合して捉えるなら、社会諸制度の不備の状態およびその帰結を記述する言葉が「社会的排除」であり、それを是正するための政策・手立てを採ること、およびそれがもたらすと期待される成果を「社会的包摂」と呼ぶ、と整理することができる。

高橋は、日本における社会的排除・包摂概念の受容の流れをたどったうえで、教育・子どもへの介入を念頭におきつつ、その特徴を以下の七点にまとめている（高橋 二〇二〇、一七二─一七三頁）。

① 人生の早期から蓄積するという視点

② 剝奪や欠如、複合的な不利が重なるという累積性に着目する

③　多次元・多面的な領域での剥奪や欠如に着目する
④　状態や結果のみでなく、剥奪・欠如が生じるプロセスに着目する
⑤　社会やその発展段階に応じて異なるという相対的を持つ
⑥　排除を生み出す社会構造と生成力、制度それ自体が排除を生み出す側面に着目する
⑦　排除される側の視点をも組み込む

⑦に「排除される側の視点をも組み込む」とあるが、それが実質的にそうなっているかと言えば、そうとは言いがたいのが現状であろう。排除の実態は、すなわちマイノリティのしんどい状況であるわけだが、誰がそれを包摂しようとするかというと、その主体はいつもマジョリティである。より限定して言うなら社会の支配層である。そして、マイノリティの人々を排除するのもやはりマジョリティ、社会の主流派である。彼らがつくりあげてきた社会体制なり制度なりが、マイノリティを陰に陽に排除するのである。

先ほどの事典の項目担当者である倉石は、差別論と比べて社会的排除の議論においては「「誰が排除するのか」という視点が弱い」という特徴があり、マイノリティが置かれた文脈に十分気を使うことなく、いたずらに社会参加を促進するのは「包摂という名の新たな暴力」につながりかねないという重要な指摘を行っている（日本教育社会学会、二〇一八、一一九頁）。本書においても、「誰が排除し、誰が包摂しようとしているのか」という問いを常に念頭に置きながら、排除される側の視点なり論理なりを丹念にたどっていくよう試みた。

(2) 教育における排除と包摂

二〇一五年に『教育社会学研究』誌上に「教育における排除と包摂」というタイトルの巻頭論文を書いた酒井は、

「排除型社会において教育は、社会問題に対処するための人生前半期の社会保障の一つとして注目されている」と言及している。また、「学校教育は、そのシステム内部に累積的な排除の初期段階のプロセスを抱えている」とも指摘している（酒井 二〇一五、五頁）。これらの言葉は、「教育における排除」を、社会的排除の初期過程として捉える見方の妥当性を示していると言えよう。

言うまでもなく、教育システムは、社会システムのサブシステムである。家族システムの中で育った子どもたちは、学齢期に達すると教育システムの中に入っていく。そして、学校教育のプロセスを順次経験し、やがて職業世界を中心とする「大人の社会」へと参入していくことになる。社会的排除とは、主としてその大人の社会で生じる排除的な現象に言及する言葉である。私たちは、「教育における排除」を、それとは取りあえず切り離して考えるようにしたい。そして、酒井に準じて、「教育における排除」が、それに続く「社会的排除」の初期過程となる、あるいは「社会的排除」につながる基礎的要因の準備段階となる、という図式を採用することにしたい。

酒井は、こうした位置づけをもつ教育が社会的包摂を進めるための「重要な戦略拠点」となるという見方を提示している。

　　教育を通じて人々のケイパビリティを高めていくことで、はじめて排除に抗することができると考えられている。このような観点に立った場合、現代社会において教育は、排除を防ぐための重要な手立てであり、社会的参加のための基礎的条件として保障されることが強く求められるようになっている。（酒井 二〇一五、八頁）

ちなみに酒井が注目するのは、不登校や高校中退といった教育問題である。氏は「学校に行かない子ども」という言葉でその問題を主題化し、経験的研究の蓄積によってこの課題の解決の方向性を見出そうという努力を続けている。

酒井のスタンスと私たちのそれはきわめて近いところにあるのだが、誰をマイノリティとみなすかという点については若干の相違がある。すなわち、氏が着目するのは不登校児や高校中退生といった、学校教育が生み出すマイノリティ集団なのに対して、私たちが設定した四つのマイノリティカテゴリー(「部落」「貧困」「障害」「外国人」)は、社会のなかにそもそも存在しているマイノリティ集団である。「属性」的な性格が強いマイノリティ、本人の個性や言動にもとづくことなく外からカテゴリーが当てはめられるマイノリティと表現すればよいだろうか。私たちが対象とするのは、主としてそうした人たちである。しかしながら、この序章に続く各章を読んでいただくと、当事者の高校生たちが「貧困層」であることや「障害児」であることを自明のものとして受け取っているかというと、必ずしもそうではないという興味深い事実が明らかにされている。「マイノリティ」というカテゴリー自体、当事者(子どもや若者)にとっては外側(社会の側)から当てはめられるものであり、自らが折り合いをつけていかなければならない厄介な社会的構成物であるという事実に留意しておかねばならないだろう。

(3)三つの排除

本書では、「教育における排除」を、以下の三つのアスペクトを持つものと捉えることとする。

① 教育からの排除
② 教育のなかの排除
③ 労働市場からの排除

もっともシンプルに言うなら、①は入り口の問題、②はプロセスの問題、③は出口の問題である。言葉を足して言うと、①は家族システムと教育システムとの接合の問題、②は教育システム内部の問題、③は教育システムから社会システムへの移行の問題ということもできる。

まず①の「教育からの排除」について。たとえば1章で述べられているように、被差別部落の子どもたちは、戦後期のある段階まで長期欠席・不就学問題に苦しんできた。学校教育へのアクセスが実質的に閉ざされている状態にあったのである。一九七〇年代の同和教育の勃興期には、高校進学率の低さ、さらには大学進学率の低さが問題となった。そして、それら進学率の格差が一定程度縮小したのちには、高校や大学からの中退率の高さが問題視されるようになった。このように部落問題の文脈では、入り口および中途段階における「教育からの排除」が常に課題とされてきた。ひるがえって今日の貧困問題についても、ほぼ同様の問題状況が指摘されている。貧しい家庭の子どもたちの進学率は、豊かな家庭の子どもたちのそれに比べておしなべて低く、逆に中退率はいつも高くなる傾向にある。

②の「教育のなかの排除」について。これは、筆者自身が、一九九〇年代後半に、「ニューカマー」と呼ばれる外国人の子どもたちの教育の問題を探究した際に着目したテーマである。同調圧力が強い日本の学校文化のなかでは、異文化を有する外国人の子どもたちが「居場所」を見つけることは一般的に難しく、彼らが活躍できる「出番」を与えられる機会も限られていた。彼らの教育ニーズを教師の側が把握していないわけではなかったが、「特別扱い」を忌避する教育風土がカベとなって、彼らに対する公正な処遇がなされる場面は多くなかった。その結果、彼らは教室から、学校から、そして教育システム全体から結果的に排除されることになっていたのである(志水・清水 二〇〇一)。

なお、先ほど①の「教育からの排除」は「入り口」の問題としたが、厳密に言うと、それは正確ではない。②「教育のなかの排除」の結果として、①「教育からの排除」が生じる場合も当然あるからである。酒井が「学校に行かない子ども」(=不登校児や高校中退生)を問題視したのは、まさにこの文脈からであった。「教育からの排除」には、そもそも家庭的なハンディキャップから教育機会を十分に享受できないパターンと教育システム内でのプロセスから排除が生まれるパターンの主として二タイプがあることを、改めてここで確認しておきたい。

③の「労働市場からの排除」について。要するに、学校からの出口における排除である。本書の内容に則して言う

なら、部落問題に固有の課題として「就職差別」の問題をあげることができるが、マイノリティ集団に対する労働市場からの排除をもたらす要因としては、他に学歴別労働市場の存在やロールモデルの少なさによる進路選択幅の限定といったものを指摘することができよう。

これも先ほどと同様に、出口の時点で学歴やその他の属性から排除に出くわすパターン（部落民に対する就職差別がその典型）と、②「教育のなかの排除」の結果として労働市場へのアクセスが閉ざされるパターン（不登校児や学校をドロップアウトした若者が就職しづらい現状があること）の二タイプがあることに注意しておかねばならない。

ここまで見てきた三つのアスペクトは、本書に独自の見方というわけでもない。「教育における排除」を入り口・プロセス・出口に分解して考えるという発想は、一般の常識にもかなったものであると考えられる。

教育における排除と包摂というテーマに関して、先に挙げた倉石は独自の議論を展開している。その中心的な枠組みが、「排除と包摂の入れ子構造」というものである。これは、「包摂のなかに排除が、また逆に排除のなかに包摂が宿されているという構造」に着目した議論である。このように捉えると、排除の現状を是正するために採られる包摂策（制度や取り組み）は必ず反作用としての排除を生むということになる。

たとえば、本書4章で出てくる大阪府立高校の外国人特別枠は、間違いなく一群の外国人高校生たちの受け皿となっているわけであるが、受験資格を持たない外国につながりのある受験生たちを排除する機能を必然的に果たすことになる。倉石の同僚で、歴史的研究に従事している稲垣も、『教育における包摂と排除』という編著書のなかで、次のように言う。

戦後日本における教育の大衆化は、教育への量的レベルでの包摂という点では貢献したが、それによって学力や文化的なレベルでのさまざまな差異をめぐる問題が必ずしも解消されたわけではない。（中略）いわば包摂のな

かの文化的排除といえるような状況が存在するのである。（稲垣 二〇一二、九頁）

排除と包摂の関係を一方向性的に見るのではない、倉石にも通底する複眼的な視線が、右の主張には感じとれる。このように、教育における排除を三つのアスペクトに分け、それぞれの実態把握を経験的に試みようとする立場は本質主義的であるが、倉石の入れ子構造論は、それとは対比される構築主義的な視点に立脚するものだと言うことができる。本書では、双方の視点を柔軟に組み合わせてデータの分析に取り組んできた。

(4)排除のレベル

もうひとつ議論しておきたい事柄がある。排除の「レベル」の問題である。とりわけ②の「教育のなかの排除」を考えていく際にこれがポイントとなってくる。

筆者が想定する「レベル」とは、以下の三つのことである。すなわち、「制度レベル」「組織レベル」「相互作用レベル」。社会学の基本概念である。端的に言うと、排除が起こるのがどのレベルであるかを明確にしておかないと、議論が錯綜してしまうと懸念するのである。

障害児を例として、具体的に考えてみよう。ここに知的障害のあるAさんがいるとする。大阪の府立高校には「自立支援コース」という特別入試枠があるため（3章を参照のこと）、もしAさんが自立支援枠で高校生となったら、他の地域に住む知的障害のある生徒よりも、制度レベルにおいてはより包摂された状態にあると一般的には言えるだろう。しかしながら、同じ自立支援枠をもつ高校でも、当然ながらその学校文化は多様であろうから、X高で過ごした方がY高で過ごすよりも居心地がいい（居場所がある）といったことがありうる。すなわち、組織レベルにおいて、より包摂的な学校とより排除的な学校があり得るだろうということである。しかし、ずっと同じ高校（たとえばX高）で三年間を過ごしたとしても、その時々で仲間とつながれたと思える瞬間もあれば、疎外感にさいなまれる場面もあるだろう。これが相互作用レベルでの包摂あるいは排除である。

三つのレベルの排除（そして包摂）を意識しながら、インタビューデータを中心とする経験的データを分析・検討することが重要である。それぞれのレベルが等しく考察の対象となり得る。ただ、相互作用が積み重なって組織風土ができあがり、さらに個別組織の経験が蓄積されて制度の改変が導かれるという社会学的思考のルートに即するならば、最も考察の中心に据えるべきは、当事者の若者たちがいかに制度を経験し、それがどのような帰結を生んでいるかという問題である。つまり、相互作用の意味は、何よりも相互作用⇕組織⇕制度という連関のなかで解釈されるべきだということである。

こうした事情は、次にあげる酒井の指摘とも相通じるものである。

社会的排除・包摂の観点は、子ども・若者に問題が生じていることを指摘するだけでなく、その問題が生じるプロセスにおいて、法制度やその運用のあり方、さらには学校内における生徒の処遇のされ方などが相互に絡み合っている点に光を当てる。それは社会的排除・包摂の概念がもともと政治的、運動論的な概念であって、社会改革を強く志向するものだからだ。（酒井 二〇一五、一九頁）

最後の一文に改めて注目しよう。排除・包摂は政治的・運動論的な概念であり、社会改革を強く志向するものであるという指摘がなされている。とりわけ「包摂」の概念はそうである。そして酒井は、「教育を通じての社会的包摂」という視点から、SSW（スクール・ソーシャルワーカー）を中心とする学びのセーフティネットづくり、高校中退者に対するケアの充実をめざす取り組み、学校に行かない子どもたちに関する実態調査の実施とその情報の共有といった手立てが必要だと論じている（酒井 二〇一五、一六―一九頁）。

筆者自身も、小中学生の学力問題について取り組んできたが、そのポイントは、増大しつつある学力格差をいかに学校の力で食い止め、克服しうるかという点にあった（志水 二〇二〇）。大阪府教育委員会との協働作業でつくりあげた「力のある学校」のスクールバスモデルは、現場とのコラボレーションによる学問的努力が生み出した代表的なものと言うことができる（志水 二〇〇九）。また、ある頃から筆者は、「力のある学校」づくりという一学校組織の努力だけでは限界があると感じるようになった。その上位に位置づく教育行政、具体的に言うなら市町村教育委員会、都道府県教育委員会、そして文部科学省の役割がきわめて大きいと考えるようになってきた。そこで、地方教育委員会の効果のある取り組みを研究者としてサポートし、その成果を世に問うといったことも試みてきた（志水・茨木市教育委員会 二〇一四）。

排除は、制度・組織・相互作用の三レベルにおいて把握することができる。同様に包摂も、同じ三つのレベルにおいて観察・検討することが可能であろう。ただ教育を通じた包摂は、制度の改変によって、もっとも広範な影響を及ぼすことができる。その制度の改変を導く上で大きな力となるのが、個別学校や個別地域における包摂的な教育実践の蓄積である。そしてその蓄積に欠かせないのが個々の教師や教育関係者の、日々の地道な子どもたちとのかかわりである。その連関を常に念頭に置きながら、分析を進めていきたい。

3　調査の概要

本書のもととなっているのは、編者が研究代表者をつとめた科研費研究プロジェクト（基盤A「学校システムにおける排除と包摂に関する教育社会学的研究――マイノリティの視点から」、課題番号 A20H001000、二〇二〇～二〇二二年）である。その研究活動の中心を占めたのが、先に述べた四つのマイノリティ集団(「被差別部落」「貧困」「障害」「外国人」)に所属する子ども・若者に対するインテンシブな聞き取り調査である。

私たちは、本共同研究プロジェクトを次の二つの特徴をもつものと位置づけてきた。第一に、本研究はマイノリティを対象とする教育研究に「横串」を通そうとするものであること。第二に、当事者の視点に立って彼らの教育体験を吟味しようとするものであること。

第一のポイントについて。「横串を通す」とは、設定された四つのマイノリティ集団の教育経験を、「排除と包摂」をキーワードとする共通の枠組みで整理してみようということであった。そうすれば、たとえば貧困研究や障害児研究といった特定の研究分野に閉じこもっていては見出せないような理論的発見や新たな実践のアイディアを提出することができるかもしれないと考えた。そのために、子ども・若者を対象としたインテンシブな聞き取り調査を実施する前の段階で、「教育からの排除」「教育のなかの排除」「労働市場からの排除」という三つのフェイズからデータを整理しようという共通の枠組みを設定した。それだけではなく、インタビューデータを収集する際の共通の質問項目として以下のものを設定した。

① フェイズ項目
② 家庭生活(家族のことで一番思い出に残っていることは?)
③ 学校生活(どうしてこの学校を選んだのか? 誰が相談にのってくれたか? 学校生活で一番楽しかった・つらかったことは?)
③ 地域での生活(地元でよく行く場所は? 誰と何をして過ごすか?)
④ 将来の進路(将来の夢は何か? ○○歳になった時、どうなっていたいか?)
⑤ 当事者として(○○であることを意識・実感したことはあるか?)

聞き取りはできるだけ共同歩調をとりながらと考えたわけであるが、調査が進行するにつれ、機械的に項目を合わせることには無理があることが判明し、途中からは各班が比較的独自に中心的な発問をアレンジしていくこととなった。

第二のポイントについて。「当事者の視点に立つ」とは単純なことである。「教育における排除と包摂」というテーマに迫る際に、当事者の視点をクローズアップしようとした。具体的には、ティーンエイジャーを中心とする、若い世代に属する当事者たちの声を拾うことを本共同研究プロジェクトの中心的作業としたのである。最初に高校生をターゲットとしよう、そしてそれ以降随時、対象者の裾野を徐々に広げていこうというのが、当初の時点での私たちの了解事項であった。

しかしながら、いざ調査がスタートすると、世の中はコロナ禍のただなかにあった。そもそも複数人で集まって、聞き取りを実施すること自体がはばかられるような風潮さえあった。そうしたなかで、各グループのメンバーは、それぞれの問題意識の核を失うことなく、工夫と努力を重ねながら調査対象地や対象校、そして実際に聞き取りをする当事者たちを見出していった。聞き取りが進むに連れ、それぞれのグループのカラーが強く出始め、対象者の広がりやその内訳に大きなバラツキが出たのは無理からぬことである。最悪とも言える条件下で、粘り強く聞き取り調査にかかわってくれた共同研究メンバーがいなければ、本書が刊行されることはなかった。

当初の研究計画では、大阪と東京の二地点において、四つのマイノリティ集団についてそれぞれ一四〜一五歳(中学二・三年生)、一七〜一八歳(高校二・三年生および非進学者)、二〇〜二一歳(大学生および非進学者)という三つのグループ一〇人ずつの当事者に対する聞き取り調査を行うこととなっていた。目標とする対象者は、全体で二四〇人(二地点×四グループ×三つの年齢層×一〇人)となる計算であった。しかしながら、既述のようにそれを新型コロナが直撃した。二〇二〇〜二二年の三年間は、日本そして世界中がコロナ禍に揺れた期間とぴったり重なる。そうしたなかで、

「せめて各班、高校生たちの声だけは聴いておこう」という軌道修正を図った。四つのチーム(部落班・貧困班・障害班・外国人班)の聞き取り調査は難渋を極めた。それぞれのチームができる範囲で最大限の努力を傾けた結果、最終的には各チームが豊かな分析を可能とする量の聞き取り調査を実施することができた。

貧困班については大阪と東京の二地点でデータを収集できたが、残りの三チームは、ほとんどのメンバーが居住する大阪だけで聞き取りを実施することとなった。また、障害班・外国人班は高校生・若者のデータを潤沢に集めることができたが、部落班・貧困班についてはそれが扱う問題の特性もあって、親や教師、地域の関係者等の聞き取りも合わせて実施し、付加的な情報を得た。通常の教育活動すらままならない困難な状況のなかで、私たちの調査活動にご協力くださった当事者、支援者、関係者の方々に、この場を借りて深く御礼申し上げたい。

本書の記述は、高校生たちの経験や考えをめぐるものが中心となっている。前述した調査の経緯から、四つのグループに属する「子ども・若者」を「高校生」に集約しようという判断を、私たち共同研究グループが調査の中途段階で下したからである。結果的にその判断を下してよかったと思う。なぜなら、高校段階は、そこを通じて子どもたちが異なる社会的世界へと分化していく要の位置を占める教育段階であり、高校生たちの多様な声を聴くことによって、教育における排除と包摂のダイナミズムをかなりの程度焦点化してリアルに描き出すことができたからである。

またもう一点、先に述べたようなプロセスの結果として、本書1〜4章で描かれる高校生たちの姿は、その多くが大阪を舞台とするものである。実際には、貧困層を扱った3章を除けば、すべてが大阪という土地をベースとした現実の姿を描いている。したがって、本書の中身は大阪の土地柄・文化や大阪の教育システム・教育実践の特質を色濃く反映したものとなっていることをご了承いただきたい。裏返せば、本書によって描き出された高校生たちの姿を日本全体に一般化するには慎重でなければならないということである。この点については、終章で改めてふれたい。

4　分析の視点

ここで改めて、本書において「教育における排除と包摂」の内実を検討するに際しての視点を、七点に分けて整理しておきたい。

①包摂は究極的な目標ではない

社会的排除をなくし、社会的包摂を実現することが私たちの究極の目標であろうか。何をもって包摂とするかがそもそも問題なのだが、包摂という語が含意するのは、基本的には現体制、現在の社会システムの維持である。すなわちそれは、既存のマジョリティ・マイノリティの構造の存続を想定している。より上位の目標として、共生社会の実現があげられる。それは、マイノリティのみならずマジョリティの自己変容と新たな価値・制度の創出を要件とするものである。この点については、終章で改めて議論してみたい。

②誰が排除・包摂の主体となるかを問う必要がある

①にかかわって、排除あるいは包摂という語を使う際には、常に「誰が」「誰を」という社会学的問いを念頭に置いておくことが大切である。それを問うことのない、無反省的な「包摂」策の推進は、いわゆる「同化」と機能的には同じものとなる危険性がある。通常包摂される側と位置づけられることが多いマイノリティの視点を理解し、彼らの声を聴くことが必要である。さらには、マジョリティのあり方を変えるためには、マイノリティ側からの動き(＝社会運動)が不可欠だという見方も大切である。

③排除・包摂は、循環的な過程として捉えうる

排除の現実があるために包摂の手立てを採るわけであるが、それがまた新たな排除を生み、それに対する次の包摂的手立てが採られ……と、社会的現実は進行していく(→排除・包摂の入れ子構造)。したがって、排除→包摂を一回的、一方向的なものと捉えるのは不十分であり、それらが積み重なっていく循環的な過程として捉えることが肝要である。ある包摂策によって終わりが訪れる、ということはない。

④排除・包摂は、制度・組織・相互作用の連関構造のなかで生起する

マクロの制度的セッティングのなかで、ミドルレンジの組織構造のなかで、そしてミクロな相互作用のなかで、排除あるいは包摂と呼びうる現象を私たちは把握することが可能である。どれもが注目に値する現象である。しかし、それらを個別、単独の事象として捉えているだけでは不十分である。すべての事象を、三者の相互連関構造のなかで理解・解釈することが必要であり、そのことを通じてこそ、その事象の社会的意味の十全な把握が可能となる。

⑤教育における排除は、社会的排除の初期過程である

社会的排除と教育における排除を峻別して考えなければならない。言うまでもなく、両者は相互に関係しているが、後者を前者の初期的な過程、あるいは前提となるものと位置づけるのが適当であろう。主として人生の初期に経験される教育における排除が、その後の人生における種々の社会的排除へとつながっていく。

⑥教育における排除は、三つのアスペクトから成り立つ

三つのアスペクトとは、「教育からの排除」「教育のなかの排除」「労働市場からの排除」である。三者は密接な結びつきを有しているが、その様態は考察の対象とするマイノリティ集団の性質によって多様である。「教育からの排除」と「労働市場からの排除」は、あらかじめ社会のなかに存在するものと「教育のなかの排除」を経由してもたらされるものとから成り立つ。

⑦教育における包摂を考える際の重要キーワードに「参加」がある

教育における包摂は、マイノリティに対する教育機会の開放をさす場合が多い。しかし単なる開放は、包摂の内実を保障するものでは全くない。マジョリティと同等の「参加」を享受できているか、そしてそのことを通じて、マイノリティのみならずマジョリティにも自己変容・成長の契機が十分に用意されるか。この点は、今後の議論の焦点のひとつになると思われる。この問題は、終章で深く掘り下げる予定である。

この七つの視点は、調査が進行しつつある中途段階で設定したものである。1章以降をお読みいただければわかるが、各章の分析と記述のスタイルはかなり個性的なものとなっており、必ずしも厳格にこの七点に準拠するという形となっていないことにご留意いただきたい。機械的に「横串」を通す、すなわち、各章の記述のそれぞれにこの七点を生かすことには限界があった。集まった聞き取りデータから浮かび上がった「世界」の構築を、各チームの執筆者に委ねた。七つの視点のどれを重視するかは、各チームの判断に任せたということである。

5　本書の構成

この序章に続いて、五つの章が配置されている。

第1章では、「被差別部落」について扱う。「不可視化される排除」と題されたこの章では、部落出身の高校生・若者の語りから、「部落差別」の現状と彼らの意識・生活のありように光が当てられる。中心的なキーワードのひとつが「マイクロアグレッション」である。学校のなかで彼らが「見えない差別」に遭遇している状況が明らかにされる。他方で、彼らは地域における社会教育活動・ボランティア活動のなかで、肯定的な集合的アイデンティティの萌芽を経験してもいる。部落マイノリティの存在意義は、マジョリティがつくり上げてきた生活システムを「異化」する存在となることであり、そのためには長年関西を中心に展開されてきた同和教育の再構築が必要だと主張されている。

第2章では、「貧困層」について扱う。「貧困を生きる高校生の経験と乗り越えのための取り組み」と題されたこの章では、「子どもの貧困対策の現状と課題を、当事者である子どもや母親、そして教師の語りを分析することで明らかにする」ことが目指される。まず、貧困なるものが子どもや母親にとっていかなるものとして経験されているかが検討される。そのうえで、高校における排除と包摂の諸相が議論の対象となる。ひとつの結論は、「学校における排除」を食い止めるためには、本章でいう「支援の作法」の活用が必要だというものである。高校の階層構造の下方に位置づく学校で実践されてきた「支援の作法」が、貧困層の子どもたちの包摂の鍵になると論じられている。

第3章では、「障害者」について扱う。「高校生が「障害者」になるとき」と題されたこの章では、「異なる進路をたどった障害当事者の排除と包摂の経験を聞き取ることで、教育システムがそれぞれの経験をどのように形成するのか」という問いが探究される。具体的には、五つの異なるタイプの後期中等教育機関に通う「障害児」たちの語りがふんだんに採り入れられ、彼らが「障害者」となっていく（あるいは、なっていかない）過程に検討が加えられる。そこで明らかにされるのは、「健常者」と「障害者」というシンプルな二項対立では捉えきれない彼らのアイデンティティ形成のありようである。「教室に蔓延する能力主義や適格者主義は現実に障害のある生徒を苦しめている」現状を指摘し、「日本型インクルーシブ教育」の問題点を批判している。

第4章では、「外国人」について扱う。「「外国人のまま生きられる」教育の可能性」と題されたこの章では、「外国人児童生徒を公教育で包摂するとは、どのような状況を考えるべきなのか」という問いが設定され、それを検討する際のキーワードとして「文化保障」「社会統合」「参加」という三つが取り上げられる。そのうえで、三つの異なるタイプの高校に在籍している外国人生徒の聞き取り、および各校での参与観察・教員への聞き取りデータをもとに、彼らが置かれた状況について考察が展開される。本章が重視するのは「参加」の観点である。外国人生徒のニーズが尊重される、「外国人生徒を積極的に肯定する」あるいは「外国人のまま生きられる」教育こそが、私たちの目指すべき道であると結論づけられている。

終章では、全体のまとめがなされる。前章までに提出された知見や主張をベースにして、改めていくつかの理論的・実践的テーマについての検討が加えられる。扱われるトピックとは、たとえば以下のようなものである。「四つのグループに対する学校における排除に、どのような共通点と相違点があるか」「上記の事柄に対する、高校段階の固有性とはいかなるものか」「マイノリティ教育で指摘されてきた「差異のジレンマ」について、本書はどのような解答を示すことができるか」「いくつかの章で強調されている「参加」の視点を、私たちのグループとしてどのように評価すべきか」「改めて、学校教育における包摂とはいかなるものか。同化と包摂は同じものか。あるいは異なるものか。異なるとすれば、違いはどこにあるのか」。

参考文献

稲垣恭子 二〇一二、『教育における包摂と排除――もうひとつの若者論』明石書店。
岩田正美 二〇〇八、『社会的排除――参加の欠如・不確かな帰属』有斐閣。
倉石一郎 二〇二一、『教育福祉の社会学――〈包摂と排除〉を超えるメタ理論』明石書店。
齋藤純一 二〇〇〇、『公共性（思考のフロンティア）』岩波書店。
酒井朗 二〇一五、「教育における排除と包摂」日本教育社会学会『教育社会学研究』第九六集、東洋館出版社、五―二四頁。
佐藤学他編 二〇一六、『社会のなかの教育』岩波書店。
志水宏吉 二〇〇九、『「力のある学校」の探究』大阪大学出版会。
―― 二〇二〇、『学力格差を克服する』ちくま新書。
志水宏吉編著・茨木市教育委員会著 二〇一四、『「一人も見捨てへん」教育――すべての子どもの学力向上に挑む』東洋館出版社。
志水宏吉・清水睦美編著 二〇〇一、『ニューカマーと教育――学校文化とエスニシティの葛藤をめぐって』明石書店。
志水宏吉・髙田一宏・堀家由妃代・山本晃輔 二〇一四、「マイノリティと教育」日本教育社会学会『教育社会学研究』第九五集、東洋館出版社、一三三―一七〇頁。
高橋味央 二〇二〇、「子どもの貧困・排除をめぐる教育と福祉の今日的課題――社会的排除／包摂の視点から」関西学院大学人間福祉学部研究会『人間福祉学研究』第一二巻第一号、一六九―一八一頁。
日本教育社会学会編 二〇一八、『教育社会学事典』丸善出版。
A・S・バラ、F・ラペール、福原宏幸・中村健吾訳 二〇〇五、『グローバル化と社会的排除――貧困と社会問題への新しいアプローチ』昭和堂。

第1章　不可視化される排除

髙田一宏
石川結加

1　部落問題と「排除と包摂」の理論的枠組み

(1)社会問題としての部落問題

部落問題とは、近世の賤民身分の人々が居住していた地域の出身者、居住者、それらの縁者と見做される人々に対する差別問題である。当該地域を「被差別部落」と呼び、被差別の当事者を「部落出身者」と呼ぶ。戦中に行政用語として定着した「同和」という言葉も広く使われている。たとえば「同和問題」「同和地区」「同和教育」などである。

社会問題としての部落問題の歴史には大きな節目が四つある。

一つめは一八七一(明治四)年の太政官布告(いわゆる「解放令」)である。この布告で近世の賤民身分は廃止され、身分・職業は「平民」と同じということになった。布告で差別がなくなったわけではないが、これ以降、旧身分を理由とする差別はあってはならないものとされた。この時はじめて、部落差別は解決すべき「問題」となったのである。

二つめは日本国憲法の公布(一九四六年)である。憲法は法の下の平等を唱え、「人種、信条、性別、社会的身分又は門地」により差別されないことを定めた。この憲法によって、部落差別は基本的人権の侵害として法的に位置づけられたのである。

三つめは、同和対策審議会の政府への答申(一九六五年)である。答申は部落の人々が「経済的・社会的・文化的に低位の状態」に置かれ、職業選択や結婚にかかわる「市民的権利と自由」が侵害されていることを指摘した。そして、これらの問題の解決を「国の責務」であり「国民的課題」であるとした。答申をふまえて同和対策事業特別措置法(一九六九年)が制定され、「低位の状態」を解消するための同和対策事業と差別意識解消のための教育・啓発活動が本格的に始まった。

四つめは同和対策事業の終結(二〇〇二年)である。同和対策のための特別措置法(以下、「法」)は幾度か期限延長や名称・内容の変更をくり返してきたが、二〇〇二年三月で期限切れとなった。また、これに先立って「人権教育のための国連一〇年」(一九九五年〜)が始まり、国は同和教育を人権教育に「発展的に再構築」するという方向性を打ち出した。

同和対策事業の終結から約二〇年がたったが、部落問題の解決にはほど遠いのが現状である。教育に深くかかわる問題としては、若者の貧困や子どもの学力低下が指摘されている。また、学校で部落問題を学ぶ機会が減る一方、インターネットによる差別意識の拡散と人権侵害が深刻化している。そうした事態を受けて、部落差別解消推進法(以下、「新法」)が二〇一六年に制定された。ただし、この法律の制定後、国は、部落差別の実態把握にあたって地域や個人を特定すべきではないとの立場をはっきりと打ち出すようになった。そのことは教育・啓発の内容が一般論・抽象論に終始する一因になっている(髙田 二〇二一)。

(2) 部落問題とは何か
「見做し差別」の恣意性

部落差別は「世系(descent)」にもとづく差別である。世系とは代々引き継がれていく系譜のことで、日常語で言えば「血筋」や「生まれ」にあたる。世系による差別の典型はインドのカースト制である。日本も締約国になっている人種差別撤廃条約は「人種」や「民族」とならんで「世系」による差別を対象としている。だが、日本国政府は条約の対象に部落差別は含まれないとの見解を示している。

部落差別は近世の身分制に由来する差別だが、差別の対象となる人とそうでない人との差異は曖昧である。両者は体や心の特徴(肌や髪の色などの形質、心身の状態)や、文化的な特徴(言語や宗教など)で区別できない。食肉や皮革などの部落産業が存在する地域もあるが、それらの職業は世襲ではない。くわえて、高度成長期以降、部落では転出入が増えて人口が大きく流動化した。部落に生まれた人は部落外にも住んでおり、部落の中にも部落外に生まれた人が住んでいる。若い世代では部落内外の人々の「通婚」が一般化している。

出自を暴く身元調査は社会的に許されない行為だという考えはかなりの程度浸透しており、一部の自治体では法的規制も行われている。ある人が近世賤民身分の血筋に連なっているかどうかを確かめることは難しい。だが、差別者にとっては、そんなことはどうでもよい話だ。部落差別は、ある人を「この人は部落出身だ」と差別者が見做すことによって起きる。部落差別は差別者の恣意から生まれる。差別があるのは差別者がいるからである。

ここに部落差別を告発することの難しさがある。差別の告発は自分が差別される立場にあることの表明でもある。立場の表明でさらに差別を受けるおそれもある。だから周囲の人々は「わざわざ言う必要はない。黙っていれば差別を受けない」と「善意」の忠告をする。当事者も差別を避けるために黙ってしまう。こうして差別はなかったことになり、被差別当事者は見えない存在になっていく。

当事者がこの状況をどう捉えているのかを考える手がかりとなる概念が、第2節でとりあげる「マイクロアグレッション」である。直訳すれば「小さな攻撃」である。これは対人関係というミクロな相互作用の中で起こる攻撃を意味する。だが、決して小さな問題ではない。積もり積もった攻撃は当事者に大きな心理的ダメージを与えるからである。

土地との結びつき

部落出身者とそうではない人の区別は曖昧だが、多くの人が区別の手がかりにしていることはある。それは「土地」である。近年の市民意識調査によると、「部落出身者」であるかどうかを判断する手がかりとして、多くの人が本人や親の居住地・本籍地を挙げている。また、住宅を買ったり借りたりするときに、部落とその周辺地域の物件を忌避する人がいることも明らかになっている(奥田 二〇〇六、二〇〇七)。

部落差別とは、特定の土地(部落)に縁がある(本人あるいは家族・親族が住んでいる・住んでいた)と見做される人に対する差別である。障害者が集められて住む地域など、そもそも存在しない。同じ民族の人々が集住する地域はあるが、差別はその地域に生まれ育ったことを理由にして起きるわけではない。特定の土地とかかわりがある(と見做される)ことで差別を受けるのは、部落差別の大きな特徴である。

このことは、差別に抗する社会運動に独特の性格を与えた。それは地域コミュニティを基盤にした住民運動が、盛んになったことである。部落には教育を受ける機会を奪われて、日常生活に不自由する人が少なくない。自分がじかに差別を受けた人や、家族・親族や友人・知人が受けた差別を見聞きした人もいる。そうした人々の差別への怒りや不安を組織化して差別的な制度や慣行を変えてきたのが部落解放運動である。マイノリティの人々の共通体験を「集合的アイデンティティ」として組織化し、政治運動の原動力に転化していくことを「アイデンティティ・ポリティクス」という。地域における部落解放運動は、まさにそのようなものであり、小中学生の「解放子ども会活動」や高校生・大学生・若者の地域活動は、当事者の集合的アイデンティティ形成に多大な影響を与えた。

同和教育の課題

同和対策審議会の答申(一九六五年)は部落差別を「実態的差別」と「心理的差別」の両面から捉えた。そしてその二つが互いに影響を与え合い、悪循環を起こしていると指摘した。答申は「実態的差別」について次のように述べている（傍線は筆者による）。

実態的差別とは、同和地区住民の生活実態に具現されている差別のことである。たとえば、就職・教育の機会均等が実質的に保障されず、政治に参与する権利が選挙などの機会に阻害され、一般行政諸施策がその対象から疎外されるなどの差別であり、このような劣悪な生活環境、特殊で低位の職業構成、平均値の数倍にのぼる高率の生活保護率、きわだって低い教育文化水準など同和地区の特徴として指摘される諸現象は、すべて差別の具象化であるとする見方である。

心理的差別と実態的差別との悪循環とは、次のような事態をさす。心理的差別の顕れである就職差別は安定した収入を得る道を閉ざして生活基盤を不安定にし、家庭での子育てや子どもの学校適応に悪影響を及ぼす。就職差別は部落の人々の生活観や教育観にも影響する。努力して学力や学歴・資格を身につけても、差別でその努力が水の泡になるのであれば、努力の意義を感じにくくなっても無理はない。また、身近で多様な職業に触れる機会が乏しくなれば、進路の選択肢はあらかじめ狭まってしまう。こうして部落の生活の「低位性」は次世代に再生産され、部落差別意識が温存・助長される。結婚差別もこのような地域とのかかわりを持ちたくないという意識からおきる。法的には当人同士の合意で婚姻は成立するはずなのだが、周囲の反対によって結婚できなくなる例は後を絶たない。部落に住まないこと、部落に多いとされる仕事を辞めること、部落の親族とのつきあいを断つことなどが、結婚の「条件」として提示されることもある（齋藤 二〇一七）。

同和対策事業や同和教育の目的は、この悪循環を断つことにあった。一九七〇年代に入り、地域では社会福祉施設

（隣保館、保育所など）や社会教育施設（青少年会館など）が整備され、差別に抗う子どもたちの育成をめざす「解放子ども会」の拠点となっていった（齋藤 二〇一二）。また、教育費の負担軽減策（保育料の減免、義務教育の特別就学奨励費、高校・大学進学のための奨学金など）もとられるようになり、奨学金を受給する高校生が集う「高校生友の会」が結成されていった。これらの地域活動では、一枚岩的・本質主義的な集合的アイデンティティを基盤とし、出身者としての自己認識と学力論を連動させた「差別を見抜き、差別に負けない、差別と闘う力」、いわゆる「解放の学力」の促進がめざされた（中村 一九九七）。一九九〇年代後半以降は、同和対策事業の終結に先立ち、「解放子ども会」などの地域教育活動の運営は保護者組織が担うようになった（中村 二〇一二）。

一方、学校では、校区に部落がある小中学校に同和加配教職員が配置され、地域活動と連携しながら児童生徒の教育権保障（就学・学力・進路の保障）と人権・部落問題学習が盛んに行われるようになった。同和対策審議会の言葉を借りて言えば、前者は「実態的差別」、後者は「心理的差別」の解消に向けた取り組みである。

部落の児童生徒の教育権保障は、部落外の生活困窮層や他のマイノリティグループの権利拡大へとつながっていった。一九七〇年代後半には生徒の急増に対応して府立高校がいくつも増設された。新設校の中には高校の序列化やマイノリティ生徒の排除を克服するため、中学と連携した進路指導を強化したり、障害のある生徒とない生徒が、ともに学ぶ教育をすすめたりした学校が少なくない。これらの学校では、部落問題研究会などのサークル活動も盛んに行われた。特定の高校の受験を奨励する「集中受験」運動が取り組まれた例もあった。以上の取り組みは「地元校育成」運動と総称されるが、運動の成果は知的障害のある生徒の特別コース（第3章）や、日本語の特別な指導が必要な生徒むけの特別枠入試（第4章）などに結実した。

部落問題学習も、部落出身ではない子どもたちの差別意識の解消だけでなく、部落出身の子どもたちのアイデンティティ形成を視野に収めていた。部落出身者の部落問題認識は、同じような境遇の友人や先輩との交流やマジョリティの児童生徒との信頼関係づくりのもとで深められた。そのような意味で、部落問題学習は、すべての子どもが自らのあり方や社会のあり方を問いなおす学習だった。

(3)学校システムをめぐる排除と包摂

三つの局面

これまでに部落問題と同和教育や同和対策事業の歴史を述べてきた。次にそれらを本書全体の枠組みに落とし込んで整理しよう。

序章で述べたように、本書では学校システムをめぐる排除を、①「教育からの排除」、②「教育のなかの排除」、③「労働市場からの排除」という三つの局面で捉え、これらの排除は社会的排除の初期段階に組み込まれていると考えている。

具体的に説明しよう。①の「教育からの排除」とは、義務教育段階の長期欠席・不就学、高校進学の断念、高校中退など、学校教育を受ける機会を奪われることをさす。②の「教育のなかの排除」とは、部落の児童生徒が学校教育の中で周辺化され、学校で居場所を失い、学力不振に陥ったり非行・問題行動に走ったりすることをさす。③の「労働市場からの排除」には、直接的な就職差別だけでなく、学歴や職業資格が身につけられないこと、ロールモデルが限定されることで進路の多様な選択肢が想定できなくなること、また、それらの状況を学校が放置・追認することも含む。

同和教育がめざしてきたのは、これら部落差別を背景とする教育的・社会的排除を克服し、包摂的な学校と社会を作ることである。具体的な教育課題としては次のことが挙げられる。①に関しては、長欠・不就学対策(義務教育段階の生活保障と就学保障)と高校・大学等への進学機会の拡大、②に関しては、学力保障、部落問題学習、地域の「高校生友の会」や学校の「部落問題研究会」などの地域活動・自主活動、そして③に関しては、就職差別の撤廃とキャリア教育である。

「差別の現実に深く学び、生活を高め、未来を保障する教育を確立しよう」。これは全国人権教育研究協議会(旧全国同和教育研究協議会)という研究団体が一九六五年から掲げているスローガンである。「排除・包摂」という言葉こそ使ってはいないが、このスローガンには、教育における排除の克服が成人期(未来)における社会的包摂につながるという発想が示されている。

以上が排除と包摂を捉える枠組みの基本だが、この枠組みは見直しを迫られている。それは、同和対策事業の終結、地域の教育活動や学校の同和教育の停滞、社会全体ですすむ少子高齢化や格差社会化にともなって、排除の実態と包摂の課題に変化が生じているからである。順に説明しよう。

①について。少子化にともなう受験競争の緩和によって、全体として高校進学の門が広がっている。かつて多くの部落出身生徒が入学していた「地元校」の一部は総合学科に改編されるなどして難易度が上昇したが、それに代わって定員割れした高校が学力不振層の受け皿になっているという状況がある。一見、教育からの排除は緩和されたようにもみえるが、事態は複雑である。

②について。教師や級友の間には部落問題に対する無知・無関心が広まっている。当事者が沈黙しがちなのは今も昔も変わらない。だが、それは差別を受けることを恐れてというよりは、部落問題に無知・無関心な教師や級友に語る言葉を持てないでいるためのようである。学習意欲や登校意欲の減退を背景とする不登校や中退がめだつとの指摘もあり、それらの問題の背景には基礎学力の不足やロールモデルの偏りといった教育課題が横たわっていると考えられる。

③について。近年、若年層の就労と生活基盤の不安定化が明らかになっており、その一因として役割モデルの限定

性が指摘されている。今回の調査は高校生と二十代前半までの若者を対象としたこともあって、「労働市場からの排除」を詳しく調べることはできなかった。だが、調査からは、高校在学中のアルバイトが非正規雇用への早期参入へと結びついていったり、高等教育への進学を考えている人たちの間でも将来めざす職業の選択肢が限られたりしていることがうかがえた。

三つのレベル

これら三つの「排除と包摂」の局面を、マクロレベル(制度)、ミドルレベル(学校組織)、ミクロレベル(相互作用)の連関構造のなかで捉えようというのが、調査全体の枠組みである。

部落問題の特徴は、部落出身者に対する直接的なマクロレベルの排除が存在しないことである。部落出身者は障害者のように通常学級・学校への在籍・就学を拒まれたり、特別支援学級・学校への在籍・就学を奨励されたりすることはない。公務員職の多くには国籍条項があり、障害者には「欠格条項」によって取ることができない資格や免許がある。だが、部落出身者にそのような制約はない。教育制度、職業資格、それらの裏打ちとなる法規だけをみれば、部落出身者はマジョリティの人々と同等の扱いを受けてきた。

次に、ミドルレベルとミクロレベルについてみよう。義務教育段階の長期欠席・不就学、教師や級友の差別的言動、学力不振と「荒れ」、就職差別の追認・放置などの排除の実態はかなりの程度解消されたが、形を変えて課題は残っている。

今回の調査では「他に行ける高校がなかった」といった理由で進学先を選んだとか、運転免許を取るのに苦労したといった話も聞くことができた。これらは義務教育段階の基礎学力保障が充分になされていないことを示唆している。また、高校生活の中で教師や級友の部落問題認識に違和感を覚えたり、自分の出自を語れないモヤモヤした気持ちを抱えたりする人も少なくなかった。そして、これらの個人に現れた問題の背景には、教育課程における部落問題学習の位置づけや教員の世代交代といった組織レベルの問題があることがうかがえた。

これらのミドルレベル・ミクロレベルの排除の実態はなかなか表面化しない。一九九〇年代後半以降、特に同和対策事業の終結以降、国や地方自治体は地域や人を特定した差別の実態把握を行わなくなった。学力や進路における格差の是正は政策的・実践的課題として取り上げられなくなり、部落問題学習の機会も少なくなっていった。法律とそれに裏打ちされた政策の消失が、ミドルレベルとミクロレベルの排除の実態を見えなくさせたのである。これは「行政の不作為による排除の不可視化」と呼ぶべき事態である。

加えて、我々が調査を実施した大阪府では高校入試制度の改編と公立高校の再編が推進されてきたが、これらの教育政策は、国全体として競争主義的色彩が強くなっていることの表れであると考えられる。高校教育改革のポイントは次の四点である（髙田 二〇二四）。

第一に、高校入試制度の改編のなかで、公立高校普通科の学区は廃止され、普通科と専門学科の入試日は一本化された。第二に、府立学校条例の定めにより、三年連続定員割れで改善の見込みがないと見做された学校は「機能統合」（事実上の廃校）、学科の再編、教育課程の見直しを余儀なくされるようになった。第三に、府立高校と私立高校の入学者定員を七対三の割合で調整する慣行は廃された。第四に、私立高校への授業料無償化措置の拡充により、学費面における公立高校の優位性は小さくなった。

こうして入学者確保をめぐる高校間の競争が激しくなるなか、部落出身生徒の進路は流動化・多様化してきた。定員割れに陥った遠方の公立高校に入学する生徒や、部落問題学習や進路保障にかかわる取り組みが乏しい高校に入学する生徒が増える一方、「地元校育成」運動が取り組まれた高校の入学者は減っている。その結果、高校の中退や不登校に対応しにくくなったり、生徒がマイクロアグレッションにさらされやすくなったりしている。この意味でこれ

表1　学校システムをめぐる排除

	マクロ（制度）	ミドル（組織）	ミクロ（相互作用）
教育からの排除	行政の不作為による排除の不可視化，教育改革による間接的な排除	進学先（高校）の流動化・分散化と「地元校」離れ	不登校・中退
教育のなかの排除		部落問題学習の停滞・不実施，自主的部落問題研究活動の減少，不十分な生徒指導	学力不振，マイクロアグレッション（当事者の経験の無化），アルバイト中心の生活
労働市場からの排除		不十分なキャリア教育，不適切な進路指導，ロールモデルの限定性，学力格差の拡大	在学時のアルバイトから非正規雇用への移行

ら一連の高校教育改革は部落出身生徒にとっては、教育からの／教育のなかの間接的排除を助長したといえる。

以上で述べた排除の局面とレベルを整理したのが表1である。

(4)調査の目的と概要

本調査の目的は、「法」失効以降、部落出身の高校生や若者は学校においてどのような部落差別に直面しているのかを、学校システムにおける排除と包摂の観点から明らかにすることである。その上で、将来の学校・社会における包摂のありようを考察する。

この目的にもとづき本調査では五つのパートにわたる質問項目を設定した。一つは、学校生活に関することで、小中高校での部落問題学習や日常生活について質問した。二つは、家庭に関することで、家庭での部落問題をめぐる会話や家族構成、親の仕事などについて聞いた。三つは、地域に関することで、地域に対する認識、地域活動の内容や参加状況について質問した。四つは、自分に関することで、部落出身者であることを認識した契機や被差別体験、出身の表明などを聞いた。五つは、学力と進路選択に関することで、授業の理解度、中学校から高校へ、そして高校卒業後の進路について、どのように選択したのかなどを質問した。

調査協力者は、部落出身高校生と二四歳までの若者である。彼ら・彼女らは、一九七〇年代に創設された「地元校」、それ以外の公立校、あるいは私立校のいずれ

表２　インタビュー調査協力者

地区	仮名	性別	立場	１回目のインタビュー	２回目のインタビュー
A	ハルカ	女性	高校生	グループ①	
	サキ				
	ミオ				
	リン	男性			
	カイ				
	浅井	女性	地域関係者	グループ②	
	原田		地域関係者／保護者		
	尾野	男性	学校関係者	個人	
	植田				
	倉本	男性	地域関係者		個人
B	ヒロト	男性	若者	グループ③	
	イオリ				
	レオ				
	リョウ				
	イチカ	女性			個人
	エイタ	男性		グループ④	
	カナト				
	ヒサシ				
	ユウガ				個人
	コウダイ				
	酒井	男性	地域関係者	グループ⑤	
	長谷川				
C	ホノカ	女性	高校生	グループ⑥	
	タイセイ	男性			個人
	マサキ				
	タクミ	男性	若者	グループ⑦	個人
	ナナミ	女性			
	コウキ	男性	高校生	グループ⑧	個人
	ユウマ				
	ヒビキ				個人
	モトキ			個人	
	リュウタ				
	ノノカ	女性			
	佐藤	女性	保護者	グループ⑨	
	盛田				
	高木				
	宮崎			個人	
	安藤	女性	地域関係者		
	小島				
	工藤	男性	学校関係者		
	村田	女性		グループ⑩	
	上野				
D	アラタ	男性	高校生	個人	
	ユウト			グループ⑪	
	ハルト				
	メイ	女性			個人
	前田		地域関係者／保護者	個人	
E	レン	男性	若者	グループ⑫	
	サトシ				
	ナルヒサ			個人	
	ソウタ				
	高橋	男性	学校関係者／地域関係者		個人

かに進学している。また、高校生や若者をとりまく学校や地域の状況をより詳しく把握するため、保護者、地域関係者や学校関係者のインタビュー調査も行った。一次調査と二次調査を合わせたインタビュー協力者は、部落出身の高校生と若者が三四名、地域関係者・保護者・学校関係者が一八名である。インタビュー協力者の詳細は、表2を参照いただきたい。個人名は仮名で、高校生・若者はカタカナ、地域関係者・保護者・学校関係者は漢字で表記している。語りの引用では、調査者は――、省略は(…)、筆者補足は( )で記している。

今回の高校生・若者への聞き取り調査は、学校を介さずに行った。それは、多くの学校で部落出身生徒の在籍状況が把握されておらず、部落問題学習や進路指導が当事者の存在を想定しないままに行われ、当事者が自分のことを語れないようになっていたためである[1]。

五つの調査地は、部落解放運動が現在も継続されている地域である。四つの地域ではかつての「解放子ども会」はなくなり、新しい形の地域活動が模索されている。また、これらの地域に住む生徒が通学している高校の中には、「地元校」として創設され、後に総合学科改編などの高校改革を行ってきた学校がある。これらの観点に加え地理的バランスも考慮し、最終的に五つの調査地を選定した。

調査は、二〇二一年四月から一二月(一次調査)と二〇二二年七月から八月(二次調査)の二回にわたり実施した。一次調査は、フォーカス・グループ・インタビューと個別インタビューで行った。フォーカス・グループ・インタビューは通常「特定の話題について参加者の理解、感情、受け止め方、考えを引き出すこと」が目標とされ、「グループの相乗効果を通して、連鎖的反応を引き出し、率直で自発的な反応を促進する」手法として近年、教育・心理学の領域で採用されている(Vaughn et al. 1996＝1999)。また、二次調査では、一次調査で聞き出せなかったことをさらに詳しく把握するため個別インタビューを中心に実施した。

（5）本章の構成

本章では、部落出身高校生が学校において経験するマイクロアグレッション（2節）、地域における社会教育活動とボランティア活動（3節）、進路状況と進路意識（4節）の順に「排除と包摂」の今日的状況を分析・考察していく。

近年、出身者が露骨な差別に出会うことは減っているが、それは周囲の人々が部落問題に対して理解を深めたからではなく、無知・無関心が広まったためのようである。その中で部落出身高校生は、惑いやわだかまりを抱えたまま沈黙している。この状況をマイクロアグレッションとして捉えることで、今日の差別意識を可視化するとともに部落問題学習のあり方を考えたい（2節）。

続いて、地域における社会教育活動とボランティア活動についての分析・考察を行う。教育の中の排除にかかわるような当事者の自己認識やアイデンティティ形成を生活・学習支援を通じて図ろうとする新しい地域活動を描き出すとともに、それらと学校教育との連携のあり方を検討する（3節）。

次に教育からの排除（不登校・留年・中退）と教育のなかの排除（学力格差、アルバイト優先の生活）が労働市場からの排除（不安定就労）にどうつながるのか。また、進路意識がどのように進路の選択肢を狭めているのかを明らかにする。格差社会が進む中、部落には貧困・社会的排除の状況が集中的に現れる。この節での分析・考察を通して、部落の実態変化に教育がどのように関係しているのかを明らかにしたい（4節）。

まとめでは、部落出身高校生の排除の状況を他のマイノリティの排除の状況と比較しながら明らかにしつつ、部落出身者が「包摂」された社会のありようを考察する。最後に教育に求められる理論的・実践的課題を述べる。「包摂」はマジョリティと同じになること（同化）によっては達成しえない。「包摂」は、マイノリティの立場からの異議申し立て（異化）を通じて社会に反差別の文化を浸透させていくことでしか達成できない。そのように私たちは考えている

（5節）。

2　部落出身高校生が学校において経験するマイクロアグレッション

(1)なぜマイクロアグレッションに着目するのか

米国では奴隷制やジム・クロウ法[2]など建国から一九六〇年代初頭に至るまで制度上、人種差別が是認されていたが、六〇年代初頭以降の公民権運動の高揚とともに、雇用・教育・政府と企業間の契約取引などの分野において人種・信条・肌の色・出生国・性別などによる格差是正措置が取られるようになった（バーダマン 二〇一一）。そのことで明らかな制度上の人種差別は廃止されたが、近年は人種、ジェンダー、性的マイノリティへの不可視化な差別的行為や言説が流布している。そんな中、見えづらくなりつつあるマイノリティに対する差別の実態を可視化する理論的枠組みとしてマイクロアグレッション概念（Sue 2010＝2020）が提唱された。

人種的マイクロアグレッションとは、「ありふれた日常にある、ちょっとした侮辱的な言葉や行動や状況であり、意図の有無にかかわらず、標的にした人種に基づく個人や集団への軽蔑、敵対、侮辱などの否定的な表現のことである」（Sue, Capodilupo, et al. 2007: 271）。加えて、「マイクロアグレッションは、人種だけでなく他の種類のマイクロアグレッションも同様に認識することは重要である。ジェンダー、性的指向、障害に基づくマイクロアグレッションは女性、LGBT、障害者に対しても同様に、強力で潜在的な悪影響を及ぼしかねない」（Sue, Capodilupo, et al. 2007: 284）。ある特定のマイノリティに対するマイクロアグレッションは言語的、非言語的、環境に埋め込まれた形態をとるとされ、さらには無意識的な軽視を示す「マイクロインサルト」、意図した差別目的の行為を示す「マイクロアサルト」、そして、マイノリティの心情や存在を否定し、問題を無化する「マイクロインバリデーション」の三領域に分類される(Sue 2010 = 2020)。

では、なぜマイクロアグレッションが部落問題の分析に有効であると考えるのか。部落問題には「部落民は人種がちがう」といった認識が差別を助長してきた長い歴史がある。1節でも述べたが、一九六九年にはじめて同和対策事業のための特別措置法が制定され、実態的差別及び心理的差別の解決に向けた同和対策事業が施行された。そして、部落差別は「概ね解消された」と判断されたことで、三三年間続いた「法」が二〇〇二年に失効した。実際は、部落差別は様相を変えて維持されており、同和対策事業の根拠法が不在となったことで部落差別は見えづらくなっていった。そんな中、改めて二〇一六年、今もなお部落差別が存在し、その解消のために教育と実態調査を行うことが国の責務であることを明文化した「新法」が制定・施行された。ところが同法の成立にあたっては、実態調査によって新たな差別を生むことがないように留意するという附帯決議がなされたことで、部落や部落出身者を特定せず部落差別の実態を把握し解消するという矛盾したロジックが広まってきている。本調査では、学校において、部落出身高校生は教師や級友による部落出身者の心情や存在の否定、問題を無化する言動を経験していることがわかってきた。そのため、これらの現象を可視化する理論的枠組みとしてマイクロアグレッション概念を援用することにした。

(2)高校における部落問題学習の歴史と現在

同和対策事業が実施されていた時代には、同和教育に取り組む高等学校は少なくなかった。高校における同和教育の始まりは、大阪府立高等学校同和教育研究会が結成された一九六七年に遡る(八木 一九九八)。当時、高校では生徒や教職員による部落差別事件が相次いで発生しており、小中学校に比して高校における同和教育は立ち遅れていた。一九七〇年代に入り生徒数の増加と高校進学率の上昇により高校増設のニーズが高まる中、偏差値で生徒を切り捨てず、地元に根ざした高校の設立を求める地域教育運動の高揚を背景に「地元校」が創設されていった。ところが、入試制度の改変なく高校間格差が維持されたことで「地元校」の「荒れ」が顕在化する。そこで同和教育の実践は、部落問題の知識学習だけでなく、学力・進路保障、反差別の集団づくり、地域・小中学校との連携など学校システムとして取り組むことが提起された。

一九八〇年代に入ってからは部落問題研究会が結成されるなど、高校生の自主的な活動が推進された。一九八六年から一〇年間の活動記録を見ると、四五府立高校及び三二私立高校で部落問題研究会が発足し、活発な活動が行われた。また、部落問題研究会の日々の活動を発表し合う研究集会が毎年開催されており、参加者は生徒、教師を含め五〇〇名前後と報告されている(大阪高校部落解放研究集会 一九九六)。

これらの高校の状況は近年大きく変化している。一つは、学校において同和教育が行われなくなっている。大阪府が二〇二〇年に実施した人権問題に関する府民意識調査の中で「部落問題学習を受けた経験がない」の回答者を年齢別に見ると、一〇歳台と二〇歳台は二割強、四〇歳台は七％弱で最も低く、四〇歳台以上は徐々に上昇している。この統計は、調査時に四〇～五〇歳台の層が部落問題学習の経験を最も有しており、それ以降の若い世代で学習の機会が減少していることを示している。二つは、二〇〇二年の「法」の失効以降、高校の特色であった部落問題研究会の活動が沈滞している。高校部落問題研究集会の第一回開催から三三年を迎える二〇一九年一〇月一九日に開催された研究集会(現在、ヒューマンライツフォーラム)では、参加校が七校、参加者数は約五〇名と記録されており(大阪高校部落解放研究集会 二〇一九)、部落問題の自主的活動の減少が顕著となっている。

高校における部落問題学習の減少の背景には、教師の部落問題への無理解・無関心や部落差別は解決した問題であるという誤った認識があると想定される。そんな状況の中、部落出身生徒は出身を表明することや部落問題を語ることができなくなり、そのような状況に対して違和感やモヤモヤ感を抱いているようである。

そこで本節ではまず、部落出身生徒が高校において経験するマイクロアグレッションの様相を語りから明らかにしていく。

(3)高校で経験するマイクロアグレッション

メイさん(D地区)は高校での部落問題学習の授業の様子を次のように話している。

授業中、部落問題学習している時に寝ている子や授業前に「今日もあれか」とか、休み時間に「だるかったなあ」と言っている子がいて嫌でした。

メイさんの語りから、部落出身生徒がいないことを前提に部落問題学習中に居眠りする級友や教師がいない授業の直前や休憩時間に部落問題学習への無関心を言語化する級友がいることがわかる。そして、このような状況に対し、メイさんは不快感を抱いている。

メイさんは、別の場でもマイクロアグレッションと思われる経験を有している。

付き合っている相手と友だち二人にちょっと軽く、部落出身だよっていう話をして。

——話した時はどんな反応?

こんな身近にいるのっていう感じで。部落差別の説明を聞いただけじゃ、ないものとして認識していたみたい。

メイさんは付き合っていた相手と友人二人に出身であることを表明したことがある。伝えた三人は自分の身近な人に部落出身者がいるとは思っていなかった様子であったという。そのような親友の反応の背景には、学校における部落問題学習が抽象的な学習にとどまっているという状況があることがうかがえる。

この他に、級友に自ら部落出身であることを表明した時の級友の発言についてリョウさん(B地区)は次のように話す。

(差別とか人権問題の)話が出た時に友だちに自分が部落出身と話したら、その友だちは「学校でちょっと勉強したわ」みたいなことを言っていた。でも終わって「今、部落差別とかないよな」みたいな感じで言われて。高一とかの授業で話をしたから話題に出たけど。別に詳しく知らないから何も言い返せなかったことを覚えています。

リョウさんは、高校一年生の時、部落問題に関する授業があり、その中で級友に出身であることを打ち明けたことがある。その後、打ち明けた級友から「今、部落差別とかないよな」という発言を受けたという。リョウさんはその際、部落差別は今も残っているということを相手に伝えたかったが、十分説明できる知識を持ち合わせていなかったために何も言い返せなかったと語っている。

このように、調査協力者は学校において部落問題への無関心や部落出身者の存在を無化する言動として表象されるマイクロアグレッションにさらされていることがわかる。そんな中、調査協力者は不快感や違和感を抱いていると同時に、部落差別を無化する言説に対し反論できないことにモヤモヤ感を抱いていることがうかがえる。

(4)マイクロアグレッションの背景

次にこれらマイクロアグレッションの背景について語りから見ていく。

部落問題学習の停滞と不実施

マイクロアグレッションの要因のひとつに高校における部落問題学習の停滞、あるいは全く行われていない状況が指摘される。ここで、アラタさん(D地区)の語りを見る。

一回だけ社会の授業で少しだけやりましたね。

――小中学校に比べて、高校はどういうふうに感じます?

別に浅いっていうか。「ここは地域で差別があったよ」ってそんな感じの話だけですね。

アラタさんが在籍する「地元校」では、部落問題は社会科の授業の中で取り上げられたが、「ここは部落で(過去に)差別がありました」という話だけで終わったという。この語りから部落差別は過去の問題であると学習されただけで、深化に乏しい部落問題学習であることがわかる。

また、高校で部落問題を学ばなかった調査協力者もいた。公立校を卒業したレンさん(E地区)は高校における部落問題学習について**「全然なかったです」**と話している。

このように部落問題学習の停滞や部落問題が学習されていない状況がマイクロアグレッションを助長していると考えられる。

教師の部落問題への無理解・無関心

続いて、高校の教師は必ずしも部落問題について十分理解しているとはいえない、あるいは、関心を持っているとはいえない状況があることも本調査から明らかになった。まず、イチカさん(B地区)の語りを見る。

――部落問題学習をやった記憶はありますか？

それはありますよ。でも、この辺の小学校とか中学校で習うじゃないですか。だから、先生よりもこっちのほうが知っているみたいな。仲の良い友だちも同じ小中で、こういう話知っているよと感じることは結構ありました。

イチカさんは小中学生の頃、地元の学校で部落問題について学習してきたことから、高校での部落問題学習では自分の方がよく知っていると感じたという。在籍する高校の教師は部落問題への理解が十分でないというのは、イチカさんだけの感覚ではなく親友も同じように感じたようである。

続いて、他の人権課題と比べて部落問題の取り上げられ方についてユウガさん（B地区）は次のように話している。

高校でやったのは差別に関することですけど、部落差別とかじゃなくてLGBT（性的マイノリティ）とか。部落差別の学習は、言葉だけ出てきただけでノータッチでしたね。

ユウガさんは通学した高校の差別問題に関する授業で性的マイノリティについて学習したが、部落問題に関してはほとんど取り上げられなかったという。

このように本調査では、学校における教師の部落問題への無理解・無関心が部落問題学習の停滞・不実施を招き、その結果マイクロアグレッションが助長されるという構造が明らかになった。

(5) 部落出身生徒・若者はどのような学習を望んでいるのか

このような高校における部落問題学習の状況に対して調査協力者は、どのような部落問題学習を望んでいるのだろうか。先に見た高校では全く部落問題を学習しなかったと語ったレンさんは**「体験した人の声を聞くこと。体験した人は詳しくしゃべってくれるので」**と話す。レンさんは当事者の実生活に現れる部落差別の実態の語りは聞いている生徒にリアリティを持って部落問題を理解するきっかけになると考えている。

また、ユウガさんも、学校は人権学習や差別問題学習をした方がいいと話す。

人権学習しなくなって人権について考える機会がなくなってくると、差別と思っていなくて差別することがどんどん増えてくると思う。だから、差別をなくすために部落問題学習を絶対にしたほうがいい。

ユウガさんは、学校が部落差別をなくすための部落問題学習を行う必要があると語っている。なぜなら、人権や差別について学習する機会がないと無意識の差別行為が拡散する可能性があると考えるからである。

(6)「法」不在によるマイクロインバリデーションの助長

部落差別は、「土地」に対する忌避意識にもとづいた差別問題であるという特徴を持つため、どこが部落であるかを知らない限り、誰が部落出身者であるかを把握することは困難である。そのため、部落差別の存在の根拠となっていた「法」の失効は、部落差別の不可視化を助長させることになった。そして本調査では、調査協力者は学校において部落差別の存在や部落出身者の心情・経験の無化や部落問題学習への無関心を示すマイクロアグレッションの中でもマイクロインバリデーションにさらされていることが明らかになった。

「法」失効が及ぼした影響には、一つは高校における部落問題学習の停滞・不実施が挙げられる。二つは、部落問題研究会などの生徒の自主的な部落問題研究活動の減少である。三つは、教師の部落問題の無理解や無関心があげられる。そんな中、高校において部落出身生徒は部落問題について語ったり、出身を表明することができず違和感やモヤモヤ感を抱いている。そして、高校に対し、当事者から部落差別の体験談を聞き取ることを通して部落差別の現実を学ぶことができる部落問題学習に取り組んでほしいと願っている。

3　地域における社会教育活動とボランティア活動

前節で部落出身生徒が経験するマイクロアグレッションの状況を見てきた。本節では、今日の地域が取り組んでいる社会教育活動やボランティア活動、そして学校との連携について明らかにする。

同和対策事業が実施された時代においては、部落出身児童生徒が在籍する学校への通学拒否という「越境問題」や部落出身児童生徒の不就学、学業不振の問題など、学校教育上に部落差別の実態が現われていた。ところが、それらの是正を地域が学校に要求し、それらの要求を学校が受け止め、日々の教育実践に反映するという学校と地域の連携の仕組みが確立された。「法」失効から二三年、「新法」制定から九年が経過した今、学校は地域との連携をいかに継承しているのか。また、地域ではどのような活動が行われているのかを語りから見ていく。

(1)「属地性」を基盤とする部落出身である自己認識の形成

大阪府が二〇〇〇年、府民対象に『同和問題の解決に向けた実態等調査』(大阪府 二〇〇一)を実施し、その一環で部落内の意識調査も行っている。その中で、出身者である自己認識の有無を問う設問があり、「そう思う」の回答率は全体の五〇・一％を占めた。その理由は「自分が現在同和地区（被差別部落）に住んでいるから」が七〇・七％で最も多かった。これらの回答者を年齢別に見ると一五〜一九歳が九割弱で最も高く、二〇〜二九歳の八割弱が二番目に高かった。出身者であることの自己認識に関する設問と選択肢が属地主義(3)を偏重している点は否めないものの、若い世代ほど「属地性」によって自身を部落出身者であると認識していることがわかる。この傾向は今も続いている可能性がある。

本調査のいくつかの調査地では、保護者や地域関係者が住民同士の社会関係を構築するため主体的に地域活動を継承する努力が図られていた。この状況を踏まえると、地域活動が調査協力者の集合的アイデンティティ形成の基盤になっていると考えられる。

(2)開かれた「高校生友の会」の活動

高校生を対象とする地域活動の運営を工夫している地域がある。まず、A地区での地域活動に関するリンさんの語りを見ていく。

——住んでいる地域のことを一言でいうと。

みんな知り合いみたいな。

——ホープ（仮名）のどんな活動に参加していましたか？

部落問題学習、勉強会、地域の掃除、祭りとかあと、キャンプ。

A地区には、ホープという「高校生友の会」が組織されている。ホープでは、部落問題学習やテストの事前勉強会をはじめ、地域の掃除活動や祭り、キャンプなど屋外活動が取り組まれている。このホープが立ち上がった背景や運営について、A地区の地域関係者である浅井さんは次のように話している。

> ホープは、昔でいう「高校生友の会」みたいな感じで、参加できる子は参加しようっていう感じだった。（ところが）A地区だけでやっていくっていうのは違うっていうので。一般の子（部落出身でない子ども）も混ぜたところで、ダブルホープ（仮名）をつくった。ダブルホープは親子で参加する活動で、スタッフは保護者。

浅井さんによると、A地区では一九五〇年代の部落解放運動の草創期に、A地区出身の高校生が集う組織としてホープが立ち上がったが、近年このホープはA地区出身かどうかにかかわらず誰でも参加できるダブルホープに改組された。ダブルホープの活動は親子参加が基本で、保護者が活動の運営を担っている。リンさんは、ダブルホープの活動に参加しており、活動の参加者と人間関係を構築することで、A地区出身であることを肯定的に捉えていることがうかがえる。

このように、A地区の大人が「法」失効後、A地区出身かどうかにかかわらず子ども同士、子どもと大人の社会関係が構築できるように工夫しながら、地域の子ども会活動を継承しており、これら地域内の社会関係を子どもたちは肯定的に捉え、A地区に住んでいる人はみんな知り合いと感じられていることがわかる。

（3）ボランティア活動と社会教育活動

従来の「解放子ども会」や「高校生友の会」[(4)]の活動にこだわらず、新たな地域教育に取り組んでいる地域もある。

B地区では、一九九〇年代後半から青少年会館の学童保育事業[(5)]の一環としてボランティア活動が行われており、市内全小学生に開放されているため、B地区の子どもを含め多くの参加があるという（中村 二〇〇八）。このボランティア活動にB地区のイチカさんやヒロトさんが参加しており、参加したきっかけや参加の理由を次のように語っている。

——ボランティアって何でやっているの？

——イチカさんは地域教育協議会のフェスタにずっと来ていたね。

イチカ　行っていました。

——受付ずっとやっていた。呼ばれたら行こうみたいな感じ？

イチカ　うん、呼ばれたら行こうみたいな。夏休みとかセンターであるじゃないですか。子どもらの活動に自分も半分遊ぶ感じで行っているから楽しいし、別に嫌じゃなかったから行っていました。

——みんなもそんな感じ？　楽しいから、面白いからずっと続けていたみたいな感じなのかな、センターのボランティアっていうのは？　ヒロトさんはもう仕事になっているよね。

ヒロト　はい。

——それは今までずっとセンターでボランティアをやっていて、その延長線上というか、その先にこういう仕事があったって、そんな感じなん？

ヒロト　ハラくん（地域関係者）に誘ってもらったのと子どもが好きっていうのがあって。

B地区を有する市では、中学校区に地域間・学校間連携を推進する地域教育協議会が結成されており、子どものボランティアを募ってイベント（フェスタ）を開催している。それらの活動にイチカさんやヒロトさんが参加している。きっかけはB地区の関係者ハラさんから誘われたことだった。イチカさんは半分ボランティア、もう半分は遊びなので楽しいから続けて参加しているという。また、子ども好きなヒロトさんにとっても楽しい体験となり、今では地域の社会教育施設の職員として働いている。

このボランティア活動自体は、B地区出身の子どもたちの集合的アイデンティティを育むことがめざされているわけではないが、ボランティアスタッフの研修会が部落問題を学ぶ場になっていると長谷川さん（B地区）は話す。

僕らもしっかり（部落問題を）勉強したのって（青少年）センターのボランティアをしてからなので、そこでボランティアをしているから（部落問題を）知っているよなっていう。

センターのボランティア活動に参加するためにはセンターが開催するボランティア研修会に参加しなければならない。この研修会ではB地区の歴史や部落問題について学習するカリキュラムが組まれており、ボランティアのスタッフは研修会への参加を通じて部落問題を学んでいる。

B地区は他にも学習支援と居場所づくり事業にも取り組んでいた。

あくまで学習支援を基盤とした居場所づくりをしたかったので、定期テストの一週間前は勉強会しますよと。それ以外の毎週木曜日は、部屋を開けて何をしてもいい日で。

B地区では、毎週木曜日に市の事業である学習支援事業が居場所づくり活動と連動させて取り組まれてきた。長谷川さんが担当していた頃の学習支援事業では、基礎学力保障を目的に定期テストの一週間前はテストのための事前学習会が行われていた。それ以外の期間は、週に一度、自分たちのしたいことができる日を設けていたという。

このようにB地区では、ボランティア活動や学習支援・居場所づくり事業を通じて、地域における子ども・若者の仲間づくりや部落問題学習が行われている。

(4)学校との連携による部落問題学習

次にこれらの地域教育が小中学校と連携し部落問題学習を実践している事例を見ていく。具体的には、総合的な学習の時間や特別活動における人権学習の一環として部落問題学習が取り組まれている。B地区のヒロトさん、レオさん、リョウさんは**「五年か六年の時、人権文化センターの見学や地域のフィールドワークをした」**と語っていた。彼ら・彼女らが在籍した小学校の高学年では、地域との連携の下、B地区のフィールドワークが実施され、生徒たちは地域にある人権文化センターなどを見学している。

この他、**「小中学校での人権学習で印象に残っていることは?」**という質問に対して、ハルトさん(D地区)は**「地域の人が話しに来てくれたこと」**と語っている。D地区を校区に有する学校では、地域と連携した人権学習の一環としてD地区に住む大人の自分史の聞き取り学習が行われている。

この他に、前田さん(D地区)は中学校で担任と保護者と生徒の三者の話し合いがもたれることもあると話す。

中学校では二年生のときに部落問題学習があります。そこに合わせて中学校の先生と子どもと保護者で部落問題学習を進めるための勉強会や打ち合わせを何回かしました。

前田さんの語りによると、中学校では二年生の時に部落問題学習が計画されており、その学習に先駆けて学級担任、出身の生徒たちと保護者の三者で勉強会や打ち合わせが数回もたれていることから、出身生徒と保護者に部落問題学習のためのきめ細かな支援が行われていることがわかる。

そして、地域教育と高校との連携に関しては、C地区の「地元校」での経験をタクミさんは次のように話す。

高校一年生の時の五月ぐらいに初めて(C地区の)フィールドワークをして。その時は仲良しの子が二人来てくれて。二年生の時は六、七人ぐらい来てくれたと思います。

C地区の「地元校」では、生徒を対象とするC地区のフィールドワークが実施されており、タクミさんは親友とともに参加している。この他、コウキさんは「(「地元校」)新任の先生」を対象に、部落問題研究会に所属する生徒が「シナリオを持って説明しながらC地区フィールドワークを行っている」とも話しており、C地区の協力を得ながら生徒と新任教師を対象にC地区フィールドワークが継続的に行われていることがわかる。

(5)部落出身生徒を支援する社会教育

一九七〇年代までの地域教育において推奨された一枚岩的なアイデンティティ形成は今日、目標課題として想定されなくなったが、自己認識やコミュニティ感情の形成に地域教育やボランティア活動は大きく影響を与えている。今日では、同和地区の垣根を越えて子ども同士や子どもと大人の社会関係を構築しようとする地域内外の保護者や大人の工夫や努力によって地域教育が継承されている。この努力が調査協力者の肯定的な集合的アイデンティティ形成につながっている。具体的には、A地区と近隣地域の掃除や祭り、キャンプなどの文化・スポーツ活動やB地区の青少年会館の学童保育事業との連携による基礎学力保障と居場所づくりの活動、子ども・青年ボランティア活動を通じた部落問題学習などである。

このように今日の社会教育とボランティア活動は、努力や工夫を重ねながら部落出身の高校生・若者の肯定的な集合的アイデンティティを育てつつ、学校において「見えない排除」にさらされている部落出身生徒の居場所を提供している。

また、いくつかの調査地では小中高校と連携しながら総合的な学習や特別活動における人権教育の一環で地域の大人の聞き取り学習や地域のフィールドワークなどに取り組んでいる。

4　部落出身高校生の進路状況と進路意識

(1) 教育達成と進路状況

部落出身児童生徒の学力と進路状況に関しては、一九六九年から九〇年代はじめまでは、「法」の下で同和地区の教育環境や学校の教育条件が整備されたことで高校進学率は向上し、部落出身児童生徒の学業不振は大きく改善した。ところが、それ以降二〇〇〇年初頭に至るまで、部落内外の学力格差は拡大していった。大阪府においても、「法」終結(二〇〇二年)後、府独自で二〇〇〇年に実施した調査(大阪府人権教育研究協議会 二〇〇三)によると、全日制高校進学率における部落内外の格差は、一九九〇年代半ば以降拡大している。その要因として、一九九〇年代の公営住宅法の改正にともなう生活安定層の流出と不安定層の流入が指摘されている(高田 二〇一六)。

内田(内田・久保 二〇〇五)は二〇〇〇年に大阪府が実施した調査をもとに、若者の雇用・教育状況を以下のように分析している。部落の高校中退者の割合は、大阪府全体を大きく上回っており、部落の完全失業率は大阪府全体よりも高く、中でも部落の一〇代の完全失業率が顕著に高くなっている。この背景には学力・学歴格差の問題があるという。同調査では高校を中退し、その後「フリーター」という、非正規雇用の中でもさらに不利な状況で労働市場の参入を強いられ、完全失業に至るという部落の若者の学力と進路の実態が明らかになっている。

続いて、二〇一〇年三月から一二年三月にかけて部落解放・人権研究所が部落解放同盟大阪府連合会から委託を受け実施した「全国部落青年の雇用・生活実態調査」においても、部落出身の若者の学業不振の課題が指摘されている。この調査を踏まえ妻木(二〇一三)は、部落の若者の生育家族から学校を経て職業達成に至る過程を分析している。得られた知見とは一つに、貧困や生活の不安定さを抱える生育経験は若者に低い学歴達成を経由し、不安定就業をもたらしがちである。二つは、暮らし向きが厳しい層は、中学卒業後に就職する傾向が強い。進学したとしても、定時制・通信制への進学が多く、中退する者も少なくない。そして、高校卒業後に進学する割合は、生育家族の暮らし向きが厳しいほど低くなっている。三つは、高校等に進学しなかった層、あるいは進学しても高校等を中退した層では、学校を離れてすぐには就職していない。

このように、生育家族における貧困や生活の不安定さによる困難は、若者を低い学歴達成を経由して不安定就業へと導きながら世代を超えて再生産されていることが調査から明らかになった。この状況は部落に限った現象ではないが、部落においては貧困や生活の不安定さが集中しがちである。とりわけ二〇〇二年の「法」失効以降、再び貧困化・生活の不安定化が進んでいるという調査結果がある(大阪府府民文化部人権局 二〇一六)。

このような部落出身の若者の貧困化は大阪の場合、近年の高校改革と無関係ではない。一九九〇年代の全日制普通科から総合学科への学科改編による一部の「地元校」の入試の難化、二〇〇七年に始まった学区制撤廃と入試制度改革、及び二〇一〇年代以降の実質的な高校授業料無償化の拡充による私立高校のシェアの拡大(高田 二〇二四)という大阪府独自の施策は一見、教育の機会均等の観点から歓迎されてはいる。しかし、本調査では高校と中学校の連携のもとで行われてきた進路保障の取り組みが停滞し、高校生の進路が不安定化する要因となっていることが指摘される。

（2）高校進路先の多様化

「地元校」として設立された高校には、一九九〇年から二〇〇〇年代に普通科から総合学科に改編した学校がある。学科改編で志願者が増え入試の難易度が上昇したことで、部落出身生徒は「地元校」に入りにくくなった。とりわけ、学業不振層は「地元校」以外の高校に振り分けられている。進路先の多様化についてコウキさん（C地区）は次のように話す。

——地域でまだ小学校、中学校、地元校っていうルートは生きているのか、それともバラバラになってきているのか？

バラバラになりつつあるような。

——ちょっと頑張って地元校に行けへんかという人はいない？

いないです。勉強してなかったからもうしゃあないみたいな。よく言っている先生がいます。

C地区では一九七〇年代の「地元校」創設以来、「地元校」育成として地元中学校の生徒の多くが受験する、いわゆる「集中受験」が取り組まれてきたが、その取り組みは現在、なくなっているようである。近年では成績で高校選択が図られ、その上進路先が多様化している。

成績が優秀な方ではなかったというユウトさん（D地区）は高校選択の理由を次のように話している。

選んだ理由は行けるとこが少なかったので定員割れしたとこにしました。

ユウトさんは成績上、受験できる高校の選択肢が少なかったことから、確実に合格するために定員割れした高校を受験したと語っている。定員割れした高校などが学業不振層の受け皿になっていることで出身生徒の高校進学率は低下こそしていないが、進路先は多様化している。

部落出身生徒の進路先の多様化には府の政策の影響があると元教員の倉本さん(A地区)は指摘する。

めちゃくちゃできる奴はいます。一方、一番厳しい子の受け皿としてこれまで地元の公立高校がしっかりやってくれてはった。でも今は、府の政策で私学に行けますね。あとは通信制です。

——かなりバラバラ?

そうですね。

倉本さんは、部落出身の高校生・若者の学力については千差万別だという。この状況は過去も現在も変わっていないと考えられる。ただし、かつては社会経済的課題を有する部落出身の生徒は、経済的理由で私立高校進学が困難なために、どうにかして「地元校」に進学しようと受験勉強に取り組む地域が多く、学業不振層の底上げが図られていたと想定される。ところが少子化による受験競争の緩和、二〇一四年度の高校の学区制撤廃や近年の国や大阪府の授業料支援補助金制度などによって、私立や通信制を含め「地元校」以外の高校を選択する学業不振層の生徒が増えている。

このように調査協力者は高校進学を果たすため、成績のレベルに合わせて、進学条件に合う高校に振り分けられていることがわかる。

(3)留年・中退の実態

本調査では、高校進学を果たしたとしても、留年や転学の経験があると答えた調査協力者が一定数見られた。ここで、三年生のときに留年し転学を決意したメイさんの語りを見る。メイさんは一回目のインタビューで高校生活について次のように語っている。

二年生の時にいろいろ問題を起こして、休みがちになって。（……）先生と仲悪くなって。相談はしていたけど、「じゃあ、何とかするわ」だけで、結局その後何もなくて。先生に期待したらあかんなと思って、逃げるために休んでいました。

二回目のインタビューでは次のように話している。

気持ちが向かないようになってズルズルしていました。
——その時、担任から声を掛けられたけど友だちからはなかった？
特に何もなかったです。
——保護者の方はその時期に何か言っていましたか？
特に何も言われてないです。留年した後の学費は自分で払うみたいな約束をしていたので、学校に行くか行かないかは任せるって言われていました。

メイさんは二年生の時、何が原因かは語りからだけではわからないが、問題を起こしてしまったことで学校を休みがちになった。級友には相談できず、担任には相談していたものの力になってもらえず、不信が募っていき、さらに休みがちになっていった。留年後の学費は自分で工面するという約束だったことから、保護者からの支援も期待できなかった。そんな中、一回目のインタビュー後も学校にはなかなか行けず、三年生で留年が決まってしまった。

メイさんの語りからは、教師がメイさんに説得的にかかわろうとしたとは読み取りづらく、同時に保護者や友人も、メイさんが学校に復帰することを支援したとは言えない状況がうかがえる。結果としてメイさんは、教師から十分な生徒・進路指導を施されないまま留年に至ったと考えられる。

C地区の保護者である佐藤さんも、近年は中退が課題となっていると話す。

うちの同級生(五〇代後半)なんかは中退組が多い。飲み会で「卒業しといたらよかった」っていう声を聞いたりするので。うちの弟と同い年ぐらい(四〇代後半から五〇代)から下のあたりは結構固い職に就いた人が多い。しっかり学力つけた人が多いと思う。うちの長男(三〇代)ぐらいまでいくと退学組が出てきたね。就職率がいいからって(他市の)公立高校行って、興味がなくなって辞めたというのが徐々に増えてきているかな。

五〇代後半の佐藤さんが高校生の頃は、進路保障がちょうど始まった時期であったので、中退した同級生は少なくなかったようである。五〇代前半の世代からは進路保障が推進された結果、中退数は減少した。ところが、三〇代は同和対策事業が終結し進路保障の取り組みが難しくなったことや、地域の貧困化の連鎖などがあいまって、再び高校中退が増加している。

先述したコウキさんの語りにあったように、部落出身生徒は中学校から高校に進学する際、成績で高校の進路先が振り分けられているが、さらに高校においても、メイさんや佐藤さんの語りにあるように、十分な生徒指導や進路保障が行われなくなっていることで高校の中退や留年が課題となっていることがわかる。

(4)アルバイト優先の生活

本調査では、アルバイトが学業に影響を与えていることが明らかになった。

サキさん(A地区)は高校三年生で、ダンス部に所属しており、全国大会まで勝ち抜いたメンバーであった。現在、部活動は引退し、平日アルバイトをしているという。

健康状態で不安なことは、毎日、三時間ぐらいしか寝ていなくて、学校で寝るみたいな感じ。遅刻もある。勉強はわかんないです。バイトメインみたいになっているので。

サキさんは、平日アルバイトをしているため睡眠不足がちで、学校で居眠りすることが多いという。学校に遅刻することもあり、勉強はわからないと話していることから、アルバイト優先の生活になり学業が圧迫されていることがうかがえる。

調査協力者の多くがアルバイトをしていると語っているが、アルバイトをする理由をタイセイさん(C地区)は次のように語っている。

普通にお金欲しいからっすね。母子家庭っていうのはもちろんあるけど、お金は持っていた方が遊んだりできるし欲しいもの買えたり。どうしてもお金は必要やから。

タイセイさんは、現在は大学生だが、アルバイトは高校で部活動を引退したときから続けているという。その理由は、学費を工面するためではなく、遊んだり欲しいものを買ったりできるお金が欲しいからと語っているが、母子家庭のため自由に使えるお金を保護者に頼ることができない状況がある。

今回の調査ではアルバイトの理由に、遊びに行ったり好きなものを買ったりするためというものが多く聞かれたが、高校進学後、調査協力者の間ではアルバイト優先の生活が前提となっており学業への影響が見られた。

(5)不安定な将来展望

本調査では、①無目的な高校進学、②留年・中退、③アルバイト優先の生活、を経験した調査協力者は、不安定な将来展望を抱く傾向にあることが明らかになった。具体的には、「将来の「夢」を描けないので消去法で就職する」タイプや「現実離れした「夢」を追う」タイプである。

高校卒業後、配管工の職に就いたというコウダイさん(B地区)は就職した理由を次のように語っている。

僕は夢が見つからなくて。じゃあもう就職でいいやっていう感じで就職したので。

コウダイさんは、将来何をしたいのか具体的な展望を描けないまま、就職することを決めたことがわかる。コウダイさんのように、具体的な将来展望を描けなかったために高校卒業後就職した調査協力者は少なくなかった。

次に、ヒビキさん(C地区)の語りを見る。

僕、服とかアクセサリーとか飯とかで起業したいです。

——社長になりたいの?

社長、かっこいいですよ。言ってみたいじゃないですか、代表取締役の○○ですって。

ヒビキさんは、「小学生の頃から勉強がわからなくなり、嫌になった」が「誰にも相談できず」に一人で高校まで進路を切り開いてきた。そんなヒビキさんは将来、起業すると話す。具体的にどんな事業を始めたいかは決まっていないようで、社長や代表取締役という役職に「かっこいい」というイメージを抱いていた。

起業以外に、ミオさん(A地区)の「将来の夢はモデルです」、アラタさんの「プロの野球選手」という語りなども聞かれた。彼ら・彼女らの保護者の職業を聞くと、不安定できつい就業状況が見られた。周囲の大人のロールモデルが限定的で、具体的にどのような職業に就きたいのか明確な展望を描けない場合、メディアなどの影響を受けやすくなり、実現することが現実的に困難と思われるような「夢追い」型の将来展望を抱いてしまう。

内田(二〇〇七)は大阪府の部落出身高校三年生を対象とする進路意識調査から、高卒後の進路として「フリーター」を展望する部落の若者が増えていると指摘している。「不安定・ブルーカラー」層が身のまわりに多い、また、「安定・ホワイトカラー」層が身のまわりに少ないと認識している人ほど、「フリーター」を高卒後の進路として展望しやすいという。本調査では、高校中退した若者や失業を経験したことがある若者に調査協力の同意を得ることができなかったため「フリーター」を展望するという若者の語りは聞かれなかったが、身近な人の職業に影響を受けることで、標準的キャリア志向を阻まれるという内田の知見に重なる傾向が見られた。

(6)貧困の再生産の構造

一九七〇年代半ばまでの部落出身生徒の高校進学率の上昇にともない、出身生徒の高卒の就職率も向上したが、部落出身であることで、就職が不採用になる事例が報告されるようになった。この背景には、同和地区の所在地を示す図書の拡散と興信所などによる身元調査による就職差別の実態があった(友永 二〇一五)。それに対し、部落解放運動や同和教育に携わる人たちが中心になり、応募者の能力と適性に関係しない項目を削除した、新たな様式の履歴書を採用させる運動が起こり、学校から労働市場における就職差別解消への方策が一定講じられた。

その後、少子化の影響と一九九〇年代の高校学科改編にともなう「地元校」入試の難化、そして二〇一四年の学区制の廃止、高等学校等就学支援金制度の導入により部落出身生徒の「地元校」進学への意識が低下し、代わって成績重視の高校選択が図られるようになった。その結果、部落出身生徒の高校進学率は低下こそしていないものの、進路先が多様化し、高校一校あたりの部落出身生徒の在籍率が低下することで、同級生間の相互扶助的なつながりが希薄化している。かろうじて高校進学を果たしても、遠距離通学の弊害や、学業よりアルバイトを優先することで、生活リズムが乱れ学業不振となり、その結果、留年や中退に至るという教育達成上の課題が生じている。

さらに、高校から労働市場への移行期においては、調査協力者の中には、将来どのように生きようとするのか、どのような職業に就きたいのかという長期的で安定した将来展望を描けないまま卒業後就職を志望する「就職」組や、メディアの影響を受けながら実現する見通しが乏しい「夢追い型」の職業観の形成が見られる。

重要な点は、これら教育達成に課題を有し、安定した将来展望を抱けないでいる調査協力者の生育家族を見ると、不安定できつい就業状況が見えてきたことである。その背景には、就職差別の実態、貧困化、地域の一般社会における役割モデルの偏りによる標準的キャリアパス志向の不在、それらの克服をめざすはずの進路保障や、キャリア教育の不全による職業達成の限定性が指摘される。その結果、親世代から子世代へと社会経済的排除が再生産されるという、地域の歴史性や社会構造の問題が浮かび上がる。

こうした生育家族→学業不振→不安定就労というライフコースを経て、親から子へ生活困窮が連鎖するという負のスパイラルに見られる地域内における世代を超えた社会経済的排除は、教育・社会政策上の課題であり、その解消方策の効果は現れるまで時間を要するといえよう。

5 「共生」社会の実現に向けて

(1)明らかになったこと

部落差別とは「土地に対する忌避」と「人に対する差別」の複合的差別問題であるが、現在は、同和対策事業が実施されておらず、部落内の人口の流動化によって差別の実態は見えづらくなっている。そんな中で調査協力者は、学校において部落差別の無化や部落出身者の経験や感情の否定として表象されるマイクロインバリデーションにさらされている。その背景には、「法」失効にともなう教師の部落問題への無理解や無関心による部落問題学習の停滞・不実施がある。このような状況に対して、調査協力者はモヤモヤ感や違和感を抱いていると同時に、部落差別の実態を当事者の体験談の聞き取りから学べるような部落問題学習の実践を願っている。

一方、部落出身生徒が学校において包摂されるために地域活動は重要な役割を担っている。具体的には、地域内で社会関係の構築をめざす活動の工夫が図られており、そのことが部落出身生徒・若者の肯定的な自己認識やコミュニティ感情の形成に大きく影響を与えている。また、地域の中には学校における部落問題学習の実践のため、小中高校と連携しているところもある。

進路状況と進路意識については、一九九〇年代後半以降の高校学科改編や学区制撤廃などの高校改革を背景として、部落出身生徒の高校進学率は低下こそしていないものの、高校進路先が多様化している。また、成績重視の高校選択が図られており、私立校や定員割れした公立校などが、学業不振層の受け皿となっている。高校進学後は、アルバイト優先の生活に陥る出身生徒が多く、中退や転学する事例は少なくない。このような教育達成上に課題を有する生徒の中には、家庭に経済的困難を有するケースが見られる。

高校卒業後の将来展望については、二つの不安定な進路意識が示された。一つは、具体的将来展望を抱けないことで就職を希望する「就職」組、二つは、ロールモデルの限定性により安定した将来展望を抱けないまま、メディアの影響などを受け、実現の見込みが乏しい職業観をもつ「夢追い」型である。学校において十分な進路保障が図られていないために、部落出身の若者は、非正規雇用に早期参入しやすく、親世代の貧困や不安定な生活環境が子世代に再生産される状況が示唆された。

(2)部落出身者の排除と包摂

部落出身高校生の排除とは

次に、部落出身高校生が経験する学校システムにおける排除を三つのレベルと三つの局面で整理する。

第一に、マクロレベルにおける排除についてである。マクロレベルとは、学校制度や教育政策レベルをさす。障害のある生徒の場合、分離別学体制が維持され、外国ルーツを有する生徒の場合、民族学校が学校教育の無償化制度の対象から除外されるという制度上の排除の問題があるが、部落出身生徒の場合、現行の学校制度から排除されているわけではない。

ところが、「地元校」以外で部落問題学習の不実施、あるいは停滞が増加しているにもかかわらず、高校進学後きめ細かな支援が得られるかどうかが十分に検討されないまま、「個人の選択」の名の下に自由に進路選択が図られるようになった。この状況は、高校学科再編、高校学区制撤廃や高校就学支援金制度などの近年の教育改革によって助長されている。問題は、「地元校」以外の高校では十全な進路保障のシステムが根付いていないために、部落出身生徒は卒業後、不安定な進路形成に水路づけられている。同時に「地元校」では定員割れが生じており、「府立学校条例」上、統廃合校の対象となることから進路保障のシステムは解体の危機に瀕している。

第二に、ミドルレベルの排除についてである。ミドルレベルとは、学校組織やカリキュラムなど学校機能全般をさす。「教育からの排除」に関しては、一連の高校教育改革や高校就学支援金制度などによって部落出身生徒の進路先が多様化し分散化していることは先に述べたとおりであるが、その結果、「地元校」などの部落問題学習を実施している学校に進学する者が減っている。この状況は不登校や中退の遠因となっている。

「教育のなかの排除」に関しては、高校における部落問題学習は著しく減少している。部落問題学習が実施されていない学校が増加すると同時に、部落問題学習が行われていた学校であっても、小中学校における部落問題学習との大差がなく深化に乏しい学習内容となっている。また、部落問題研究会のような生徒の自主的活動の場もなくなっている。その背景には、教師の部落問題への無理解・無関心がある。

「労働市場からの排除」については、近年の客観的データはないものの、部落内外の学力格差の拡大が指摘されており、高校受験する段階で、すでに教育達成に課題を有する生徒は成績によって、進路先が振り分けられている。さらには、まわりの大人の限定的なロールモデルや、メディアの影響を受けやすい部落出身生徒は、不十分なキャリア教育や不適切な進路指導によって、将来どのような大人になりたいのか、どのような仕事に就きたいのか、という具体的な将来展望を描けないまま、不安定できつい就労に誘導される傾向にある。

第三に、ミクロレベルにおける排除についてである。「教育からの排除」としては、不登校や中退の問題が指摘される。部落出身生徒の場合は、進路先の多様化にともなう遠距離通学の弊害や、安定した将来展望の不在による学習意欲の低下、そしてアルバイト優先の学校生活などを要因とする中退や不登校が現在に至っても減少していない。このような教育達成に課題を有する生徒に対して、学校では十分な生徒指導や進路指導が図られていない状況がある。

「教育のなかの排除」の状況については、誰が部落出身生徒か教師に把握されていないため、部落出身生徒の存在が前提となっておらず、マジョリティへの同化が流布している。同時に部落問題学習の不実施や停滞にともない、部落問題の無化も浸透している。この背景に、部落出身生徒は、同じ「日本民族」であるとみなす同化主義と二〇〇二年の「法」失効以降広まっている、教師の部落問題に対する無理解・無関心が指摘される。そんな中、部落出身生徒は学校においてマイクロアグレッションにさらされている。そして、これらの状況に対し、部落出身生徒は違和感やモヤモヤ感を抱いているものの、部落問題を無化する言説に反論できないでいたり、部落問題を語る意味を見出せないでいる。

「労働市場からの排除」については、まず、自由に使えるお金が欲しいという理由から、アルバイトを優先する生活になっており、学業が圧迫されるという課題が生じている。同時に、アルバイト優先の学校生活が定着することで、非正規雇用への早期参入が容易となるが、十分な進路保障が図られていないため、不安定就労による生活困窮に水路づけられる傾向が見られる。部落出身生徒の場合、これらの現象が部落という地域に集中的に現れるという特徴がある。

部落出身者の包摂とは

部落出身者が「包摂」された社会や学校とはどのようなものだろうか。来たるべき「共生」社会で、部落出身者というマイノリティ集団は、どのような位置を占めるのだろうか。

一九九〇年代初めまでの部落解放運動のなかでは、部落解放の担い手としての「社会的立場の自覚」が強調され、学校や地域で差別と闘う決意を「宣言」するといったことがしばしばあった。今の高校生や若者は、そうした社会運動に接した経験がほとんどない。けれども、高校生や若者の多くは、教師や友人に部落問題をきちんと学んでほしいと願っており、自分たちが生まれ育った地域に愛着を感じている。また、地域活動や住民のインフォーマルなつながりは、以前よりも衰えたとはいえ健在である。それらを否定する必要はない。

部落の人口の流動化や通婚の増加などからみれば、部落差別は払拭されつつあるようにみえる。けれども、個人の出自を暴いたり、差別意識をインターネットに書き込んだり、部落出身者との結婚を拒む例は後を絶たない。住宅を買ったり借りたりするときに、部落の物件を忌避する意識も根強い。部落の貧困化も進行している。現在も部落問題が改善されているとは言えない。

ではどうすれば部落出身者の包摂は叶うのか。部落出身者は「見えない排除」にさらされることで「見えない存在」となりつつある。この状況は一見、「同化」が進んでいることを示す。この先「同化」が進行すれば、部落問題は解消されていくのだろうか。歴史学者のひろた(廣田)は、部落出身者のマジョリティ集団への同化について「在日外国人労働者や第三世界を蔑視する帝国意識を共有することになりかねない」と危惧し、部落出身者というマイノリティ集団は「差別に抵抗してきた主体的な歴史をアイデンティティのよりどころ」にして、マジョリティの作り上げてきた生活システムを「異化」する存在になるべきだと主張している(ひろた 二〇〇八、三七五頁)。部落出身者の同化が浸透していけば、他のマイノリティ集団への差別の維持あるいは再生産が助長されることになる。あらゆる被差別マイノリティの包摂が実現しない限り、部落出身者の包摂は達成されない。そのためには、あらゆるマイノリティ集団のエンパワメントと連携が不可欠であろう。

あらゆるマイノリティ集団のエンパワメントと連携を実現するために、これからの学校に求められることは、ジェンダー、人種、性、障害、社会階層にもとづくさまざまなマイノリティ集団にとって、公正で人権の保障をめざす教育の実践である(Cole 2023)。部落出身者というマイノリティ集団は、反差別の文化を社会に広げてきた。部落出身者の異議申し立てや部落問題の解決に向けた取り組みに刺激を受けて、さまざまな被差別マイノリティ集団が、それぞれの立場から反差別の文化を発信するようになっていった。それらマイノリティ集団の声が響き合うなかで、マジョリティが自明視してきた制度、習慣、価値は見直しを迫られてきた。

それだけでなく、さまざまな被差別マイノリティの声の交錯は、反差別の文化を鍛えなおす契機にもなる。公正かつ人権の保障をめざす教育を通じて、部落の内なる民族差別、障害者差別、性差別、貧困に目を向けたり、部落問題と他の人権課題の関係を捉えなおしたりすることも求められる。反差別の文化を発信するユニークな存在として「包摂」されつつ、さまざまな集団との相互交渉を通して、反差別の文化を鍛え直す。それが「共生」社会における部落出身者というマイノリティ集団のイメージである。

(3)今後の検討すべき理論的課題と実践的課題

まず、必要なことは現状の把握である。一つは、近年とりわけ大阪に見られる「卓越性」重視の高校教育改革が部落出身生徒をいかに構造的に排除しているのか、高校卒業後の進路調査を含め、そのありようを丁寧に把握する必要がある。二つは、今日の部落出身生徒の貧困と学力保障の実態を把握する必要がある。近年、部落の子どもたちの貧困化と部落内外の学力格差が拡大していることが指摘されており、社会福祉と学校教育の観点から生活や学力の実態を把握する必要があろう(高田 二〇一九)。三つは、部落出身に加え女性、障害者、外国人といった出身高校生・若者の多様なアイデンティティを丹念に把握する必要がある。

これらの現状を把握した上で、今後の検討すべき理論的課題を述べる。一つは、本調査を通じて、当初は想定しなかった、部落出身でありかつ、女性、障害や外国にルーツがあるなど被差別の社会的立場を有する人たちの存在が見えてきた。この意味で、これまで光が当てられてこなかった「インターセクショナリティ(交差性)」(Crenshaw 1995)の観点から、彼ら・彼女らの学校における経験を、丁寧に把握し記述する必要がある。「インターセクショナリティ」概念は、一枚岩的に捉えられてきた従来の部落という枠組みを再構築しつつ、他のマイノリティが抱える差別問題とを関連づける理論的枠組みとして示唆に富む。

二つは、人権・同和教育の再構築の必要性である。二〇〇二年の「法」失効に先駆けて、同和教育の実践の見直しと将来を展望する論議が始まった。同時期の一九九五年に、国際人権基準の保障をあらゆる分野における教育活動を通じて啓発することをめざす「人権教育のための国連一〇年」の取り組みがスタートした。それらを背景に、一九九〇年代後半から同和教育は人権教育の枠組みに再編されていった。同和教育を人権教育に転換するにあたって、平沢(二〇一一)は部落問題をはじめとするさまざまな個別の差別問題を包括する視点、学力格差の克服を進路保障の実現へと拡張する視点、そして国際理解から市民性を育成する教育に拡大する視点を提示し、人権教育を「人権としての教育(教育権)」「人権についての教育(人権に関する知識)」「人権を通じた教育(人権に関する態度)」「人権のための教育(人権に関するスキル)」の四つの側面に整理した。この人権教育の枠組みに本調査から得られた知見を重ねると、以下の三点について検討する必要がある。

一点は、被差別マイノリティが経験するマイクロアグレッションの状況を是正するため、差別問題は差別する側の問題であることが認識できる教育を確立することである。つまり、差別問題を我が事として捉え、差別する側の特権について理解することで、人権問題の当事者であることの認識を促す教育である。二点は、貧困が世代を超えて再生産される構造の解体をめざす、キャリア教育の確立である。同和教育がこれまで学力格差の克服に取り組んできたのは、部落内の世代を超えた貧困の連鎖という状況が背景にあったからである。その意味で貧困に抗うキャリア教育を人権教育に位置づける必要がある。三点は、人権に関する知識、態度、スキルを習得し、それらが生き方を通じて実用されることが望まれる。つまり、人権のための生き方を学ぶ教育の確立が求められる。

最後に、実践的課題に関しては、以下の三点について言及しておきたい。一点は、部落出身生徒を含むあらゆるマイノリティ集団に属する生徒たちのエンパワメントを実現するカリキュラムや教育方法を検討するため、従来の人権・部落問題学習のカリキュラムを見直す必要がある。二点は、教師の世代交代の課題(神村 二〇一八)を踏まえた、今後の部落問題学習を担う教師の養成である。教師の言動や態度が部落出身生徒を傷つけている実態がある以上、部落出身生徒の教育権を保障する教育実践が求められる。三点は、本調査の事例から見たように、学校教育における部落出身生徒を支援する、社会教育と地域教育の新たな協働の構築が必要とされる。

注

（1） そこで私たちは、大阪の部落解放運動関係者との伝手を頼りにして調査を実施することにした。だが、そのことで、かえって地域において子ども・若者の「居場所」づくりやボランティア活動など、社会教育や地域福祉の活動がさまざまな工夫をこらして行われていることが見えてきた。

（2） ジム・クロウ法とは、米国南部の州に見られる公共施設などにおいて黒人隔離政策を制度化した州法。一九六四年の公民権法制定まで続いた。

（3） 属地主義とは、同和対策事業の個人給付的事業の対象者を居住地域で決定することである。それに対し住民の属性、たとえば部落出身者を条件とする場合は属人主義と呼ぶ。

（4） 青少年会館は、部落内の「解放子ども会」や高校生・大学生・青年組織の活動の拠点であった。この施設には、社会同和教育指導員が配置され活動の運用、子どもの指導や連絡調整の役割を担った。

（5） 学童保育事業とは、保護者の共働きなどの事由により主に小学校低学年の児童を対象に放課後の生活創造をめざす保育をいう。

参考文献

内田龍史 二〇〇七、「フリーター選択と社会的ネットワーク――高校三年生に対する進路意識調査から」『理論と方法』第二二巻第二号、一三九―一五三頁。
内田龍史・久保由子 二〇〇五、「フリーター研究の動向と本書の意義」部落解放・人権研究所編『排除される若者たち――フリーターと不平等の再生産』二―二一頁。
大阪高校部落解放研究集会 一九九六、『大阪高校部落解放研究集会――十周年記念誌』第十周年記念誌編集委員会。
―――― 二〇一九、『ヒューマンライツフォーラム HRF2019 Past and future Over time 世界中に虹を』
大阪府府民文化部 二〇〇一、『同和問題の解決に向けた実態等調査報告書（同和地区内意識調査）』。
大阪府府民文化部人権局 二〇一六、『国勢調査を活用した実態把握報告書【第二次】労働の状況1』(https://www.city.osaka.lg.jp/

shimin/cmsfiles/contents/0000348/348740/304_roudou[1]-1.pdf)。
大阪府人権教育研究協議会編 二〇〇三、『大阪の子どもたち――子どもの生活白書 二〇〇三年度版 特集 大阪の学力保障と効果のある学校』
奥田均 二〇〇六、『土地差別――部落問題を考える』解放出版社。
―― 二〇〇七、『見なされる差別――なぜ、部落を避けるのか』解放出版社。
齋藤直子 二〇一七、『結婚差別の社会学』勁草書房。
齋藤尚志 二〇一二、「条件整備以前の解放子ども会――一九五〇年代から一九七〇年代初頭にかけて」部落解放・人権研究所編『部落解放・人権研究報告書21 解放子ども会改革検証のために――子ども会の歴史と現状――』八―二四頁。
神村早織 二〇一八、「人権教育推進のためのアンケート調査集計結果から」『大阪の子どもたち――子どもの生活白書 二〇一八年度版』大阪府人権教育研究協議会、三五―六三頁。
高田一宏 二〇一六、「部落問題と教育――見えない排除」志水宏吉編『岩波講座 教育 変革への展望2 社会のなかの教育』岩波書店、二二九―二五七頁。
―― 二〇一九、『ウェルビーイングを実現する学力保障――教育と福祉の橋渡しを考える』大阪大学出版会。
―― 二〇二一、「「同和教育」の現状と課題――「部落差別解消推進法」の制定を踏まえて」朝治武他編『続 部落解放論の最前線――水平社一〇〇年をふまえた新たな展望』解放出版社、一七七―一八八頁。
―― 二〇二四、『新自由主義と教育改革 大阪から問う』岩波新書。
妻木進吾 二〇一三、「引き継がれる困難――部落の若者の生育家族／学歴／職業達成」『部落解放研究』第一九八号、五三―六二頁。
友永健三 二〇一五、『部落解放を考える――差別の現在と解放への探求』解放出版社。
中村拡三 一九九七、「『解放の学力』論前後」『解放教育』第三五四号、一一四―一二一頁。
中村清二 二〇〇八、「大阪の教育保護者組織の現状と課題」『部落解放研究』第一八二号、一六―二五頁。
―― 二〇一二、「子ども会・青少年会館・社会同和教育指導員・保護者組織等の改革の提起と停滞――一九七〇年代後半から一九九〇年代前半にかけて」部落解放・人権研究所編『部落解放・人権研究報告書21 解放子ども会改革検証のために――子ども会の歴史と現状――』二五―三〇頁。
J・M・バーダマン、森本豊富訳 二〇一一、『アメリカ黒人の歴史』NHK出版。
平沢安政編著 二〇一一、『人権教育と市民力――「生きる力」をデザインする』解放出版社。
ひろたまさき 二〇〇八、『差別からみる日本の歴史』解放出版社。
八木良治 一九九八、「人権文化にあふれた高校づくりをめざして――大阪の高校同和教育の歩みと課題を府立高校のとりくみから見て」『解放教育〈特集〉大阪の解放教育の足跡と展望』第三六三号、六四―七五頁。
Cole, Mike, ed., 2023, *Education, Equality and Human Rights: Issues of Gender, 'Race', Sexuality,Disability and Social Class, Fifth Edition*, Routledge.
Crenshaw, Kimberlé Williams, 1995, "Mapping the Margins: Intersectionality, Identity Politics, and Violence against Women of Color", *Critical Race Theory: The Key Writings That Formed The Movement*, The New Press.
Sue, Capodilupo, et al., 2007, "Racial Microaggressions in Everyday Life: Implications for Clinical Practice", *American Psychologist*, Vol. 62, No. 4, 271-286. https://www.cpedv.org/sites/main/files/file-attachments/how_to_be_an_effective_ally-lessons_learned_microaggressions.pdf
Sue, Derald Wing, 2010, *Microaggressions in Everyday Life: Race, Gender & Sexual Orientation*, John Wiley & Sons, Inc.（＝二〇二〇、マイクロアグレッション研究会訳『日常生活に埋め込まれたマイクロアグレッション――人種、ジェンダー、性的指向：マイノリティに向けられる無意識の差別』明石書店）
Vaughn, Sharon, et.al., 1996 *Focus Group Interview in Education and Psychology*, Sage.（＝一九九九、井下理監訳、田部井潤・柴原宜幸訳『グループ・インタビューの技法』慶應義塾大学出版会）

執筆分担：高田（第1節（1）～（3））、石川（第1節（4）～第5節）

第2章　貧困を生きる高校生の経験と乗り越えのための取り組み

知念　渉
西田芳正

1　「対策法」成立後の子どもの貧困

二〇〇〇年代後半から子どもの貧困に関する調査・研究は数多く蓄積され、実践面でもさまざまな取り組みが進められてきた。特に二〇一三年に成立した子どもの貧困対策法の施行は、子どもの貧困をめぐる取り組みの法的土台を与えるという意味で重要な変化だったといえよう。

もっとも、多くの研究が蓄積され、子どもの貧困に対応するための法律が施行されたとはいえ、課題は山積している。とりわけ問題なのは、子どもの貧困対策では貧困の「連鎖」に主な焦点があり、それと対応するように学習支援に特化した事業ばかりが先行している点である。確かに二〇一九年の改正ではこのことに対する反省をふまえて、「子どもの未来」から「子どもの現在と未来」という記述へと変更された(1)。この変更は、子どもの学力や進路といった側面にしか光を当ててこなかったことに対する反省であり、子どもの現在のウェルビーイングも保障しなければならないということを意味している。しかしそれでも、現実の支援策をみてみると、貧困の連鎖を食い止めるための学習支援事業や大学進学のための奨学金制度は充実してきた一方で、貧困状態にある子どもが学校生活を安心して過ごすことができているのか、大学に進学しない層に対する支援はどうするのかといった問題は看過されているように思える。

この十数年間で「子どもの貧困」をとりまく状況は大きく変化した。では、貧困状態にある子ども・若者の学校生活は、それ以前と比べて変化しているのだろうか。変化しているとすれば、どのように変化しているのか。あるいは変化している点／変化していない点をどのように整理できるだろうか。倉石が指摘するように「入れ子構造」として排除と包摂の関係を捉えるならば、すなわち、「包摂はそれに続く排除をプログラミングしており、排除が発動されることによってようやく包摂は、自らを自己完結させることができる」（倉石 二〇二一、二九頁）と捉えるならば、包摂に向けた取り組みは新たな排除を生み出すはずである。そうであるとすれば、子どもの貧困対策法が施行された後に生じている新たな排除とは何か。

本章の目的は、子どもの貧困対策法が成立しておよそ一〇年が経過した現在において、貧困状態にある高校生とその母親、そしてそれに対応する教師がどのような経験をしているのかを明らかにし、特に学校教育での包摂の可能性を探ることである。

2 貧困とは何か

多数の研究が蓄積され、貧困という言葉が社会に広がるということは、その捉え方や定義が多様になるということでもある。そこでまずは本章における「貧困」の捉え方について整理しておきたい。

貧困について考える際に重要になるのが、概念、定義、測定基準という三つの水準を区別することである（Lister 2021＝2023）。概念とは、社会のなかで実際に貧困という言葉が、どのような意味で用いられているのかという水準である。定義とは、貧困である／ないという状態を、どのように区別するのかという点について、より意識的に正確に考える水準である。概念のレベルには貧困にかかわる一般的な言説も含まれるが、定義はより専門的に考える水準ということもできるだろう。測定基準とは、定義を運用可能なものにして、貧困状態にある人々を数えたり特定したりできるようにする水準である。たとえば、相対的貧困率のように、「年収〇〇万円以下を貧困とする」などの表現がこの測定基準に当たる。

この区別にしたがって、本章における貧困の定義と測定基準を説明しよう。我々は、貧困という定義を比較的オーソドックスに考えて調査を進めてきた。この十数年における子どもの貧困研究の蓄積をふまえて編まれた「シリーズ・子どもの貧困」の編集代表である松本伊智朗(二〇一九)は、このシリーズの第一巻において、貧困を「人が生活していくための「必要」を充足する資源の不足・欠如」(三三頁)と定義しているが、我々は、基本的にはこのような捉え方で調査をしてきたということである。

ただし、本書において、部落、障害、外国人と並んで貧困が用いられていることから、補足しなければならないことがある。一般に、部落、障害、外国人は、アイデンティティの問題として(も)捉えられる一方、貧困は、アイデンティティの問題ではなく、もっぱら資源の再配分の問題として捉えられる。部落民、障害者、外国人に対しては「自らの歴史やアイデンティティに誇りをもつ」ということが説得的に語られる一方、貧困状態にある人々に対しては「自らが貧困であることに誇りをもつ」とは言われない。ナンシー・フレイザーの承認と再配分の二元論にしたがうなら、部落、障害、外国人に関する問題は承認の側に、貧困は再配分の側に割り当てられるだろう(2)。

しかし注意深く考えてみると、貧困にも承認の次元にかかわる問題が含まれていることに気づく。右記の松本の定義をめぐる議論から考えてみよう。右記の定義にある「資源の不足・欠如」という言葉に着目すると、富の再配分に重点を置いた定義であるように思える。だが同時に、松本自身が、富の再配分だけで貧困を捉えていないという点もまた重要である。定義の「人が生活していくための「必要」」という部分について、松本は次のように述べる。

この場合、問題になるのは、「必要」はどう定義されるか、その前提になる「人の生活」をどのようなものとして考えているかという点である。今日広く、少なくとも研究者の間で共有されているのは、人の生活を単なる「生存」ではなく、恥辱を感じずに社会に参加しうる生活として考えるという観点である。したがって、「必要」は生存に必要な栄養量という基本的に変化しない「絶対的」なものではなく、歴史的、社会的に構成される「相対的」なものということになる。(三三─三四頁)

「人が生活していくための「必要」」は、単なる「生存」を確保する「必要」では不十分で、「恥辱を感じずに社会に参加しうる生活」が保障される「必要」でなければならない。だからこそ、「何を容認できない問題、社会的な不公正と考えるか、どういう社会を作りたいかという論点を離れて、貧困の定義はない」(三六頁)と松本は述べるのである。

このことをふまえるならば、貧困を単なる富の再配分の問題に還元して捉えることは適切ではない。その考察を深めるためには、フレイザーの承認/再配分の二元論に対して、再配分の問題系も承認という次元に含めて一元的に捉えようとするホネットの議論が参考になる。

ホネットの議論は広範にわたるため、ここで全容を解説することはできないが、ホネットが貧困をどのように捉えているかは次のように整理することができる。すなわち、当事者の貧困をめぐる経験は、①社会権の欠如の問題か、②業績原理・評価をめぐる正統化をめぐる問題として捉えられる。たとえば、ホネットは「再配分をめぐる闘争は、社会権の動員という道をとらないところでは、業績原理がそのつど実際に用いられる際の正統性をめぐる定義上の争いとなる」(Fraser & Honneth 2003 = 2012: 175)と指摘している。現代日本の文脈でいえば、生活保護制度のような社会保障制度の拡充によって貧困問題を改善しようとする運動等が、社会権の拡充をめぐる動き、そして、正規と非正規の賃金格差や賃上げをもとめる動き等が、業績原理の「正統性をめぐる定義上の争い」と位置づけることができるだろう。そして、それらはいずれも、「私（たち）は生きるに値する人間なのだ」という訴えの込められた承認をめぐる闘争と捉えることもできる。

こうしたホネットの議論をうけて、本章では、再配分／承認という区別を立てて貧困を前者の問題として位置づける、という捉え方をしない。貧困の核心は、社会権拡充の不徹底と業績評価をめぐる不当さの結果として、富の再配分がうまく機能していないがゆえに生じている悲惨、侮辱、誤承認（misrecognition）にある。

たとえば、はじめに述べたように「子どもの貧困」の政策的対応が進んできたのは、「大人の貧困」問題への対応がうまく進んでいないことの裏返しでもある。「年越し派遣村」といったキーワードとともに二〇〇〇年代に盛り上がった反貧困運動は、子どもの貧困問題に矮小化された／せざるをえなかった（湯浅 二〇一七）。それが意味するところは、要するに、業績評価をめぐる運動が、「大人の貧困」問題では世論からの同意をとりつけられなかったということである。生活保護制度や生活保護受給者の擁護（社会権をめぐる運動）は、それらが「生きるに値する生である」という世論の合意を形成できなかった[3]。また、正規／非正規をめぐる賃金格差もうまく合意を形成できていないからこそ、十分な解消には至っていない。

それに対して子どもの貧困は、子どもに能力があるのにそれが発揮されないのはよくないという合意を形成することができたから、その対策や支援は、学習支援（＝子どもの未来）に特化したものから制度化されていった。貧困状態にある大人の「業績評価」は妥当だが、それを子どもの「業績評価」にまで適用するのは不当であるという判断が、世論によって下されたといってもいいかもしれない。このように考えるならば、我々の調査では「子ども・若者の貧困」に焦点を当てるとはいえ、「大人の貧困」が矮小化された結果として、「子ども・若者の貧困」に対する対策が広がっていることを忘れてはならないだろう。また、そうした矮小化は、子ども・若者の貧困対策に対しても、なんらかの「歪み」を生じさせているはずである。

さて、貧困を定義したからといって、貧困状態にある若者が誰か(誰を調査対象とするべきか)ということが明確になるわけではない。それを明確にするためには、測定基準を定める必要がある。たとえば、これまでの研究では、生活保護や就学援助を受給している世帯に限定したり、ある一定の世帯年収を下回る経済水準にある世帯に限定したりすることで、対象にアプローチしてきた(盛満 二〇一一、阿部 二〇〇八)。しかし実際には、生活保護を受給していなくても経済的に厳しい状況にある世帯は存在するし、世帯所得の水準において貧困状態でなかったとしても、世帯の中の個々人が貧困状態にないというわけではない(丸山 二〇一九)。また、貧困であるという状態は研究者が想定するよりも流動的であり、たとえば一定の貧困線を設けたとしても、その上下を行ったり来たりしているケースも少なくない。つまり、年収だけに着目することも、また、世帯という単位だけに着目することも、一時点で切り取ることも、貧困問題を捉える際にはこぼれ落ちてしまうものが多いのである。とはいえ、対象者にアプローチして調査をするためには、なんらかの限定をしなければならない。

詳しくは次節で述べるが、我々は関西と関東で調査を行った。その際、できるだけ多様な貧困の当事者にアプローチできるように、次の三つの方法を用いた。一つは、保護者に対する質問紙調査において、世帯年収や世帯人数を考慮して「貧困」と捉えうる親子にアプローチした。このアプローチは、保護者と子どもの双方に対して質問紙調査をすることができた関東の調査で採られたもので、いわゆる「相対的貧困率」などのように統計的な分布を手がかりに算出した測定基準に依拠するものである。

二つ目は、高校の教師からみて「貧困」と思われる生徒を紹介してもらうアプローチである。現場の教師たちの概念を測定基準として採用したともいえよう。このアプローチは、仲介する教師の「貧困」に対する捉え方(概念)に左右されるという問題があるが、学校という場において、どのような生徒が貧困として捉えられているのかということを浮き彫りにできるという利点がある。

三つ目に、関西の調査で協力していただいた高校で高校生に対する質問紙調査を行い、主観的な暮らしぶりに「厳しい」「まあ厳しい」と回答した生徒に対してインタビューを行った。主観的な厳しさが必ずしも貧困を意味するわけではないものの、この測定基準を設けることで、上記二つの測定基準からは、こぼれ落ちてしまう層を掬い上げようとした。要するに我々は、①世帯年収、②教師たちの貧困概念、③高校生たちの主観的暮らしぶりに依拠して、貧困の当事者にアプローチしようとしたのである。

本章における貧困の定義と測定基準について説明してきたが、概念の水準についてはどうだろうか。先述したように、本章でいう概念には、一般の人々が貧困をどのように捉えているのかという点も含まれている。社会に流布する貧困の概念といっても過言ではない。この水準は、研究者が設定するものというよりは、研究者が調べて明らかにする対象である。そのため、我々は、「貧困という言葉で自分の生活を捉えたことがあるか」「自分自身の生活や経験を貧困と言い表すことに違和感があるか」といった項目をインタビューで尋ねるようにした。本章では、貧困状態にある高校生とその母親が、貧困をどのように捉えているか、自らの生活を貧困という言葉で捉えているかといった論点(当事者の貧困概念)についても分析を行う。

3　関西調査と関東調査

先述したように、我々は関西と関東のそれぞれで調査を行った。本章では前者を「関西調査」、後者を「関東調査」と呼ぶことにしたい。関東調査では貧困に当てはまらない人々にも広くインタビューを行ったが、本章では、そのなかから貧困あるいは非貧困とのボーダーラインで生活していると思われるケースを抽出し、分析を行った。分析に用

表1 インタビュー対象者のリスト

	仮名	性別	年齢	アクセスの経緯
関西調査	ヒナタ	女	22	教師からの紹介
	ダイキ	男	20	
	アカリ	女	18	
	モエ	女	18	生活アンケートからの抽出
	タイガ	男	16	
	トモキ	男	17	
	マサト	男	17	
	メイ	女	17	
関東調査	ケンタ	男	17	若年層生活実態調査より抽出
	アオイ	女	18	
	モモカ	女	17	
	アヤネ	女	17	
	カリン	女	17	
	鈴木	女	52	ケンタの母
	坂本	女	48	アオイの母
	佐藤	女	38	モモカの母
	関口	女	54	アヤネの母
	曽根	女	43	カリンの母

いたケースを示したのが表1である。表1に示されるように、関西調査では八名の高校生（卒業生を含む）、関東調査では五組の親子が対象となる。分析に入る前に、それぞれの調査の特徴を少し詳しく説明しておこう。

関西調査は、主に高校を通じて行われた。関西に立地するX高校に調査協力の依頼をして、生活アンケートとそれに紐づく形でインタビュー調査を行った。調査当初は教師に生徒を紹介してもらうアプローチだけを想定しており、実際に数名の生徒を紹介してもらった。しかし、調査を行うなかで、教師が「貧困」という名目で生徒を紹介することが予想以上に難しいということを知り、生活アンケートの回答をもとに生徒に調査者自身が調査依頼をする形式となった。生活アンケートは、二〇二一年五月に質問紙を用いて全校生徒を対象に実施された。家庭環境、アルバイトを含む放課後の生活、自己認識などに関する項目を含んだ内容で、五〇七ケースの有効回答を得られた。そのなかで「現在の暮らしの状況をどのように感じていますか」という質問に対して「やや苦しい」「大変苦しい」と回答した生徒にインタビューの依頼を行った。最終的に、教師から紹介してもらったケースも含めて一二名にインタビューを行い、そのうち、明らかに貧困に該当しないケースを除いたものが表1の関西調査の八名である。

関東調査は、一つの自治体（Z市）が主体となり、我々の研究グループが協力する形で行われた。「若年層生活実態調査」と呼ばれるこの調査は、Z市に住む一七歳の子どもとその保護者に対する質問紙調査、そして、その対象者に対するインタビュー調査からなる。Z市の一七歳（約五〇〇〇人）のなかから一〇〇〇人の高校生をランダムサンプリングで抽出し、本人とその親に質問紙を郵送して、郵送あるいはWebで回答してもらうように依頼した。(4) その結果、三二六ペアが分析可能となった。インタビューは、質問紙末尾に「インタビュー調査への協力可」とした親子三九組に対して依頼し、二〇二二年三月から二三年三月にかけて行い、最終的に二三組の親子に話を聞くことができた。インタビューは親子別々に、各一・五時間程度行った。そのなかで貧困あるいはボーダー層と思われるケースが表1にある五組の親子である。

上記に加えて、関西調査でも関東調査でも、高校の教師や困難を抱える子ども・若者への支援者に対するインタビューも行った。とくに関西調査では、生徒を紹介してもらったX高校に加えて、Y高校で教師の話を多く聞くことができた。本章では、それらのデータも使用する(主に5節)。

関東調査と関西調査は実施形式が異なっており、それによってアプローチできた層も異なっている。関東調査の場合、親と子それぞれで回答できるように設計されているとはいえ、基本的には親子ペアの回答が想定されているため、少なくともインタビュー調査で出会った親子は関係が良好なケースが多かった。そのため、子どもへのインタビューで親への不満が語られるということはあまりなかったが、学校や教師に対する批判は語られやすかった。それに対して関西調査は、学校経由の調査であり、親は関与しない形式となっている。そのため、関西調査のインタビューでは、子どもから親や保護者への不満と教師への信頼が多く語られるという結果となった。要するに、関東調査は親子ペアで聞けていることに利点があるが、そうした設計にしたことによって、親子関係が良好なケースに対象が限定されている。逆に関西調査では、親へのインタビューはできておらず、子どもの語りの背景にどのような親の思いや行動があるのかがわからないという限界がある。世帯へ直接アプローチする方法と学校から子ども・若者にアプローチする方法で見えてくる現実が異なるので、本章では、この違いについても注意を払って考察を進める。

4　子ども・母親は貧困をどのように経験しているか

貧困世帯の子どもたちは、たとえば障害児が特別支援学校に水路づけられることとは異なり、義務教育段階において学校制度から排除されているわけではない。しかしながら、貧困世帯の子どもたちの不登校率は高く、また、高校進学率や大学進学率も平均よりも低くなっているという実態が数多く報告されている。今回の調査でも、大学や専門学校への進学を経済的な理由から断念したり躊躇したりする語りが複数確認できた。したがって、制度上、義務教育から排除されているわけではないものの、義務教育のなかで排除された結果として教育からの排除が生じていると考えることができる。さらにその帰結として、労働市場からの排除が生じていると考えなければならない。そこで本節では、高校生へのインタビューから得られたデータをもとに、(1)中学校段階までの貧困の経験、(2)高校段階における貧困の経験を描き出す。そのうえで、(3)母親にとっての貧困の経験、(4)当事者自身の抱く貧困概念を分析する。

(1)中学校段階までの貧困の経験

高校生へのインタビューでは、離婚や親の病気等によって生活苦におちいり、それにともなって小さい頃から転居を繰り返した経験や親と離れて親族の元で暮らした経験などが語られた。多くのケースでは幼少期から小学校段階にかけて貧困に陥っているが、それでも学校のなかで自分を貧困だと意識した、あるいは貧困による辛い経験をしたと意識したのは中学校段階であると多くの者が語った。関西調査に協力してくれたアカリさんの経験を手がかりにして、その理由について考えてみよう。アカリさんは、小学校の頃の経験を次のように語る。

小学校の時は(自覚することが)全然なかったんですよね、やっぱり。お金使うことがまずないじゃないですか、小学生で。駄菓子買うぐらいじゃないですか。それぐらいやったら全然お母さんもくれるし、駄菓子屋さんとか行ったら一〇〇円でいっぱい買えるじゃないですか。小学生で一〇〇〇円以上を持つこととか全くなかったんですけど、お年玉とか以外で。中学になってから、みんな何かしらおそろとかしたりとか。……そう。私はやっぱしたくてもできないじゃないですか。言えへんし。

小学校ではあまり意識されなかったまわりとの差が、中学校になると意識されるようになっていく。友だちと「おそろ」(おそろいの物)をもったり、ファッションに目覚めるなかで、持ち物や服装を互いに確認し評価し合うようになる。そのような友人との関係において、アカリさんは学校生活にストレスを抱えるようになった。

印象に残ってるのは中三の時なんですけど。……私は三歳の時の旅行かばんのやつを使ってて、それがぴったりのサイズやったんで、重かったけど、全然余裕やったんです。それを「何それ? エコバック?」みたいな感じで笑われたりとかして、どこをどう見たらエコバッグに見えるのみたいな感じで、そんなんばっかりでした。

このようにして同級生から嘲笑されて悔しい思いをしたのは一度や二度ではない。中学校の頃の経験をアカリさんは次のように語る。

母子家庭っていうだけで立場が弱くなってたんですよ。だから、比較的下に見られることがすごく多くて。すごい上からなんです、みんなが。……すべてのことに対してなんですけど、私が持ってる物とか。着てる服とか、なんやろう。おかずとかも言われたような気がする、お弁当の。お弁当とか、いろんなことに対してです。

学校外に遊びにいくときには、「貧困」であることがより深刻な影響をもたらす。学校外での生活についてアカリさんは「友だちと遊びにいくっていうのもできなくて、うそついて断ってたりとかしてたんですよ」と語る。このように語るのはアカリさんだけではない。たとえば母親と二人暮らしのタイガさんも同じような状況に置かれていた。

ご飯食べにいったりとか、そういうので。さすがに、友だちみんな払ってあげるみたいな感じなんですけど、ちょっと、どう説明したらいいかわからないですけど、無力というか、そういうふうに感じて、ちょっと控えめになる。

貧困であることは、友人関係のなかだけでなく、学校の課外活動、たとえば部活動などにも制限をもたらす。義務教育において授業料や教科書代は無償だが、それ以外にもかかる費用は少なくない。部活動にかかる費用はその典型である。アカリさんは陸上部に所属して練習を一生懸命していたが、大会に参加する費用(一試合につき三〇〇円)が捻出できずに苦労したという。

結構お金がかかってたんですね、陸上。ウィンドブレーカーとか、冬とか寒いじゃないですか。だから、あれ買うのもお金高くて。毎週、試合出るのも費用が必要で。一試合出るたびに三〇〇円みたいな。……普通に一日に何試合もあるんです。たとえば、私はフィールド競技なんです、円盤投げなんで。円盤投げっていう種目で一試合、私はそこに出るから三〇〇円。一〇〇メートルも出ようと思ったら、それで三〇〇円。八〇〇メートル走も出よう思ったら、それも三〇〇円。……それで、今日、円盤の試合と一〇〇メートル出るから、六〇〇円ちょうだいとかいうのも、(母から)「あんた、また?」みたいな。

部活動は続けたいけれども、こうした費用を捻出するのは難しい。そこでアカリさんは部活を辞めることを決意し、顧問の先生にそれを伝えた。顧問の先生は「お前、それでええんか」と言ってくれて、顧問の「ポケットマネー」でそれは賄われるようになる。

> **普通に「何で辞めるねん」みたいな感じで言われて、理由を話す時に、お母さんに毎回毎回請求というか、それがちょっとあれやし、「お金ない」みたいなことも言われるしみたいな。だから、「辞めたいです」って言った時に、「いや、じゃあ俺が出す」みたいな、言ってくれて。**

第4章で論じられるように、日本では「特別扱いしない」学校文化によって、外国につながりのある子どもたちが排除されていることが指摘されてきた（志水・清水 二〇〇一）。この「特別扱いしない」学校文化は、子どもの貧困問題とも深くかかわっている。すなわち、日本の「特別扱いしない」学校文化の中で、教師は「自身のポケットマネーで資金援助を行うことによってそれを解決しようとする」（盛満 二〇一一、二八七頁）。そのことで、結果的に貧困家庭の子どもの問題が、「貧困層に共通する問題としてではなく、彼／彼女自身の問題として「個人化」されることにより、学校から貧困層の子どもたちの姿は見えにくくなっていく」（同前書、二八七頁）からだ。この指摘は一〇年以上前になされたものであるが、上記のアカリさんの語りは、現在でも学校現場で同様の対応がとられ続けていることを示すものである。もっとも、このような対応は組織的なものでは全くないために、教師個人の判断や行動に大きく依存する。アカリさんのケースで言えば、**「顧問の先生はほんまによかったんですけど、担任の先生とかは、「母子家庭大変やな」の一言で終わりでした」**という語りにその一端が現れている。

このように、小学校ではそこまで顕在化しなかった友だちとの家庭背景の差が、中学校になると顕在化するようになってくる。そのなかで、友だちと同じ物をそろえられないという物質的欠乏だけでなく、それによって生じる他者からの目線や評価によって、子どもたちは苦しむようになるのである。

(2)高校段階における貧困の経験

では、高校段階に進むと、貧困層の子どもたちはどのような経験をするようになるのだろうか。

言うまでもなく、日本では高校入試があるために、子どもたちはそれぞれ自らの学力に応じた高校に通うことになる。子どもの学力は家庭背景と密接な関係があるために、高校段階では、似たような家庭背景の子どもたちが同じ学校に集まることになる(松岡 二〇一九)。そういう意味では、学力水準の高い高校に進学した場合と、その水準が低い高校に進学した場合とでは、その排除の経験が全く異なるものになるだろう。しかし今回の調査では、学力水準の高い高校に通っているケースがなかったので、教育困難校に進学するケースを想定して考察を進めることにする。

今回の調査で印象的だったのは、中学校での経験と対比して高校での経験を肯定的に語る高校生が多かったことだ。たとえば前節で紹介したアカリさんは、高校生活については次のように語っている。

今はもうハッピーですけど。でも、環境によって全然違いますよね、ほんとに。Z市(Z高校がある自治体名)のほうが私にはたぶん合ってます。Z(市)というか、この高校が母子家庭の人とか、家庭がちょっと複雑なところの人とかめっちゃ多いんです。だから、私が母子家庭っていっても、別にからかうとかも一切ないし、むしろ「そうなんや、大変やったな」みたいな、それぐらいで終わる感じで、別に母子家庭やからって下に見たりとかも一切ないし、逆にそこは良かったなみたいな。

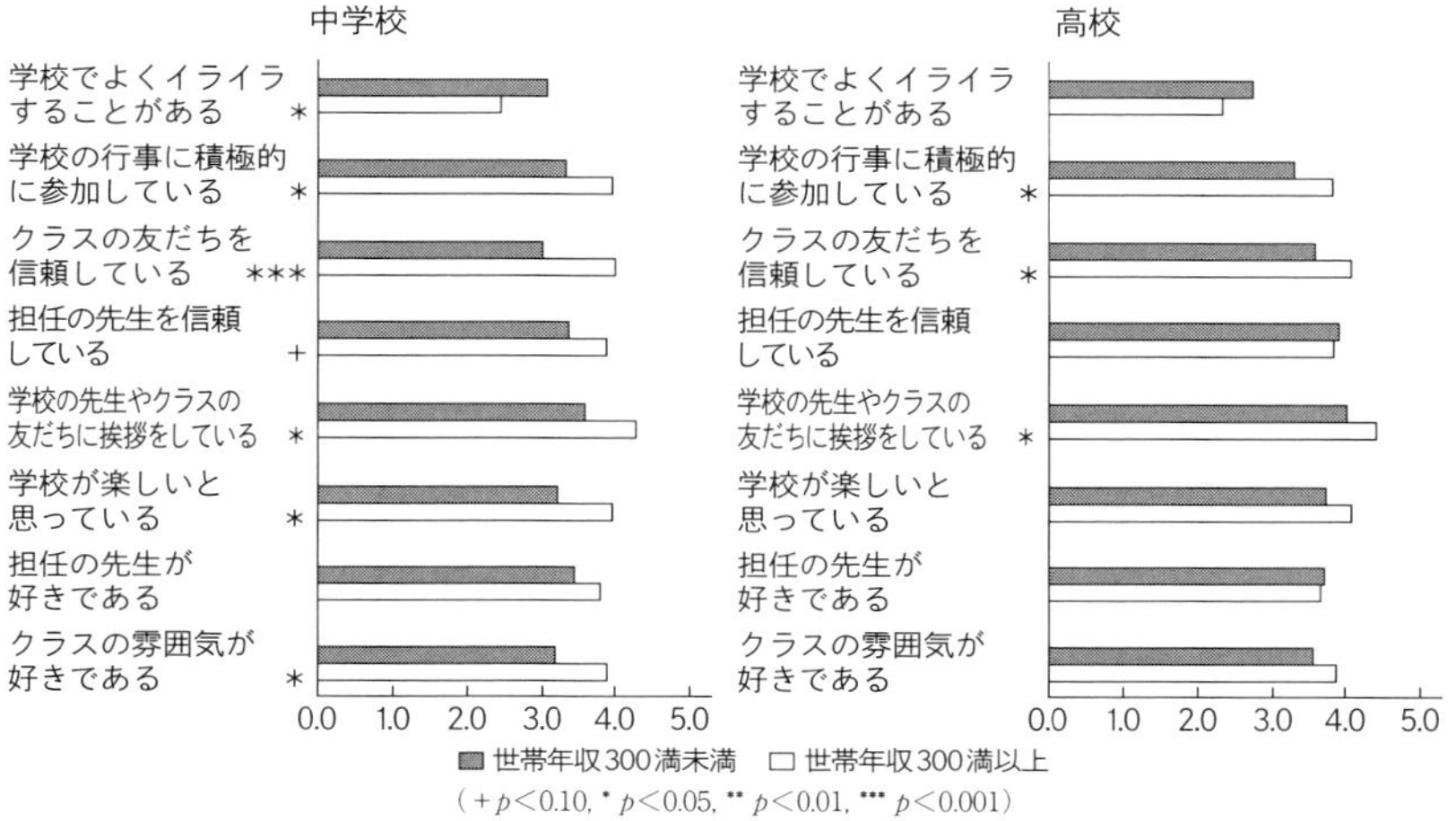

図1　学校適応

このことは決してアカリさんに特有のものではない。それを示すのが、関東調査のデータを使って作成した図1である。図1は、世帯年収が三〇〇万円未満を「貧困層」(三九ケース)、三〇〇万円以上を「非貧困層」(二八四ケース)と定義し、学校適応度を示すそれぞれの項目に対して、1:「全くそう思わない」〜5:「とてもそう思う」の五段階の尺度で測定し、それぞれの平均値を示したものである(表記された有意確率は図2を含めt検定の結果である)。これをみると、中学校でも高校でも非貧困層に対して貧困層の方がネガティブな回答傾向を示しているが、全体的に中学校よりも高校においてその差が縮小している。特に、「担任の先生を信頼している」や「担任の先生が好きである」といった教師に対する回答に両者の差がほとんどなくなっており、「学校でよくイライラすることがある」という項目で差が縮小していることは注目に値する。

　高校入試という「輪切り選抜」に対しては、これまで多くの批判が向けられてきた。しかし上記の結果をふまえれば、必ずしもそれは悪い部分だけではない。教師からすれば、どのような層に向けて教育するかというターゲットが絞られ、生徒が共通して抱える課題に配慮した教育実践が行いやすくなる。また、生徒たちにとっても、類似した環境で育ってきた同級生が多いことで、安心できるということがある。図1の結果は、そのように読まれるべきだろう。

高校生になると、学校外の生活でも大きく変わることがある。アルバイトができるようになるという点である。高校生は子どもの延長線上でケアされる・管理下に置かれる立場にありながらも、自立が可能になる・求められる立場にもあり、自立と依存の微妙なバランスの中に位置する。アルバイトは、そのような高校生の置かれた、社会における微妙な立ち位置を象徴している。

中学校時代に惨めな思いをした貧困層の子どもにとって、アルバイトができるようになることは、まずは、そうした惨めな生活からの脱却を意味する。たとえば、先述したアカリさんは、「中学の時と同じ思いをしたくないから」と語り、アルバイトができるようになってから生活が楽になったことを次のように言う。

高校入ってから、お母さんからお金は一円ももらってなくて。もう一切自分のお金なんです。だから、服買おうが何をしようが全部自分のお金って感じなんです。だから、やりたい放題で。

アルバイトができるようになることは、基本的には自分が自由に使えるお金が増えるということを意味する。貧困世帯で育ってきた高校生にとって、アルバイトができずに自分が自由に使えるお金がなかった中学校時代に比べて、高校生活は相対的に良いものなのである。

ただし、アルバイトによって確保された「自由」は、かれらの「時間」を犠牲にすることで成り立っていることに注意しなければならない。自分で使えるお金を増やすためにアルバイトの時間を増やしていった結果、学校から足が遠のき、遅刻や欠席が目立つようになっているケースは少なくない。たとえば、まわりの友人に合わせて学校生活を送るためにアカリさんは、最大で三つの職場を掛け持ち、平日は一七時から二二時まで、休日は終日勤務、一時期は深夜一時半までのシフトで仕事に入っていた。アカリさんにとって、アルバイトをすることは友だちと同じ学校生活を送るための切実な選択であったが、その過酷なアルバイト生活のなかで学校を休みがちになる。とはいえ、自身の状況を考えるとアルバイトを辞めるという選択肢はなく、学校に通うこととアルバイトを続けることのなかで葛藤を抱えることになる。そのような高校生活についてアカリさんは、**「(学校を)めっちゃ休みまくってました。働けへんってなると不安なんです。ちょっと働いとかないと、ちょっと怖いです。中学の時と同じ思いしたくないから」「お金はお守り」**と語った。また、ヒナタさんが**「夜型になっていって学校にあんま来れなくなって、遊び方とか友だちも変わって、あんまり(学校に)来たくないってなってて」**と語るように、アルバイトを入り口にして、地元仲間とたむろをしたり夜遊びをしたりするような「「遊び」の世界」(西田 二〇一二)へと入っていき、学校生活を継続することの困難へとつながっていった。

親から働き手やケアの担い手として当てにされるようになるという問題もある。一定の額を納める約束をしてその範囲内で家族とやりとりできていればまだよいが、自分の給料を親が勝手に引き抜くケース(タイガさん)もあった。

(バイト代は)貯めてるというより、お母さんが引きおろして、多分食費かなんかに回ったのかもしれないです。……貯めといてほしいとは思ったんで、(大学進学のための)学費とかのために。ちょっとそれで話をしたんですけど、あんまり。「それやったら食費がどっから出てくんねん」みたいな話になったんで、それもまた何とかしてもらおうみたいな話を、今先生らにしてます。

経済的に頼られるだけではなく、年下のきょうだいや祖父母のケアを期待されているケースも少なからずあった。

経済的にも精神的にも自立に向かいつつある貧困層の高校生は、かれらをとりまく複数の生活圏（アルバイト、家庭、学校）の間で葛藤を抱えていた。

加えて、このような葛藤はジェンダー規範と絡む形で経験されている。ダイキさんの事例では、「兄であること」に絡んだ形で教師から「努力」を期待されることが、学校や家庭生活における苦悩へと発展していた。

僕兄貴ですから、いわゆる成功しないといけない身なんですよね。だから、その時一回、逃げてしまったんですよ、現実から。「もう無理」みたいな感じで。……そのときに（担任の先生が）「お前は確かにしんどいよ、わかるよ。だけど兄貴やし、お前がちゃんと成績残さな、追いかけてくれへんよ、二人が」って。「自分を強く持て、自信を持て」って言われて。担任の先生は、僕がちゃんと志望校に合格できるように、「俺もプランとか立てておくから、俺が与えた課題をちゃんとやり切ってこい」って。だけど、やり切る能力がなかったんですよね。途中でテストも悪い点数だったし。何回もそれが続いて。なんか、期待を裏切るようなことをしてしまったんですよね。だから、ほんまにいろんな面でしんどかったですね。担任の先生に合わせる顔がなかったというのが、時期的にあったんですよね。

貧困世帯の高校生にインタビューをした林（二〇一六）は、貧困層の高校生が家庭生活での役割を積極的に担うことが、おのずと学校生活の優先順位を低下させていくことを明らかにした。上記のような高校生の語りからは、家庭生活での役割を積極的に引き受けるか否かにかかわらず、そもそも複数の役割（学校、アルバイト、家庭）の間で異なるメッセージを受けて、葛藤していることそれ自体の苦悩がみえてくる。そして、そのような葛藤は、自立と依存の間でジェンダー規範が絡む形で経験されているのである。

このように限られた資源のなかでやりくりする高校生たちに、卒業を前にして大きな壁が立ちはだかる。進路の問題だ。日本の高等教育の入学金や授業料は、高校生のアルバイトでどうにかできるような額ではない。専門学校や大学に進学しようとしても、経済的な事情から諦めざるをえない生徒が出てきてしまう。確かに、貧困世帯の子どもに対する支援策は、「奨学金の給付」として拡充されつつある。しかしその受給条件を満たしていたとしても、「連帯保証人を誰にするのか」「その書類を誰に書いてもらうのか」ということで生徒たちは苦悩する。「保育士になりたい」と考えたヒナタさんは、奨学金を借りる手続きをしたときのことを振り返って次のように語る。

いろいろ聞いてオープンキャンパスにも行って、いいじゃんみたいになって、そこにしましたね。そこにするにあたって、じゃあどうしていこう、お金の面でややこしい、めっちゃややこしくて。連帯保証人がいるとか、いろんな話があって、その二カ月後ぐらいに私、一〇円はげできましたもん、五〇〇円玉ぐらいの。……ママは「もう知らんがな」ってなって、「あんたの話はあんたが自分でしなさい」みたいな。そやからって「みんなママやってるし」とか。「みんな奨学金の話は全員みんなお母さんがやってたんですよ」って言えないじゃないですか、でも。

このヒナタさんのエピソードは、給付型の奨学金が制度的に用意されているだけでは不十分で、その手続きにおいても高校生にとってハードルが高いことを示している。

このことに関連して、関東調査の量的調査では興味深い結果を得ることができた。関東調査の質問紙調査では、高校生がどのような支援を必要としているのかを尋ねた項目がある。図2は、それぞれの支援に対して、1:「全くそう思わない」〜4:「とてもそう思う」の4段階の尺度で測定し、貧困層/非貧困層ごとに平均値を示したものである。非貧困層の値から貧困層の値を引き、その引いた値が大きくなる方が下になるように、項目の順序を配置した。つまり、下にいくほど貧困層が非貧困層よりも求めている支援策ということになる。

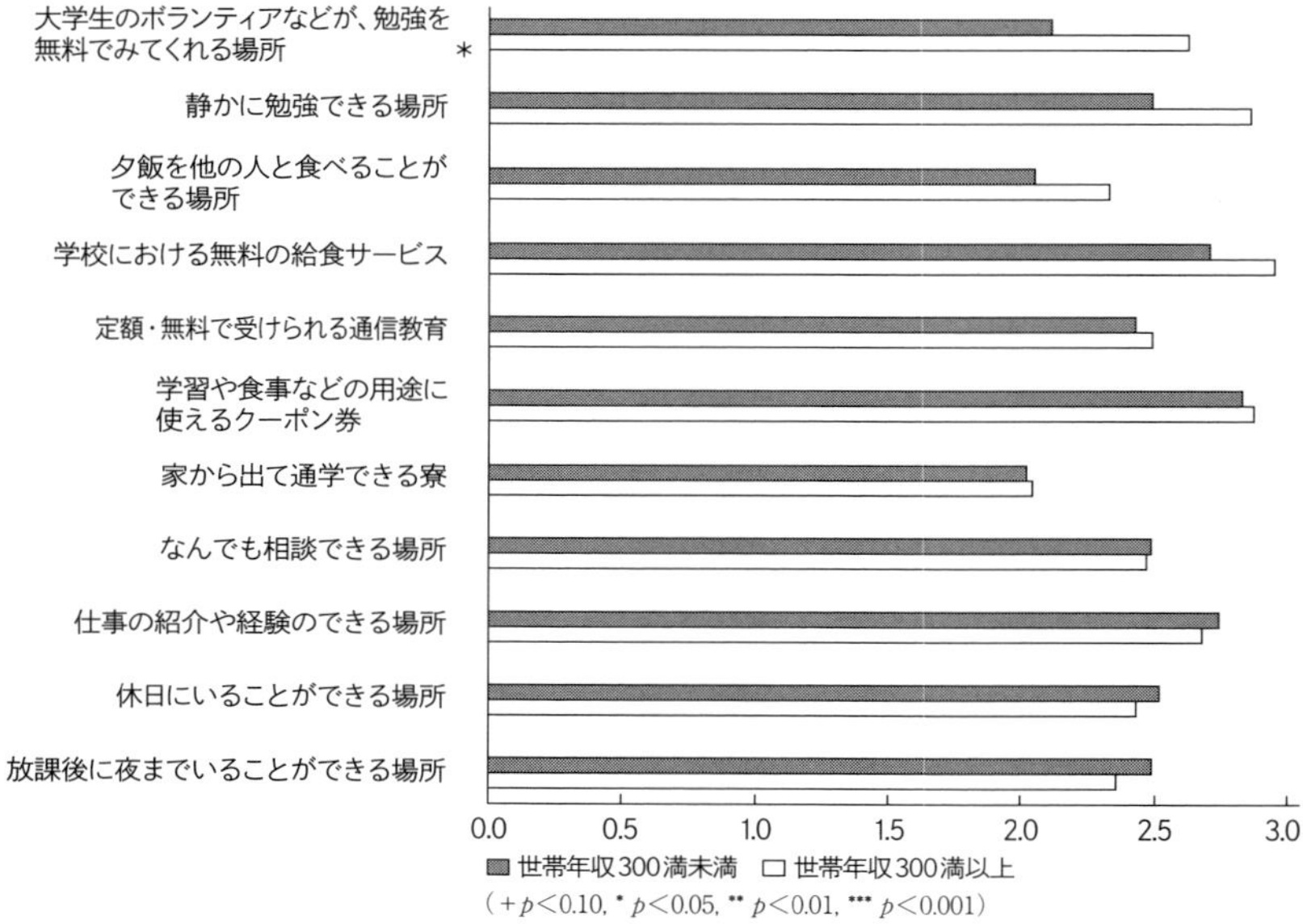

図2　支援策のニーズと貧困

図2をみると、上には学習に関する項目が、下には居て安心できる場所に関する項目が並んでいる。このことは、子ども貧困対策法の文言にあった「未来」と「現在」という文言に対応させて考えれば、非常に興味深い結果である。貧困層の子どもたちは、「未来」に向けた学習よりも、いま「居る」ことのできる場所を求めているのである。

この結果は、一方では、貧困層の子どもに学習支援へのニーズが形成されていない問題として解釈することも可能である。すなわち、かれらは教育機会の不平等による「教育からの排除」を経験しているにもかかわらず、それを認識していないという解釈である。しかし他方で、子どもの貧困対策や「教育」のありようが当事者のニーズとそぐわない形で進行していることを意味する結果として捉えることもできる。「貧困層の子どもに学習支援のニーズがない」ことは大学進学を前提にしなければさほど問題ではないとも言えるし、そのような解釈は特定のライフスタイル（大学進学）を無批判に良きものとして扱ってしまうという危険性とも隣り合わせであることに、研究者や支援者は自覚的でなければならないだろう。近年、社会移動の手段としての「教育」に注目が集まる中で、それが貧困層の子ども・若者にとってどのようなものであるかを、特に「水平的多様化」(=職業教育の充実)が求められる高校という教育段階(本田 二〇二〇)においてこそ考える必要があるといえよう。

(3)母親にとっての貧困の経験

母親にとって貧困はどのように経験されているのだろうか。関東調査で行った母親へのインタビューからは、子どもたちへのインタビューではみえてこない現実が明らかになる。

関口さんは五〇代の女性で、一七歳の娘(アヤネさん)と成人した息子の三名で暮らしている。夫との離婚後、いくつかの仕事を転々としてきたが、現在は工場で部品の梱包をしている。パートタイム勤務で月の手取り額は一三万円程度で、母子手当を受給していても生活は厳しく不安定である。電気代が支払えずに止められたときの状況について、関口さんは次のように語る。

いつだかあんまり覚えてないんですけど電気が止まったことがあって、わかってるんですよ、払わないこっちが悪いのは。でも電気が止まるっていうのが二回ぐらい続いたときに、ちょっとやさぐれまして、貧乏人は死ねってことね、止めちゃうんだねっていうね。わかってるんです。払わなきゃいけない。払ってくださいねって来てるんだけど、払えなくて。それでもバチッと止められたときに、何とか子どもにばれないように、やっぱり子どもが学校から帰ってきて電気が止まってたっていうのは避けたかったので、ないお金を多分、何とか捻出して、そのときに、そう思いました。

関口さんは、電気が止められたことを子どもに悟られないようにお金を「何とか捻出」した。このように日々の生活のなかで母親は子どもに配慮して奮闘しているのだろう。子ども（アヤネさん）の側からみた母親像はそのことを示している。

「考えさせて」というのは言われるんですけど。「ダメだよ」っていうのは、一回も言われたことがない。いつも結局「いいよ」って言ってくれる。

このアヤネさんの語りは、大学に進学したいというアヤネさんの意思を親に伝えているという会話の文脈において、調査者が「結構、なんでもやりたいこととか、そのときの状態を応援してくれるって感じ?」と問いかけたときに語られたものである。「考えさせて」という母親の反応は、即座に経済的な工面をできないけれども子どもの可能性を限定したくないという思いの現れだろう(5)。

別のケースでは、**「一〇〇〇円の出費に怯える」**という語りを聞くことができた。鈴木さんは同い年の夫、私立大学に通う長男、高校二年生の次男（ケンタさん）の四人で暮らしている。鈴木さんは療育施設に通う子どもが利用するバスの添乗員として働いており、夫はタクシーの運転手をしている。鈴木さんと夫の給料を足すと、非課税世帯などには当てはまらないが、給与明細を見せるジェスチャーをしながら**「引っかからないんですけど、みてごらんっていうぐらいの」**と笑って語った。高校生の次男はクラブチームに所属してサッカーをしており、長男は大学に通っていることから多少の余裕がありそうだが、決してそうではない。鈴木さんは自分自身の状況について次のように語る。

（光熱費が）払えなかったはないです。やっぱり、払わなきゃいけないものは最優先にしてたので、それはないんですけれども。結局、いつも言うのは一〇〇〇円の出費に怯えるっていう。たとえば、次男が「明日試合だから交通費ちょうだい」「えっ、いくら？　手元にないけど」っていうのが本当に頻繁で。

このように語る鈴木さんにとって、最終的には「本当に自分のものを削るしかない」。長男の大学進学や次男のサッカーは、鈴木さんがかなり無理をして生み出された資源でやりくりされているからこそ可能になっている。実際に鈴木さんは、数年前に、昼の仕事をしながら夜はドラッグストアで働くというダブルワークに加えて、家事をこなすような毎日を送っていたことがある。そのような生活のなかで二回入院をすることになったが、そのうちの一回分の費用は大学生の長男がアルバイト代で立て替えてくれたのだという。そのような状況に追い討ちをかけるように、コロナ禍がやってきた。コロナ禍になって、タクシー運転手をする夫の給料は激減し、世帯の経済状況は以前にも増して鈴木さんの給料に依存するようになった。非課税世帯ではないので、就学援助を受けることもできないし、中学生まで適用される医療費助成も、ケンタさんが高校生になったから受けることはできない。現在の日本における貧困線は——もちろん、計算の方法にもよるが——、四人世帯だとおよそ二五〇万円である。鈴木さん家族は、その貧困線よりも上に位置づくものであるが、それでもこのような暮らしぶりなのである。鈴木さんの事例は、貧困／非貧困の境界に位置づけられるような世帯で子どもの生活ぶりが「普通」の基準に達していたとしても、その背景には、このような母親の奮闘・献身・犠牲があることを示している。

(4) 当事者自身の抱く貧困概念

ここまで子と母の視点それぞれから貧困がどのように経験されているのかをみてきた。では、当事者たちは、自らの生活を貧困と捉えているのであろうか。あるいは、貧困という言葉にどのようなイメージをもっているのであろうか。我々の調査では「貧困」を主題としていたために、調査の目的について「貧困」という言葉を用いて説明した。

それに関連して、インタビューの最後には、できる限り人々の貧困イメージ（「貧困という言葉にどのようなイメージをもっていますか」や「貧困という言葉から連想するものってどのようなものですか」といった質問）を問いかけるようにした。本節の最後に、それについての回答を紹介しよう。

子どもの貧困がマスメディアで取り上げられるようになり、子どもの貧困対策法も施行されたからかもしれない。また、我々が調査の目的を説明する際に「貧困」という言葉を用いたからかもしれない。貧困という言葉によって指し示されるものが、「海外」などではなく、日本国内の問題として語ってくれた当事者は少なくなかった。たとえば、タイガさんは「自分自身の経験を貧困という言葉で表すとしたら、どういうふうに感じますか?」という質問に次のように答えている。

> 貧困自体が悪いわけではないけど、そのせいで、いろんな問題が起きてしまうなみたいな。貧しいこと自体は別にそんな悪いことじゃないと思うんですけど、たとえば普通に、そんなにお金がなくても、ある程度節約して好きなもの買ったりだとかできるので、貧困自体が悪いとは思わないんですけど、幼少期とかから貧困だと、満足に学べなかったりとか、連鎖するものだなって思います。

他にも、**「貧困、隠し事、多くなるんじゃないですか。貧困だと。……ユーモア。何がない、自由がない」**（マサトさん）、**「絶対、将来は自分が稼いで抜け出したいな」**（ケンタさん）といった語りがあった。また、トモキさんは**「自分でも思ってて、ほかの人に貧乏って言ったら、「そんな悲しいこと言わんといて」って言われた」**というエピソードとともに、**「君たちは普通の暮らしができてるからいいよねって感じです」**とそのときの思いを率直に語ってくれた。あるいは、友人の状況と比較して、自分の状況は**「貧困じゃない」**と語ってくれた者（メイさん）もいる。

ルイ(友だち)もけっこう家庭厳しい感じで、ぎりぎりで自分でバイトしてご飯も食べてるしって感じなんですけど。メイってちゃんとおばあちゃんとかとも毎週会ったりしてるし、お金も別にバイトも安定してるし、給料もらってってなってるから貧困じゃないいんかなって。

一方、母親へのインタビューからは、**「(貧困という)レッテルがすごく怖くって」**(佐藤さん)、**「子どもの前で、ちゃんとした大人が「お金がない」って言っちゃうと、あぁ、貧困なのかなって思っちゃいますけど」**(坂本さん)といった語りが聞かれた。母親のインタビューにおいてとくに顕著だったのは、貧困という言葉がもつ否定的なニュアンスやネガティブなイメージへの危惧である。

確かに、そのとおりなんですけど。貧しいし、困ってるんですけど、もうちょっと言い方ないかなとかは思います。……率直な意見です。でも、そのとおりなので受け入れるしかありません。もうちょっとまろやかな言い方はないかなって思います。もうちょっとふざけた言い方でもいいんですけど、貧困って言われると。確かに、そうなんだけど。……何をもって、そう自分が感じるのかわからないんですけど。プライドがあったりするんですかね。ちょっと何くそって思ってるところもあったりして。だから、いろんなことでプライドですかね。そこに引っ掛かるの。言い方がとかって引っ掛かるのも、そうかもしれない。

関口さんは「確かに、そうなんだけど」と逡巡しながらも、自らの現状を「貧困」という言葉で名指されることへの違和感や忌避感を率直に語ってくれた。「そんな悲しいこと言わんといて」と友人に言われたトモキさんのエピソードもそうなのだが、貧困や貧乏といった言葉にこびりついた意味は個人で払拭できるものではない。当事者たちが自分自身の状況を捉えたり問題視したりするためには、貧困や貧乏に取って代わる新しい言葉や概念が必要なのかもしれない。二〇〇〇年代後半から湯浅誠が牽引した社会運動も「貧困運動」ではなく、「反貧困運動」である（湯浅 二〇〇八）。貧困問題には、いわゆる「アイデンティティ・ポリティクス」とは異なる難しさがあることを、貧困研究者はもっと自覚しなければならないのだろう。

(5) 子どもとその親の貧困経験

本節では、子どもとその保護者が貧困をどのように経験しているのかを明らかにしてきた。貧困状態に陥るきかっけは親の離婚や病気などさまざまであるが、自らの生活状況を自覚したのは中学校に入ってからと語る者が多かった。中学生になると、友人との間でおそろいの物をそろえたり、活動範囲が広がって友だちと街やショッピングモールに出かける機会が増えたり、部活動など費用のかかる活動が出てきたりする。要するに、小学校のときよりも市場化された領域での活動が増えてくるということである。そのようななかで貧困世帯の子どもたちは、惨めな気持ちになるような経験をして、自らの置かれた状況を自覚せざるをえなかった。

高校生になると、そのような状況はアルバイトをすることによってある程度好転する。自分で自由に使えるお金が増えるからである。しかしアルバイトに時間を費やすほどに学校から足が遠のき、遅刻や欠席が多くなり、進級がままならなくなるというケースが多数みられた。また、親からアルバイトのお金を当てにされたりケア役割を期待されたりすることで、家庭との関係で葛藤を抱えている場合もあった。自立と依存の間で、貧困層の子どもたちは、高校生という時期に特有の困難を抱えていたといえよう。さらに、アルバイトではどうにもならない進路の問題が大きな壁として立ちはだかる。

一方、関東調査から母親の経験をひもとくと、子どもたちが不利にならないように、ダブルワークをしながら家事に奮闘するケンタさんの母親のように、文字通り過酷な生活を送っていることが明らかとなった。身近に頼りになる人（親など）がいれば、その過酷さは軽減されるが、そうでない場合には母親はかなり厳しい状況に置かれることになる。貧困世帯の子どもたちが自らの不利を自覚していなかったり気づいていなかったりする場合には、その背景に、そうした母親たちの奮闘・献身・犠牲があるということが示唆された。

本節で描き出した子どもの経験は主に関西調査から、母親の経験は関東調査から得られたデータにもとづいている。先述したように、関東調査では、母親と子どもの関係が良好で、母親が質問紙調査に回答できるほどには健康だったり時間的余裕があったりする親子がインタビューに応じてくれた。関西調査に比べて関東調査で子どもへのインタビューで過酷な経験が語られることはなかったのはそのためだろう。このことから明らかになるのは、資源が欠如し制約された状況のなかで生活が維持されていたとしても、誰かがそのなかでなんとかやりくりし、それが可能になっているということだ。いまの日本社会の状況では、まずは主に母親にその責任が押し付けられ、母親がその責任を果たせなくなった場合にはそれが子どもに課せられるということである。だから、まわりから「普通」に生活を送れているようにみえたとしても、その背景には、母親や子ども自身の「普通」を維持するための過酷な奮闘があると考えなければならない。日本は「家族依存社会」と形容されるが（西田 二〇一二）、我々の調査をしてきた感触からすれば、もはや「母親依存社会」とさえ言えるような状況であった。

このような過酷な状況にもかかわらず、「貧困」という言葉は、当事者たちにとって自らの状況を適切に表現してくれるものではない。むしろ、「レッテル」になることを恐れる言葉であるし、実際、貧困はあるべき状態ではない。彼ら彼女らの奮闘を適切に表現しエンパワーするような概念や言葉が求められている。

5　高校における排除と包摂

今回の調査では、高校の序列構造の下位に位置づけられた関東、関西の高校の教師数人から聞き取りを行うことができた。入試難易度の低い高校には、生育家庭に困難が重層し学力を十分伸ばすことができなかった生徒たちが多く通っている。本節では、こうした高校で生徒たちと接してきた教師からの聞き取り内容に子どもの語りを加えて、貧困層の若者の高校での経験と教師の取り組みを描く。

(1)高校における貧困の見えづらさ

貧困状況の中で暮らす若者たちは、高校ではどのような経験をしているのだろうか。まず押さえておくべきなのは、貧困であることが見えないものとなっているという点である。

関東の高校の管理職へのヒアリングで貧困問題をテーマとした調査であることを伝えた際、貧困であるとはっきりわかる子はいない、目立たないという返答があり、一例として**「流行の高価なスポーツバッグをみんな持ってます」**という説明が付け加えられた。前節では、長時間のアルバイトで仲間からの疎外を回避する生徒の姿、子どもに貧困を気づかせないための母親の奮闘について触れたが、そうした振る舞いの故に、貧困が周囲から見えづらいものになっているといえるだろう。担任するクラスに生活保護を受ける母子家庭の生徒が多くいるという印象を持っていた教師も、**「日常生活で貧困っていうのは表に見えにくいです。学校の中ではかれらは普通に高校生活を送ってますので」**と語っている。

表面的な生徒の姿からは気づかれにくいとしても、生徒の家庭背景、経済的な状況を学校は把握しているのではないか。その点について尋ねたところ、近年では個人情報保護の動きにより家庭背景にかかわる事柄が伝えられなくなり、たとえば親については名前程度の情報しか把握できていないという返答があった。「個人カードっていうのを(年度初めに)提出させますけども、昔と違って、プライバシーの関係から保護者の欄が名前ぐらいになっちゃったのかな」「担任は四月当初に二者面談をやってるんですけども、その時家庭のことを聞くっていうのはやっぱり神経使う」とのことである。「担任やってれば割とわかってくるんですよね、ある程度」とも語られたが、接点の少ない生徒については十分把握されないままではないだろうか。

その一方で、事務室には生徒の経済事情にかかわる情報が集まっている。「親の所得証明書、課税証明書を事務に出すんです。それで授業料の減免(の手続き)をする。(それは)四月当初のものすごく膨大な作業」になるというが、「教員はわかんないんですよ、この子が減免なのかどうか」「この子が何か月分積立金[6]を払ってませんよ、というデータが来ればいいけど、「これを本人を通じて保護者に渡してくださいね」っていうふうに(事務室から)封書が来るだけで、中身が何なのかわからない」。生徒の貧困にかかわる情報は、教師に伝えられるべきものとしては認識されていないのである。

(2)学校からの排除としての高校中退

関東調査で協力を得た自治体の貧困対策担当部署を通して、生活が困難な状況の生徒が多数通う高校を紹介していただいた。朝の登校時に訪れたのだが、ルール違反の服装や髪型の生徒は見当たらず、自転車や徒歩で校門を行き過ぎる生徒たちの多くが、その場に立っている校長と挨拶を交わしている。落ち着いた様子に驚いたことを校長に伝えると、問題行動の多い生徒は入学後の早い時期に中退し「普通の学校になります」という返答があった。

序列構造で同じような位置にある別の高校で長く勤務した教師からは、志願者が定員に満たず「倍率が出ない」ために全入状態となり、中学ではほとんど学習に参加してこなかった生徒が入学してくる、そうした生徒が問題行動を繰り返した後に中退していく状況について、不本意ながらそうならざるをえないというニュアンスを込めて語られた。

（中学の成績が）オール一だったり、欠席が何十日とか基準を決めて、春休みに中学を回って担任の先生に話を聞いてました。入学前にそういう子たちを学校に呼んで。「入学後の生活をサポートする」という趣旨で。ただ、その子たちのほとんどは進級できませんでした。教員やってると、「この子は続かない」っていうのはわかるんです。中学時代に教室にいなかった子たちは、六時間座ってられないんですよ。勉強もほんとうに基本的なことからやったりするけど、それでもついてこれないんです。そういう子たちは何だかんだ悪さはします。結局はストレスなのかなと。学校というか授業が合わない。一方で真面目な子もいるんで。我々はどっちかって言うと勉強苦手でも真面目にやろうって子たちを大事にしようってなるので。

学校で問題行動を重ね中退する生徒は、自ら学校を拒絶する姿としてみえてしまう。しかし、中学時代にはすでに学校から背を向けていたとされるそうした生徒の多くは、小中学校で疎外・排除経験を重ねてきた子たちであり、その背景には家庭生活に不利な条件が重層しているケースが多いはずである(7)。中退を「学校からの排除」の現れとして理解する視点が重要であり、そうした事態に至らざるをえない生徒側教師側双方の経緯、事情があることに目を向ける必要がある。学校に意味を見出せない生徒たち、そうした生徒の振る舞いに翻弄され疲弊しつつ「おとなしい」生徒の存在を意識する教師たち。その背後にある構造的な背景、つまり、小学校段階から勉強や学校を「わからない」「おもしろくない」と経験させる家庭生活の困難や不安定さと、それをもたらす雇用の不安定化などの要因、そして小中学校段階でそうした子どもを生み出してしまう学校教育側の問題が問われなければならない。

(3)教師による包摂の取り組みと学校教育を通しての生徒の成長

困難な背景を抱えた生徒とつながり、卒業に向けて背中を押し続ける取り組みについても聞くことができた。退学した生徒について、「**積立金を払ってくださいと何回も家庭訪問に行くんですよね**」と自らの経験を語る教師は、「**二年生の途中で学校辞めたんですよね。そうしたら、退学届け出した翌々日に親が学校に来てですね、「積立金を返してくれ」と。よっぽど困ってたんだなというのを、その時は思いましたね**」というエピソードを紹介してくれた。授業料無償化が拡大していることは評価すべきだが、子どもの生活の基盤である親の貧困が改善されない限り、学校教育を受け続けることができない子どもが生み出されることに留意しなければならない。

この教師の取り組みを聞いてみよう。

学校に来ない子の所に毎日のように家庭訪問、自転車で行ったことがありました。（家庭に大変な事情があり）児相（児童相談所）に話を聞きに行ったかな。その子にちょっとでもいい人生、送ってほしいじゃない。（親やきょうだいが皆高校を中退している）ことを本人から聞いて）「じゃあ、お前が卒業しなくてどうするのよ」っていう持っていき方ですよね。中学校卒業と高校卒業の職業選択の数、全然違うわけだから、「だから高校は卒業しよう」って言って。（ずいぶん前の卒業生から）この前突然メールが来て、「先生がいなかったら私卒業できなかったよね」、（それに対して）「何でそういうこと書くの?」（と返信すると）、「今ね、うちの息子が受験生なんだ」と。ものすごくヤンチャな子でね。家庭訪問も何回も行ったし。

前節で触れた関西のX高の生徒からも教師の存在、関係性についての言及が多くあり、その典型例としてヒナタさんの語りを以下に示す。

私たぶんね、誰よりもここの学校好きやと思います。友だち関係から家のことから学校でのことやら、先生とのかかわりとか全部含めて。めっちゃ裏切ったのに、全然見捨てなかったんですよ。(ちゃんと登校する、単位を落とさない、校則を守るなどと約束しても)「まぁいっかな」ってなっちゃって。でもやっぱり見捨てなかったんですよね。(自分のことを)「根はいいねんから」って言ってずっと応援してくれて。だからたぶん(学校に)いれたんだと。

関東の教師の語りに戻ろう。個別に背中を押す取り組みを重ねるのと並行して、学校教育の多くの場面で生徒の成長を促し、それが実現していることが語られた。

(毎週二時間のホームルームを続けるなかで)人前でしゃべることができない子たちが次第次第に言えるようになるとか。生徒総会なんかで先輩たちの討議を見ていて、「ああなりたい」ということを思うとか。みんなで協力するっていうか、ね。特に行事の時には一生懸命やるっていうのは。生徒と教員が一緒にやることで、かれらもやる気が出るというようなこと(を自分のやり方として大事にしている)かなぁと思いますよね。(文化祭の準備で生徒が出す)アイデアにはちょっとびっくりしましたよね。文化祭は非常に、僕にとってみれば重要なクラス運営のネタでしたよね。

部活動で指導している生徒の変化についても次のような語りがある。

休み時間に一人で壁に向かってずっと(壁を)見ている。その子が部活に入るんですよ。「それ、いいね」と褒めながらやっていくなかで。あと、友だちを見て自分にできないことを学習しているんでしょうね。自閉的な子、何人かいたけど、だいたい三年経つと人前でしゃべれるようになりますね。

これらのエピソードからは、個々の教師による地道な取り組みが、困難な背景を抱えた生徒を卒業にまで導いていることだけでなく、授業での学習以外の多様な経験が、生徒の成長にとって重要な糧となっていることを読み取ることができる。学校における包摂を考える際、忘れてはならないポイントである。

(4)「支援」を重視する高校

卒業に向けて背中を押す、成長を促す働きかけについて紹介してきた教師は、こうした姿勢を身に着けた経緯として、自分が新任教師だった八〇年代に、生徒主体の活動を全校の教師が支えることで成果をあげ注目を集めていた職業科の高校をあげ、希望して転任したその学校での経験が、後の取り組みにとって大きな財産となったことを語ってくれた。

これは関東の高校だが、広く全国を見渡せば、支援に注力している学校が各地に存在しているはずである。そして、我々研究者グループがさまざまな形でつながりを持ち、学んできた関西のY高校もそのうちのひとつである(8)。

Y高では生徒支援委員会という組織を立ち上げ、貧困など多様な困難を抱えた生徒を支える取り組みを展開している。七〇年代に開校した同校は「新設の普通科」であるが故に序列構造の下位に位置づけられ、生徒の問題行動が続いていた。そのなかで、生徒が抱えている「荒れざるをえない」背景について家庭訪問を通して教師が知ることが契機となって、中退させずに卒業、就職まで背中を押す取り組みに学校をあげて注力することになった。貧困について学び生き抜く力を身につけることを目的とした「反貧困学習」を、カリキュラムの中に設定するなどの取り組みを一五年ほど前から展開しているが、その背景には、中心となった教師の側に反差別運動の経験や自分が受けた「偏差値教育」への反発、教師として行ってきた生徒指導や進路指導のあり方への反省などがあったという。

その後、「ヤンチャな子」のために隅に追いやられがちなおとなしい子が「知らぬ間に」中退していくという現実について改めて認識し、(9) 家庭で虐待を経験している子が急増するという事態も加わって、「支援」を課題として掲げる委員会を中心とした体制を近年新たに構築することになった。この委員会にはスクールソーシャルワーカーや次に紹介する「校内居場所」のスタッフも参加し、週に一度開かれる会議で、情報の共有や取り組みについての議論が行われている。

生徒への支援はどのように行われているのだろうか。

「知ることがスタート」という認識のもとで、新入生全員について家庭背景や中学での様子などの情報を教師が中学校を訪問して収集している。中学の教師が寄せる「あの生徒を卒業させてくれた高校だ」というY高への信頼感がそれを可能にしているという。ただし、教師は「知っている」ことを生徒の前では決して表に出さない。たとえば入学前の説明会の場で、困りごとを抱えているはずだと事前に把握している親子に対して「知らぬ体《てい》」で接し、必要なアドバイスを提供するように努めている。在学中もリアルタイムの情報が集められるが、教師からはやはり「知らぬ体」で「この頃様子が変やけど、どうしたん?」などと声をかける。「そこで返答がなかったら、それまでの関係(しかできていなかった)」として別の途が検討されるという。

特筆すべき点として、困難な生活の中で学校に通ってくる生徒にとってのくつろげる場、生徒の呟きに耳を傾け相談につなげてくれる人が「学校ではない場、教師ではない人」として校内に置かれている。これは、中退を防ぎきれない事態についての学校側の課題意識と、中退後には支援が困難となるため在学中の活動が必要だと考えた若者支援NPOの意図が重なったところから出発した。この「校内居場所カフェ」では、音楽が流されるなかで飲み物が出され、朝食の提供や誕生日のお祝いなども行われている。(10)

困り事、課題の解決を目指す際は、目先の解決より「長いスパンで考える」ことが重視される。周囲の人や支援制度を頼ることが大事だと本人に伝えると同時に、できる範囲で「自分で動く」経験を積ませることで「依存させない」ように意識しているという。

授業と学校行事についても触れておこう。筆者が授業参観日に偶然目にしたのは、授業中指名され質問に答えた生徒が廊下にいる母親と目を合わせてガッツポーズを交わす場面であった。小中学校段階の内容について「学び直し」を可能にする取り組みにより、それまでの学校経験では得られなかった学ぶことの喜びと自信を実感しているのだろう。また、コロナ禍で中止が続いた後にようやく実現した体育祭で、集団で競技に打ち込む姿を目にした校長が「心から感動した」と生徒たちに伝えたという。

（5）「支援の作法」と「指導の論理」の対立

このような取り組みを進めるY高について、「変わった学校」だと中心的な教師たちは認識している。そして、「普通の学校」であることを求める教師との間で激しく対立した時期があったという。

何が対立の焦点だったのかについて問うた際説明のために言及されたのが、遅刻した生徒に対して教師がかける言葉である。家庭の事情で弟や妹を保育園に送ってから遅刻して登校した生徒に対して、「たいへんななかでよぉ学校に来たな」と声をかける。それは、今できていること、つまり学校に来れたことを認める声かけであるのに対して、それを「甘やかしている」と捉える教師の側では「遅刻はダメだ」、つまり今できていないことを改めさせるために厳しく迫るのだという。実際に、家庭の中に絶えず諍《いさか》いがあり「死ね」といった言葉がやり取りされるなかで育った生徒が遅刻に際して厳しく指導を受け、教師に向かって「死ねや」とその生徒が口にしたことが重大な生徒指導案件となり処分が検討されるということもあった。

「頑張れ」と迫る教師と生徒の間に溝が深まったとの指摘も聞かれた。これらのエピソードから、支援の働きかけを「甘やかしている」と評する教師が求める「普通の学校」とは、「頑張ってルールを守る」、そして「頑張ってできるようになる」ことを当然視し、生徒に強く求めるという性格を持つものだと整理できる。この、「ルールを守らせる」「できるように頑張らせる」姿勢は、それができない者への硬直的な対応をもたらしがちなことから「指導の論理」という言葉で表すことができるだろう。それに対して前項で記した一連の働きかけは、個々の生徒が抱える多様な事情に即した柔軟なものであり、ここでは「支援の作法」と呼ぶことにする。

教師の多くは、自身の学校時代には「指導の論理」が求める二つの課題を高いレベルでクリアしてきた経験を持ち、教える側に立つとそれを生徒に求めてしまう。Y高の校長によれば、強く「頑張れ」と迫り生徒から激しい反発を受けていた教師は、自身が困難な生活背景を乗り越えて大学まで進み教職に就いた人だったという。「自分ができたのだから」、そして「お前たちのためなのだから」という思いがその姿勢を後押ししていたものと思われる。

こうした「指導の論理」について、「支援の作法」を重視する教師の側から「それで伸びる生徒もいます」というコメントがあった。しかし、「うちの子」にそうした姿勢で迫ることは「もう一度地獄に落とすようなことだ」と語気を強めた言葉が続いた。家庭で、そしてそれまでの学校経験で苦難を重ねてきた生徒にとって、こうした教師の姿勢は反発を生むだけでなく生徒を押しつぶしてしまう、学校からはじき出してしまうものだという見立てである。

ところで、「頑張ることで能力を伸ばす、高い達成を実現する」、そして「ルールを守る人にする」ことは学校教育が社会から負託された主要機能であり、それが社会的に望ましいとされる地位の配分、選抜に際して大きな評価要因となるために、子ども・親が強く望むことでもある。

Y高の事例は、家庭や学校でさまざまな困難や疎外を経験してきた子どもにとって「指導の論理」を教師が振りかざすことが決定的な排除を惹き起こすことを示しているが、それは多くの学校で生じている事態でもあることを想起することが重要である。たとえば、我々が今回の調査で出会うことができたなかに不登校の経験者が複数あり、そのきっかけとして、体育の時間の集団競技で失敗した際に多くの子どもがいる前で叱責された、「なぜできないのか」と迫られたことなどが語られた。

また、部活動で顧問による行き過ぎた指導が生徒の自死をもたらしたという悲劇も知られているが、厳しい指導で成果をあげる顧問教師への期待は大きかったはずであり、これも同じ構図が生み出したものといえるだろう。「頑張る」「できる」ように教師が迫ることが厳しい排除を招来する危険があることを一連のエピソードは教えてくれる。学校教育が目指す包摂のあり方を考える際、「指導の論理」と「支援の作法」の問題を踏まえることは必須であり、本章末尾で改めて検討したい。

(6)高卒後の進路と排除・包摂

次に進路選択と仕事への移行、言い換えれば労働市場への参入に視点を移そう。

教師にとって貧困が見えにくいことを先にふれたが、**「お金がないんだなと感じるのは、進学する場面」**とも語られ、進学を断念するケースについても言及された。**「(推薦などで進学が決まり)二学期の後半にお金が必要になる。そこがネックなんです」「入学金プラス半年分の授業料の前払いっていうとこが多い。一〇〇万近くかかるんです」「お金が用意できなくて就職に変わった子とかいました」**。

こうした状況は、近年進められている進学支援の拡充で大きく改善された。**「今、進学するためのお金の支援制度、結構充実してるんですよね」**という教師の言葉の通り、授業料の減免、奨学金の拡充などが着実に進んでいる。子どもの貧困対策の柱である進学支援の施策が実を結んでいる動きとして評価すべきであるが、包摂策としての問題性にも目を向ける必要がある。

まず、支援の手立てが利用しやすいものとなっているのか、という点である。進学資金貸付の申請書類や授業料免除の申請の手続きがハードルになっているという指摘が教師から聞かれた。**「(貸し付け制度についての)ホームページ見てもびっしり細かい字で書いてあるんです」**。親への周知をはかったが、この制度を利用したケースはなかったという。また、調査で訪れた高校でいただいた『進路の手引き』の冊子は漢字ばかりのページが続き、学校教育から縁遠い保護者にはそもそも理解が難しいものだろう。生徒の側の困難な経験については前節でもふれた。

近年の進学支援策の拡充が生徒の進路選択にとって福音であると評価する教師の声を紹介したが、あわせて懸念を伝える語りもあった。「もうけ主義的な」専門学校がオープンキャンパスなど宣伝に金をかけることで巧みに生徒の心をつかんでいる。そうした学校は、入学後の技術指導や就職指導に不安を抱かせる面があり、「生徒は我々が行かせたくない学校に引っ掛かります」と語っている。また、**「専門学校に行っても、奨学金が二〇〇万とか三〇〇万。それを返せるかっていうと厳しいのかなっていう気がします」**との懸念も伝えられた。それは大学についても同様にいえることだろう。

今回聞き取りを行うことができた教師が教えていた高校の進路実績をみると、大学・専門学校・就職が三分の一ずつ、という状況である。普通科を母体とする高校であり職業教育を主眼とする学校ではないのだが、一定数の生徒が高卒で就職している。関東の高校で話を聞いた進路指導担当教師は、就職という進路について**「もっと評価すべきだと思います」**と語っていた。

そして、「支援の作法」を重視するY高も、地元の企業への就職に向けて水路づけを積極的に展開しており、卒業生のうち就職する者が半数を超えている。「これまで上の学校に何人進学させるかという目標でやってきたが、それで(成果をあげて)も周囲からの学校への評判は変わらない。そうではなく、就職に力を入れよう」と進路指導部長の教師が声をあげたのが、支援に力点を置く学校に向けた変革の時期と重なった。それ以降、教師が地元の企業をまわって就職先を開拓し、学校を通した就職を希望する生徒全員が内定を実現するという実績を残してきたのである。

また、Y高は仕事の面での自立をミッションのひとつとして掲げており、地元の企業経営者と連携を深めて職場見学や実習の機会を設け、近年はアルバイトの経験を就職のための準備段階として重視し、キャリアアドバイザーがバイトを見つけ継続するためのサポートを提供している。

Y高で進路指導部長を経験した別の教師へのインタビューでは、「一〇年、二〇年後の生徒の幸せ」を考え、近辺の、つまり地元企業への就職の路を重視していると語られた。卒業、就職した後一年間はフォローすることが「学校の責任」だと考えつつ、企業から連絡があれば自転車に乗って出かけ卒業生の相談に乗るなどしてきたという。**「企業と学校が連携してその生徒を育てるのが理想の姿」**だとも語っている。

本書序章で、排除の三つのアスペクトの一つとして「労働市場からの排除」をあげており、仕事への移行を確実なものにすることが求められる。貧困層の置かれた現実からは、他の進路を選べず就職を迫られるという面だけでなく、むしろ積極的に捉えるべき進路であるという側面を見て取ることができるだろう。

6　貧困層の包摂と学校教育

(1)貧困の経験と学校教育の現状

ここで改めて、**「貧困といえばその子を思い出します」**というX高の教師の語りを紹介する。父親がアルコール依存症で失業しホームレスになるなかでさまざまな働きかけを続け、なんとか卒業させた生徒とのやり取りである。

「正社員になって家を出よう、生活をちゃんとしよう」って説得したことがあるんですけど、「先生、もぉ疲れてん。ちょっとゆっくりしたいねん」って。(正社員になって朝から晩まで働くと)「自分の時間がなくなるやろ」って。「バイトで安定しなくてもなんでもいいから、食べてさえいければ。自分でちょっと考えていきたいねん」って言ったのが、すごい忘れられないんです。こっちは(正社員の就職が)絶対安定だと思って言ってるけど、通じない。通じないようにさせられちゃってる。

この生徒についての細かな経緯は語られていない。しかし、困難な状況を抱えた多くの生徒と接してきた教師が、そのなかでも強く印象に残っているという「もぉ疲れてん」というつぶやきは、生活上の困難とそれを乗り越えるための奮闘がもたらしたものであろう。そうした過酷な努力は将来に向けて歩みだそうとする力までも奪う結果となっており、子ども期の経験としてそもそもあってはならないものであることを確認しておきたい。同時に、4節で言及した、自身の身体を壊してまでも子どもを支えようと奮闘を重ねる母親の姿についても、その解消のための手立てが求められる。

「子どもの現在」のありようこそ、注視され改善が急がれる課題なのである。そして、「親の貧困」を含む家庭生活の安定化を可能にする施策だけでなく、子どもが日々通っている学校教育のなかでの包摂の手立てを検討することも当然必要となる。また、子どもの貧困対策で当初から力点が置かれてきた「貧困の連鎖を断つ」ための施策が包摂と呼べる「子どもの未来」につながっているのかどうか、これについても改めて検討が必要だろう。

ここでは、その前提として、今日の学校教育が置かれている状況について整理しておこう。

「支援」に注力するY高の校長は、中学三年の生徒と保護者向けの学校説明会の場で「うちに来れば、安い費用で、仲間との経験もでき、就職にもつながります」と強調していた。これは、低所得層に対する授業料無償化によって選びやすくなった私立の高校、そして拡大しつつある通信制高校を意識したものである。

前者の私学が選ばれる傾向については、授業料が無償になったとしてもそれ以外の費用負担が重く、さらに、富裕層の生徒との付き合いが子どもにとって肩身の狭さを感じさせる経験が今回のインタビューで語られたことからも、(11)

貧困層の子どもにとって手放しで評価できるものではないだろう。
通信制高校は、かつては全日制の高校を中退した際に選ばれる先であったものが、近年では中学卒業時にそのまま進学する生徒が増えている。高額の授業料が「支援」によって軽くなっていることもその動きを強めており、「制服も校則もない。年に数日の登校だけで、楽に、自由に学び、高卒資格を取れ、その後の進学も可能になる」といった宣伝がメディアを通してなされている影響も大きい。

はたしてどのような経験がそこで提供されているのだろうか。また、5節で見た通り、進学を容易にする支援策の拡充のなかで入学した学校が確実な将来につながらないのではないか、奨学金が後の負担となるのではないかという懸念が教師の口から語られていたが、通信制の高校についても同様の指摘が可能だろう。そして、教育に関する情報が乏しく経済的な資源も不足しがちな親子に、そうしたリスクを抱える可能性が高いことも指摘できる。

さらに、高校授業料の無償化を進める大阪では、周囲から低い評価を向けられた序列下位の公立高校は志願倍率が低下しており、「選ばれない＝競争に負けた」ものとして統廃合の対象ともされている。進学支援は公教育への支出を削減し民間セクターの拡大を促すことにつながることに留意すべきである。

総じて、自由と選択が強調され、進学を可能にする施策が進められているが、その根底には個人間、学校間の競争を煽り、並行して公的な支出が抑えられるという新自由主義の流れがあることが確認できる。十分な教育を受けられない、確かな進路につながらない、さらに奨学金という負債を抱えるといった大きな不利益に直面したとしても、それを選択した個人の責任とされてしまうという面にも留意しなければならない。

こうした状況を踏まえ、貧困層の子どもたちを排除しない学校の実現のために必要な取り組みについて検討を進めていこう。

(2)包摂を実現する学校のあり方

子どもが学力面で「頑張る・伸びる」ことを促す「頑張らせる・伸ばす」働きかけを行うことは学校・教師の責務であり、特に不利な生育環境に置かれた子どもたちに対してその責務を果たせていない現実を深刻な課題として受け止める必要がある。子どもの貧困対策の柱となっている学習支援は学校外で展開されその成果が報告されているが、それは現在の学校がもつ排除性を浮かび上がらせるものと言わざるをえない。学習会に参加する子どもが口にする「学校では勉強がわからないと言えなかった」という言葉を重く受け止める必要がある。[12] 同時に、「指導」が排除をうまないために、「頑張る」ことを困難にする生活背景に教師が目を向けることが不可欠の条件となることは前節で見た通りである。

さらに、授業以外の多様な経験、つまり学級活動や学校行事、部活動[13]が子どもの成長にとって大きな糧となっており、教師がそれを促していることを前節で触れた。Y高の校長が説明会の場で「仲間との経験」を強調する理由もそこにあるだろう。

この点については、不登校の増加という事態を前にして、集団生活と一斉授業を特徴とする学校にはなじまない子が一定数おり、そうした子にふさわしい別種の教育の場が必要だという議論が有力になりつつある。受け皿が必要という主張はその通りであり、不登校を経験した子が別の場で救われたという経験を今回の調査でも聞き取ることができた。しかし、学校が子どもをはじき出すという排除性を軽減する取り組みがなされるなら、学校以外の「受け皿」ではなく学校の場で、「仲間との経験」を重ねながら成長を経験できる子どもが少なくないように思われる。

学校に組み込まれた「指導の論理」が時に悲劇的なかたちで排除性を発現する、その機序を常に意識し抑える仕組みを実現することが重要であり、それは「学校における排除」をくい止めるために「支援の作法」を意識的に活用することである。

その具体的な例としては、子どもの生育家族についての情報を学校が把握し、情報守秘を堅持しつつ「知らぬ体」でアプローチするという作法や、「学校内居場所」の設定などがあげられる。現在は高校においてもごく少数の取り組みしかなされていないが、先駆的に小中学校内で「居場所」活動を展開しているNPOもある。そこでは教師との激しい軋轢が予想されるが、「指導の論理」を当然視する教師の意識を問い直す契機としての意義は大きいものだろう。

(3)高校の序列構造と包摂の可能性

複雑で変化の激しい現代社会で生きていくために、そしてまた、学校で提供される多様な経験を享受し、成長の糧にできるという点からも、すべての子どもに高校までの教育が提供されることが不可欠である。それを確認したうえで、本章でたえず言及してきた高校の序列構造の存在に改めて向き合う必要がある。

関東調査では、貧困でない家庭出身で中高からいわゆる進学校に進んだ若者からも経験を聞いている。そのうち、競争的でない地元の小学校から都心の中高一貫校に進学した際の驚きについての語りを紹介する。

(自分が育った下町的な地域でまわりにいたのは)そもそも勉強が人物評価の軸に入らないような人たちばっかりなので、進学してみてすごいプライドの塊みたいな感じに(まわりの)人が見えてすごく怖かったです、最初。(そんな人たちと接するのに)どうしたらいいのかわからなくて、めちゃくちゃ怖かった。あとは定期テストの話題とかですごい盛り上がって、そんなテストの点で盛り上がるんだなとか思って。

彼女は、所属した部活動で個性を発揮することによって疎外感を乗り越え、学校行事などの場で充実した学校生活を送ることができたと話してくれた。もちろん、難易度の高い大学進学を目指した努力が卒業まで続いたという。

競争を勝ち抜いてこうした学校に到達した子どもたちのうちの多数は、生育家庭の条件に恵まれ、親から大きな関心と資金を注がれ、さらに本人のたゆまぬ努力によって地位と将来を獲得している。その一方で本章が描いたのは、入試難易度の低い高校に進んだ、貧困やそれに近い生徒の経験であった。包摂の現実的なあり方を考える際、こうした高校の序列構造を踏まえることが不可欠である。排除を経験した者が多いはずの下位に位置する学校の生徒を想定した際の包摂の取り組みはどのようなものだろうか[14]。

誰もが思いつく手立ては、能力を発揮し努力を重ねることで「いい学校を出ていい仕事に就く」ことであろう。どんな親のもとに生まれたか、ではなく、本人の能力と努力によって高い学歴を獲得し安定した仕事につくことができる、こうした地位配分の原理をメリトクラシー(能力主義)と呼ぶ。子どもの貧困対策で柱とされる学習支援・進学支援は、生育家族の不利な条件が子どもの教育達成を阻害する「教育格差」を是正する取り組みであり、メリトクラシーの実現を目指したものである。こうした支援によって高い達成を果たすケースはあり、我々の調査でも、自治体が進める学習支援に参加し難関大学への進学を果たした若者にインタビューすることができた。周囲の子どもたちにとってのモデルとなる点でもその意義は大きい。

しかし、メリトクラシーに対しては根本的な批判が投げかけられてきた[15]。有利な親のもとで育つ子どもは能力を発揮しやすく、貧困層出身者が同等の学歴や仕事に就くことができるケースはわずかなものにとどまる。また、能力主義は既存の不平等の存在をそのままに正当化し、試験の結果「有能」とされる者が豊かさを享受し誇りを高める半面で、「無能」と烙印を押された者の自尊心を傷つける。さらにもう一点、不利な条件の子どもに教育達成を促す働きかけを「補償教育」と呼ぶが、対象となった者に過大な負担を課すことになるという現実もある(Howe 1997＝2004)。大学進学を実現させようとする担任教師からの期待と支援に応えられず**「先生に合わせる顔がなかった」**と語る4節で紹介したダイキさんのケースはその典型的なものだろう。

子どもや親が望む大学や専門学校への進学を可能にする学力を身につけること、経済的な支援がなされることは積極的に評価されるものだが、ここまで見てきたように限界や問題性を孕んでいることに留意しなければならない。

それでは、学校における包摂の姿をどのように構想することができるだろうか。前節で取り上げた支援の作法を展開するY高に再び注目したい。同校では、教師の地道な取り組みにより生徒が経験する疎外が大きく軽減されていることに加え、同じような生活背景を持つ生徒同士が、教室や「居場所」でのやり取りのなかで、そして「反貧困学習」を通して生活を理解し互いに認め合う風土が目指され、成果として現れている。これは、「排除を抑える」ことからさらに進めて「排除を乗り越える」取り組みであり、教育哲学者ノディングスがいう「ケアを核とする学校」を実現しようとするひとつの形であると評価すべきだろう(Noddings 1992＝2007)。

もう一点、高卒での就職という進路についても改めて考えてみよう。高卒で就職可能な先は地元の小規模企業であり、介護職やトラックドライバー、建設関係など現場系の仕事であることが多い。前者は地元の社会を支える担い手として期待されており、後者の仕事群は、コロナ禍を経て、さらに超高齢化社会と人手不足の状況を前にして「エッセンシャルワーカー」という名でもてはやされるものとなった。しかし、その呼称とは裏腹に厳しい労働条件に置かれていることに変わりはない。

これらの仕事について、文字通り社会を支える「エッセンシャル」なものであるという社会からの評価、承認と労働条件の向上を獲得することは、当事者による社会的アクションによって実現するものだろう。Y高の「反貧困学習」は、貧困のなかで生き抜くためのスキルを身につけることを主眼としているが、承認をめぐる活動を促すことが次なる課題として考えられる。貧困とそれを生み出す社会についての認識と、社会をつくりかえるためのスキルを生徒と共に考える営みは、メリトクラシーを疑い、別種の社会、排除を生み出さない社会の構想につながるものだろう。

支援に注力し生徒のエンパワメントを目指すY高の取り組みが、序列構造の下位にある他の高校に広がること、(16)さらに上中位の高校や小中学校の教師にも知られ、学校のあり方を問い直す契機となることが期待される。

ここで整理した学校のあり方、教師の取り組みには大きな負担をともなうものであり、教師の「働き方改革」の流れに反するものだ、との批判が予想される。しかしながら、「改革」が求められるのはそもそも教員定数さえ充足せられない貧弱な「教師の雇い方」であり、公教育への支出を低いままに留め、それに見合うところまで教師の負担を減らそうとする、現在の動き自体を問い直す必要がある。包摂を可能にする充実した学校経験を提供するためには、十分な余裕をもたらす教師の雇い方が不可欠であり、公教育へのさらなる資源配分が求められるのである。

7　おわりに

「あなたを貧困班の調査の対象、研究の対象に推薦したよって(生徒に)言うのはちょっとしんどいですよね、その子にとって」。インタビュー対象者の紹介依頼に対して、このように返答した高校の教師は、生徒にとって「貧困」は「かなり厳しい言葉として捉えられます」「傷ついてしまうことを避けたいんです」とその理由を説明してくれた。学校教育の本体部分で「貧困」が明示的に議論され取り組まれることがない大きな背景として、この言葉が持つ否定的な意味内容の問題が大きいのだろう。

貧困である自分と家族についての認識、貧困をもたらす社会についての認識を肯定的な自己像をもたらす方向で形成することは、本人が前向きな生活を送るためにも、周囲の人々の認識を変え貧困を許さない社会を形成するためにも重要な課題である。マイノリティが抱くアイデンティティの問題は、差別からの解放を求める際に重要な位置を占めている。先に「反貧困学習」のさらなる深化を課題としてあげたが、4節末尾で触れた、当事者たちの状況を適切に表現しエンパワーするような概念や言葉を構想するという課題とも重なるものだろう。今後に残された課題としたい。

注

（1）同法は、その後さらに改正され、「こどもの貧困の解消に向けた対策の推進に関する法律」と名称も変更された（二〇二四年九月二五日施行）。それにともない、「子どもの現在と未来」という文言が記されていた第一条も大きく変更された。このように子どもの貧困対策は大きな変動のなかにあるが、それでもまだ、現状の対策は学習支援や進学支援に偏っていると言わざるをえない。

（2）もちろん、部落、障害、外国人にかかわる問題も再配分の次元とかかわっている。なぜなら、そのような状況に置かれる人々は、貧困に陥るリスクが高いからである。そのような現実をふまえても、フレイザーの承認／再配分という二元論には限界があると思われる。

（3）このような観点から興味深いのが、一橋大学の研究グループが行った調査の分析結果である。研究グループの一人である松田（二〇二二）は、調査対象者たちが社会保障制度全般に忌避感をもっているのではなく、「生活保護にのみ強いスティグマを感じている」（九五頁）ことを見出した。「児童扶養手当や児童手当（子ども手当）、就学援助など子ども向けの手当の受給を忌避するケースはほとんどない」（九五頁）という。子ども向けの手当は子育てという活動の対価としての受給として正統化しうるために忌避されておらず、なんらかの対価としての正統化が難しい生活保護は忌避されているのではないかと考えることができる。

（4）我々は調査の設計、質問項目の策定、インタビュー調査の実施にかかわり、そのほかの作業（サンプリング、質問紙調査の実施、データ入力等）は自治体の行政職員が行った。

（5）本筋の議論からは外れてしまうが、関口さんの息子（アヤネさんの兄）に関する関口さんの語りを紹介しておきたい。このエピソードは、本章に登場する高校生の未来を示唆するものでもある。

息子は高校卒業して、ずっと高校のときから、お寿司屋さんでバイトをしてたんですね。高校卒業しても、そのお寿司屋さんで働いてて、このままこれでいくかと思ったら、突然ホストになりまして。そのときに息子が、いろんな経験をしたいと。寿司屋は昼間だし、いろんな職種の人たちの勉強してみたい。それでホストになって、じゃあやるからにはナンバーワン頑張れみたいな応援しつつ、でも、それでもやっぱり大変なんだなと思ったのが、朝方、帰ってくるんですけど、酔っぱらって。冬だった、ストーブの前で寝ちゃってたんですけど、ふっと見たら、ここ（後頭部あたり）にガムがくっついてたんですよ。明らかに故意に付けられたんだろうなって思ったときに、胸が苦しくなりましたね。こんな思いをしてるんだって。我慢。ちょっと私、泣きながら取った記憶がある。

……こんな思いしてまでして、なんでホストやるのかなとか。やっぱり子どもには、あんまり苦労してほしくないって思うんですね。

(6) 教材費や遠足の費用に充てる積立金のことで、未払いで中退となるケースもある。

(7) 学校内外で問題行動を繰り返す「ヤンチャな子」たちの生活背景については知念(二〇一八)を参照。

(8) Y高校についての記述は、貧困層の生徒へのインタビュー依頼など今回の調査の関係で同校を訪れ、校長を含む複数の教師への聞き取りを行った内容にもとづいている。

(9) 「荒れ」がちな「ヤンチャな子」への対応に教師のエネルギーが割かれ、問題ないと見なされがちな「おとなしい子」が課題を抱えつつ学校を離れていくという現実を教師が知ることになった、という経過である。

(10) 校内居場所カフェの取り組みについては、居場所カフェ立ち上げプロジェクト編著(二〇一九)を参照。

(11) 今回の関東調査でのインタビューでは、私立学校に進学した生徒たちが、高級ブランドの商品を身に着け海外旅行を話題にするクラスの子に対して定期的な小遣いさえもらえない自身の生活の違いを実感した、などの語りが複数あった。

(12) 筆者が大阪市内の生活困窮家庭の中学生対象の学習会でスタッフから聞いた言葉である。不利な状況の子どもに学力を定着させている学校の特徴を「わからない時にわからないと言える」子どもの姿として整理した志水(二〇〇五)の議論も参照。

(13) 中高における部活動は教師・生徒双方にとって過重な負担を強いている点で批判され地域への移行が進められている。教師による体罰など「指導の論理」の暴発が生じやすい場となっていることは事実だが、教師—生徒間の信頼の醸成、非認知面の成長が促される点で学校教育の中で行われる意義は非常に大きい(西田 二〇二二)。学校外では「指導の論理」に歯止めをかけづらく費用負担の面でも排除性を高めるというデメリットについても十分考慮すべきである。

(14) もちろん高校階層構造の上中位の学校にも、貧困などさまざまな困難を抱えた生徒は在籍しており、周囲の状況から疎外や不可視とされる度合いが高い。そうした生徒の存在を把握し支援を提供する注意深い取り組みが求められる。

(15) メリトクラシー批判の議論を整理したものとしてSandel(2020＝2023)を参照。

(16) 「公教育にとってのひとつの課題は、現在の学校的秩序のなかで、中・下層におかれた者たちにたいする徹底した優遇とパワーの付与である。(略)これらの層にそこからの脱出をではなく、そこに生きながら生活と労働の豊かさを追求する、そういう励ましと力量・見通しの形成を、学校はいま徹底して行う必要がある」(乾 一九九七、三二七—三二八頁)という主張を引きながら、高校教育のあり方と「ペダゴジーの転換」が必要だとする小澤の議論とも重なるものである(松田・小澤 二〇二二)。

参考文献

青木紀編著 二〇〇三、『現代日本の「見えない」貧困——生活保護受給母子世帯の現実』明石書店。

阿部彩 二〇〇八、『子どもの貧困——日本の不公平を考える』岩波新書。

乾彰夫 一九九七、「企業社会の再編と教育の競争構造」渡辺治・後藤道夫編『講座 現代日本3 日本社会の再編成と矛盾』大月書店、二六五―三三四頁。
居場所カフェ立ち上げプロジェクト編著 二〇一九、『学校に居場所カフェをつくろう！――生きづらさを抱える高校生への寄り添い型支援』明石書店。
大阪府立西成高等学校 二〇〇九、『反貧困学習――格差の連鎖を断つために』解放出版社。
倉石一郎 二〇二一、『教育福祉の社会学――〈包摂と排除〉を超えるメタ理論』明石書店。
志水宏吉 二〇〇五、『学力を育てる』岩波新書。
志水宏吉・清水睦美編著 二〇〇一、『ニューカマーと教育――学校文化とエスニシティの葛藤をめぐって』明石書店。
知念渉 二〇一八『〈ヤンチャな子ら〉のエスノグラフィー――ヤンキーの生活世界を描き出す』青弓社。
西田芳正 二〇一二、『排除する社会・排除に抗する学校』大阪大学出版会。
―― 二〇二二、「中学校の「荒れ」と部活動――学校教育における部活動の位置を考える」『現代の社会病理』三七号。
西田芳正編著 二〇一一、『児童養護施設と社会的排除――家族依存社会の臨界』解放出版社。
林明子 二〇一六、『生活保護世帯の子どものライフストーリー――貧困の世代的再生産』勁草書房。
本田由紀 二〇二〇、『教育は何を評価してきたのか』岩波新書。
松岡亮二 二〇一九、『教育格差――階層・地域・学歴』ちくま新書。
松田洋介 二〇二二、「低所得層子育て家族の生活変化を捉える」山田哲也監修『低所得層家族の生活と教育戦略（生活困難層の教育社会学 大規模公営団地継続調査第一巻）』明石書店、六七―一〇一頁。
松田洋介・小澤浩明 二〇二二、「大衆社会統合収縮後を生きる低所得層家族のかたち」山田哲也監修『低所得層家族の生活と教育戦略（生活困難層の教育社会学 大規模公営団地継続調査第一巻）』明石書店。二一九―二五二頁。
松本伊智朗 二〇一九、「なぜ、どのように、子どもの貧困を問題にするのか」松本伊智朗編『生まれ、育つ基盤――子どもの貧困と家族・社会（シリーズ子どもの貧困一）』明石書店、一九―六二頁。
丸山里美 二〇一九、「近代家族の特質と女性の隠れた貧困」松本伊智朗編『生まれ、育つ基盤――子どもの貧困と家族・社会（シリーズ子どもの貧困一）』明石書店、一五三―一七四頁。
盛満弥生 二〇一一、「学校における貧困の表れとその不可視化」『教育社会学研究』第八八集、二七三―二九四頁。
湯浅誠 二〇〇八、『反貧困――「すべり台社会」からの脱出』岩波新書。
―― 二〇一七、『「なんとかする」子どもの貧困』角川新書。
Fraser, N. & Honneth, A., 2003, *UMVERTEILUNG ODER ANERKENNUNG?*, Suhrkamp Verlag.（＝二〇一二、加藤泰史監訳『再

配分か承認か？――政治・哲学論争』法政大学出版局)
Howe, K. R., 1997, *Understanding Equal Educational Opportunity: Social Justice, Democracy, and Schooling*, Teachers College Press. (＝二〇〇四、大桃敏行・中村雅子・後藤武俊訳『教育の平等と正義』東信堂)
Lister, R., 2021, *Poverty (2nd edition)*, Polity. (＝二〇二三、松本伊智朗監訳・松本淳・立木勝訳『新版　貧困とはなにか――概念・言説・ポリティクス』明石書店)
Noddings, N., 1992, *The Challenge to Care in Schools: An Alternative Approach to Education*, Teachers College Press. (＝二〇〇七、佐藤学監訳『学校におけるケアの挑戦――もう一つの教育を求めて』ゆみる出版)
Sandel, M. J., 2020, *The Tyranny of Merit: What's Become of the Common Good?*, Penguin. (＝二〇二一、鬼澤忍訳『実力も運のうち――能力主義は正義か？』早川文庫ＮＦ)

執筆分担：知念(第1〜4節)、西田(第5〜7節)

第3章　高校生が「障害者」になるとき
――制度的排除とスティグマ

堀家由妃代
本間桃里

1　問題の所在

(1)「選択」に迫られる障害児

二〇二二年八月、国際連盟本部で開かれた障害者権利条約の日本の建設的対話において、権利委員会より日本政府に対して九〇項目以上の勧告が出された。日本の課題として指摘されたことの中心は「自立した生活および地域社会への包容(第一九条)」「教育(第二四条)」であり、いずれも学校教育や地域生活のなかでの障害者の「分離」問題を改善せよという厳しいメッセージが含まれたものであった。そして、懸念事項の第一項目として「障害者への温情主義的アプローチの適用による障害に関連する国内法制及び政策と本条約に含まれる障害の人権モデルとの調和の欠如(外務省訳：https://www.mofa.go.jp/mofaj/files/100448721.pdf)」があげられた。ここで外務省が「温情主義」と訳している「パターナリズム」、「障害の人権モデル」については後述することとして、この建設的対話の中では委員と文部科学省(以下、文科省)担当者との間で以下のようなやりとりが交わされたようだ。

(委員からの、就学に際して障害のある子どもの声を聞いているのかに対する文科省の回答として)
文科省「法改正により、専門的なサポートが受けられる学校にするか、地域の健常者と同じ学校にするか選ぶにあたり、その意見を最大限尊重することとした」

権利委員「子どもは通常学校に行くか特別学校に行くか選ぶべきではない。障害者権利条約は明確に特別教育を否定し、インクルーシブ教育を推進している」

（「ともにまなぶともにいきるブックレット」より）

「建設的対話」と呼ぶにはあまりにちぐはぐなやりとりである。文科省としては、障害のある子どもがそのニーズに応じて学校を選ぶことができる「多様な学びの場」の提供こそがインクルーシブ教育であると主張したかったのであろうが、権利委員会は障害児にのみ特別教育か通常教育かといった選択肢があることそのものが差別的だという認識である。こうした認識の違いがなぜ生じたかを理解するには、日本の障害児教育制度について知っておく必要があるだろう。

(2) 障害がある児童生徒を取り巻く教育システム

日本の障害児教育の歴史をひもとくと、それは排除の連続であったといえる。「就学猶予」や「就学免除」という名のもとに長く公教育から排除されていた時代を経て、一九七九年に養護学校義務化が成立した。ところが、この義務制は障害のある子どもの養護学校への就学義務を示すものであり、現在に至る分離別学体制の始まりと考えるならば、障害児に対する「教育のなかの排除」が正当化されたものと解釈できる。先述した国連の勧告がこうした教育の形を差別的であり是正する必要のあるものと指摘していても、国の方針としていまの障害児教育のあり方を変える意向は示されていない。

図1は、障害児者が経験する学校教育のルートである。図の中の白い矢印のほうに進めば、一部あるいはすべての時間と空間を障害のない仲間と過ごすこととなり（通常の学校）、黒い矢印のほうに進めば、いわゆる通常の教育の場

とは物理的に分離された場での教育を受けることになる（特別支援学校）。その前に、この図の手前で排除や包摂をめぐる一つの手続きがなされることを示しておかねばならない。小学校入学予定者に対してなされる「就学時健康診断」がそれである。そこで障害があるとされた場合には、就学先に関する相談やガイダンスが専門家を交えてなされることになる。最終的には市町村教育委員会によって決定が下され、通常の学校と特別支援学校に振り分けられるが、当事者や保護者の希望が必ずしも通るとは限らない（堀家・山森 二〇二三）。障害があると判断されると、就学前から

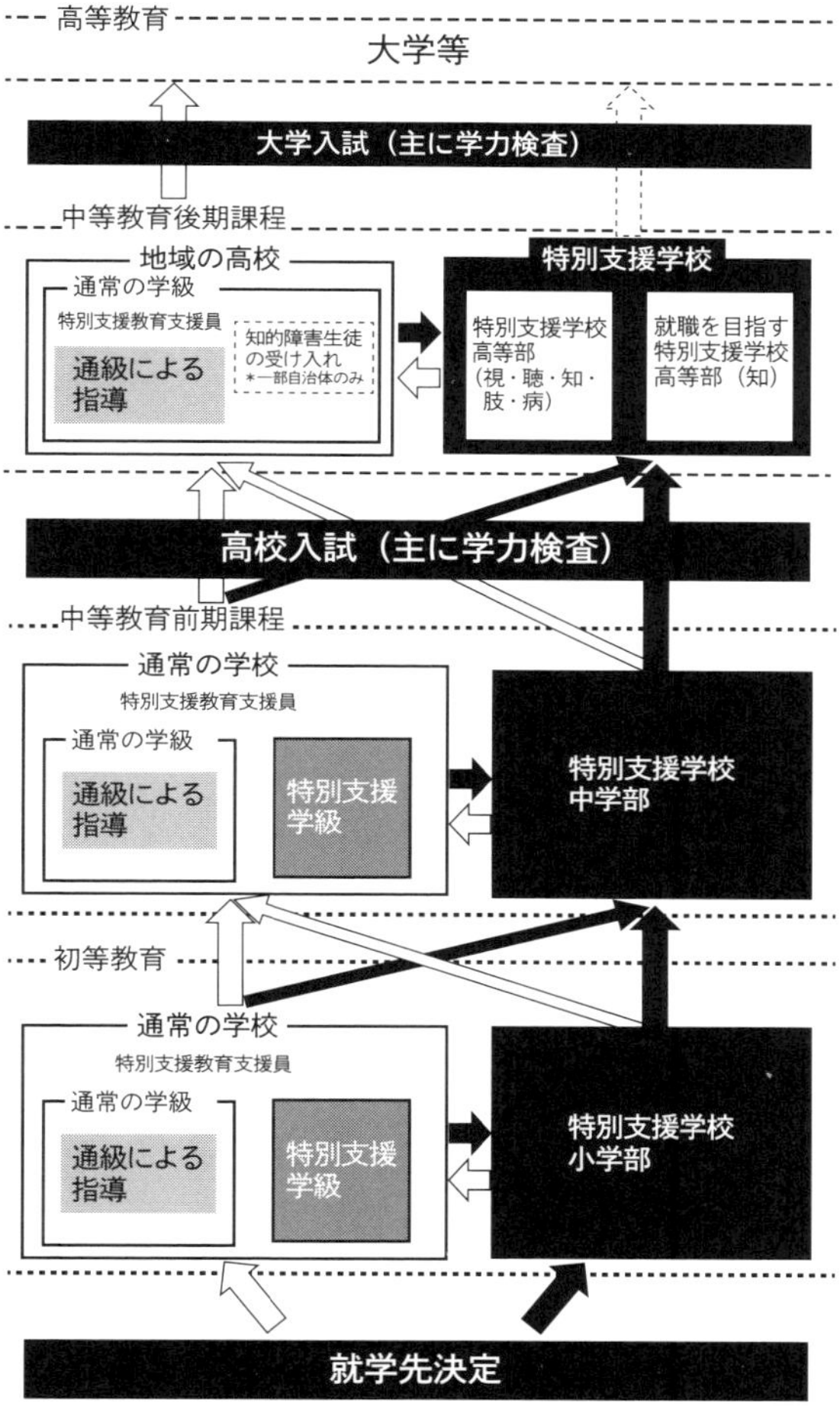

図１　障害児者が経験する学校教育（堀家・山森 2023：83）

「選択肢」に悩まされなければならないのである。

就学時の選択肢として居住地域の学校（通常の学校）か特別支援学校かの選択がまずあり、特別支援学校を選択すれば、学期や学年の節目で居住地校へ転校する可能性をにらみつつ、それでも教育の場を移動することなく特別支援学校のルートを進むケースが一般的だろう。というのも、特別支援学校では一年、三年といった長いスパンで個別の教育支援計画を立ててくれ、幼児から卒業後までの切れ目ない支援をマネジメントしてくれるからだ。特別支援学校に通うことになった児童生徒は、そうした手厚いサービスと引き換えに通常の教育システムからは排除され、その後の進路の機会、地域での他者とのかかわりなど、かれらが配分される資源は、居住地校に通う児童生徒のそれと同等とはならないことが予測される。

通常の学校へ通う場合、通常の学級か特別支援学級（以下、支援級とする）かという次の選択が待っている。通常の学級に在籍する場合は、特別支援教育支援員や、通級による指導（通常の学級に籍を置く児童生徒に対し、通級指導教室などで週に一時間から八時間程度実施される特別支援教育の教育課程による指導）を活用しながら通常の学級で多くの時間を過ごすことになる。しかしながら、障害のある児童生徒のすべてが合理的配慮を受けながら通常学級で過ごすことができるかといえばそうではなさそうだ。特別支援教育支援員は学校における日常生活動作の介助や発達障害の児童生徒への学習活動上のサポートなどが目的とされているが、そこに知的障害のある児童生徒は想定されていないようである。通級による指導のほうは、知的障害のある児童生徒は制度的に対象者に含まれないことがはっきりと示されている。知的障害のある児童生徒は「学習上又は生活上の困難の改善・克服に必要な指導は、生活に結びつく実際的・具体的な内容を継続して指導することが必要であることから、一定の時間のみ取り出して行うことにはなじまない」（文部科学省 二〇一八）とされているからである。知的障害のある児童生徒は、通常学級における特別支援のシステムから排除されており、結果として通常学級に在籍する選択肢がとりにくい状況にあるといえる。

では、支援級に在籍するとどのような学校生活になるのか。支援級に籍を置けば、基本的には「交流及び共同学習」という教育課程を活用して他の児童生徒と同じ空間で過ごすことになる。「交流及び共同学習」のありようは個人差や地域差が大きい。一日のうち給食の時間のみをともにする「給食交流」をもってこれを実施しているとみなす、同じ敷地に居ながらも実際には多くの時間を分離された空間で過ごすような状況から、関西の一部地域で実施されている「原学級保障」と呼ばれる取り組みのように、支援級担任(以下、支援担)が通常の学級に「入り込み」支援する形が中心の(加えて、やむをえないケースに限って支援級の教室で過ごさせる「抽出」といった支援の形を駆使する学校もある)、「交流」を超えたいわゆるフル・インクルージョンの教室・学校までさまざまである。地域差が激しいということは、障害の種類や程度に関係なく、受け入れ環境によってその排除・包摂のありようが決定するということである。排除や包摂がその主体(マジョリティ)の問題であることがわかる。

中学校卒業後は、主に高等学校か特別支援学校高等部に進むこととなる。文部科学省「特別支援教育資料(令和三年度)第一部データ編」によると、特別支援学校中学部の卒業生も中学校支援級の卒業生も、九〇%以上が後期中等教育への進学を果たしている。しかしながら同資料によれば、中学校支援級を卒業した生徒のうち、五四・八%が高校等へ、四〇%が特別支援学校高等部へと進学している。中学校まで地元の学校に行っても、その先の選択肢として分離された場所を選ぶ/選ばざるをえない生徒が一定数いることがわかる。特別支援学校中学部の卒業生となればその傾向はさらに強まり、九六・五%が特別支援学校高等部、一般の高校等に進学するのは一・八%のみである。知的障害の場合は高校等へ進学するのはわずか〇・三七%であり、特別支援学校高等部へと進学することが自明となっている。

高校全入時代と言われて久しく、少子化にともない全国の高校で定員割れが起こっている昨今でも、定員内不合格を出していない都道府県はわずか九か所にとどまる。それ以外の都道府県ではテストで一定のスコアを出さない限り定員内であっても不合格となる場合があり、知的障害のある生徒が何年も高校入試にチャレンジし続けるというケースも見受けられる。

特別支援学校中等部から一般の高校などへと進学する機会は非常に限定的で、特別支援学校の中等部に行けば高等部へほぼ自動的に進む、通常の学校でも支援級に籍を置けば、半分近くは特別支援学校高等部のほうに誘われるようなトラッキングが存在することがわかる。トラッキングとは社会学の用語で、生徒が受け取るさまざまな資源の多寡や種類、進路選択の機会や範囲が、どのような教育環境に入ったかでおのずと方向づけられる現象を陸上のトラックになぞらえたものである。特別支援教育のサービスを受ける児童生徒の増加にともない、そうしたトラッキングがさらに広範囲に及んでいることが示唆される。

二羽(二〇二二)は、文科省のデータの分析を通して、通常の学級に在籍する知的障害のない「障害児」も、高校進学の選択が狭められている実態を明らかにした。二羽は、いわゆる発達障害等の困難のある生徒が全日制よりも資源配分が制限された周辺的な課程に進学する傾向が進んでいることを示しながら、通常学級に在籍する発達障害のある生徒の進路も、支援級の在籍者とは異なる形でより不利な条件の課程にトラッキングされていると指摘する。就学先の決定プロセスや図1のような非常に複雑な進学のルートは、実は障害児にのみ提示されているもので、障害のない人たちには不可視化されている。進路の選択肢があるということは一見積極的に評価できるように思えるが、その選択は「排除トラックへの選択」なのである。一足飛びに学校段階のはしごを登らせてもらえないことそのものの問題性を、日本の障害児教育は孕んでいるのだ。

加えて、先の文科省の資料に特別支援学校高等部を卒業した生徒の進路について示したものがある。特別支援学校高等部卒業生全体の進路先として最も多いのは社会福祉施設等への入所・通所で六一・一%、次に就職で三〇・%、その他が四・三%、進学は一・九%である。高校生全体の大学進学率は五〇%程度(短期大学や専門学校を含めると八〇%程度)であることを踏まえると、特別支援学校高等部から高等教育へ進む割合はかなり低いことがわかる。大学進学がその後の人生すべてを決定づけるわけではないが、大学進学をしないことと大学進学が想定されないトラックに配置されることとは別である。特別支援として敷かれたトラックに乗れば、高等教育に進む選択肢やその後に配分されることが期待される資源を得る機会そのものを失うことになるということであり、それは結局のところ「労働市場からの排除」にもつながるだろう。

現在、国は急速に法整備を進め、障害者雇用促進に力を入れている。企業の法定雇用率を上げる取り組みのみならず、福祉事業所もこれまでは「作業所」として緩やかに事業展開してきたものを「就労支援」という援助形態に変更した。結果、特別支援学校も就職率一〇〇%をねらうような高等支援学校が次々に作られた。できるだけ多くの賃金を稼いで税金を納める障害者を生み出すことが、障害者の自立と社会参加であるという認識のもとにこうした取り組みが進められているのであろうが、これを「労働市場への包摂」と断言することは難しい。かれらが参入するのは福祉的就労や特例子会社(障害者雇用促進法にもとづき親会社となる大企業が障害者採用のために作った会社で質的な問題等が指摘されてもいる)といった、あくまで「障害者のための特別な労働市場」であり、一般の市場にフェアな形で参入できるわけではないのだ。現状では、労働市場への参入の効果より、障害者間での能力による序列化(働ける/働けない)の問題を危惧せざるをえない。

2　概念の整理と分析枠組み

(1)日本型インクルーシブ教育をめぐる配置と参加の問題

これまでみてきたように、日本の障害児教育は原則分離別学体制を支持してきた。障害者権利条約の委員会からの指摘を受けても、日本は現状のスタイルを「インクルーシブ教育」であるとしたいようだ。文科省は二〇一二年、

「共生社会の形成に向けたインクルーシブ教育システム構築のための特別支援教育の推進(報告)」を発表した。そのなかでインクルーシブ教育を「障害のある者と障害のない者が共に学ぶ仕組みであり、障害のある者が「general education system」(署名時仮訳：教育制度一般)から排除されないこと、自己の生活する地域において初等中等教育の機会が与えられること、個人に必要な「合理的配慮」が提供される等が必要」なものとしながらも、そのためにさらなる特別支援教育の充実が求められ、障害のある子どもには「多様な学びの場」が必要であるとした。つまり、通常の教育制度のなかに障害児を含みこむ教育システムを構築するのではなく、特別支援学校、支援級、通級指導教室といった多様な学びのシステムを日本の学校教育制度のなかに含みこみ、それを「インクルーシブ教育」と解釈しようとするのが、「日本型インクルーシブ教育」である。

ここで包摂されようとしているのは人ではなくいくつかの障害児を教育するシステムであり、同じ場での子どもの多様性を認めるのではなく、多様な配置の場のバリエーションを提供することで対応しようとする教育のあり方をもって、日本では「インクルーシブ教育」としているのである。同じ場での子どもの多様性を認めようとすれば、場そのものの変革が必要である。状況によっては既存の教育観や学力観、子ども観などの見直しが図られよう。しかしながら、日本の場合は障害児教育の延長上にインクルーシブ教育を見ようとする。既存の枠組みに障害児をいかに同化させるか、同化できない障害児をどう正当化して異化させるかを「多様な学びの場」の提供をもって対応しようとしているために、結果として議論になるのが、統合された場にいること(空間的配置)と実際の教育活動への十全な参加を同時に達成することが難しいのではないかということである。

榊原(二〇一六)は、障害をある種の帰責をともなう社会的排除として定義しており、その社会的排除は障害児者の参加機会(社会的諸活動への参加)の制約にかかわると指摘している。そして、インクルーシブ教育を考える際には、この〝参加〟の問題と併せて、〝配置〟にも注意を払うべきであると述べている。すなわち、何をどのように学ぶか(参加）と同じだけ、どこで学ぶか（配置）は重要であるということだ。ただし、この二つを両立させることは困難であると榊原は指摘する。榊原は、障害がある子どもを他の子どもと同じ学級に配置した場合、一般に「ダンピング＝投棄問題」と呼ばれる、障害がある子どもが何もわからないまま、ただ教室にいるような状況がつくられてしまうことを懸念する。そのような状況を避けるために、通常学級へ支援員を配置する方法も考えられるが、それでも通常学級では学びの相互作用が制限されるという問題が残ることが指摘されている。

また、ミノウ（Minow 1985）は「差異のジレンマ」という概念を提示した。通常学級でマイノリティの子どもに特別な支援を施した場合、それはスティグマとなり不平等を強化してしまう。かといって、何も支援をせずに他の生徒と同様の扱いをすると、先の「ダンピング」となり、不平等はなくならない。この「差異のジレンマ」は同じ場にいることで顕著になるというが、それは分離の場であれ統合の場であれ、マジョリティを軸として形成された、つまりマジョリティが優位となる教育システムのなかで補足的にマイノリティの問題を解消しようとするからに他ならない。

このように、空間的配置と参加の両立は困難であるとする見方が、現在でも日本で主流となっている。学習保障および個別の発達保障をするには、別学システムとなりうる「多様な学びの場」を提供することも必要であるという考えが根強く、それが特別支援学校や支援級を推進する「日本型インクルーシブ教育」となっている。高校生の声を拾うことで、配置と参加の両立可能性を模索したいところである。

（2）障害の社会モデル／人権モデル

さて、障害者の排除と包摂というとき、その主語は「社会」や「システム」となる。つまり、いわゆる健常者と呼ばれるマジョリティが中心となって形成されている社会が主体となって、障害者（マイノリティ）を排除したり包摂したりするのであり、客体である障害者側からの排除や包摂は考えにくい。すなわち、障害者の排除を是正し、社会的包摂を推進するには社会の側の変革が強く求められるのである。これは障害の社会モデルが主張しているところでもある。障害の社会モデルは、医療モデルや個人モデルと呼ばれるものに対抗する概念で、いわゆる障害者とされる人が抱える困難を医療的診断から引き出された一般見解のなかで処理しようとしたり、解決の方途を当事者個人に帰するようなモデルへの反省から生み出されたものである。

障害の社会モデルにおいては、「障害」をインペアメント(Impairment)とディスアビリティ(Disability)とし、とりわけ後者のほうを問題とする。イギリスの「隔離に反対する身体障害者連盟」(UPIAS)によれば、インペアメントとは手足の一部あるいは全部の欠損、または手足の欠損や、身体の組織または機能の欠陥であり、ディスアビリティとは現状の社会組織が身体的なインペアメント(後の議論のなかで身体のみならず知覚や知的インペアメントも含まれるとされた)のある人々のことをほとんど考慮しないために、社会的活動のメインストリームへの参加からかれらを排除することによって引き起こされる諸活動の不利益や制限のことをいう(UPIAS 1976)。障害の社会モデルにおいては、原則として当事者の被抑圧経験をインペアメントの帰結としては捉えず、本稿においてもこの障害の社会モデルに依拠しつつ分析を進める。障害当事者は自身の「障害」をどのように引き受けたり引き受けなかったりするのか、自身のインペアメントをどう理解し、そのインペアメントとの関連という認識で、あるいはインペアメントとは全く無関係な形で、いかなるディスアビリティを被っているのか。おそらく、こうしたインペアメントやディスアビリティの受け取りによって障害者としてのアイデンティティが発達するのであり、ディスアビリティ化したインペアメントの一部は、かれらの学校経験のなかで「スティグマ」(Goffman 1963＝2003)となる。

学校で経験されるディスアビリティについて検討するにあたり、本稿では、先の榊原が提起する配置と参加の問題にも注意を払いつつ分析することにもなる。というのも、現在の日本の学校教育においては、インペアメントの強調が配置問題を正当化することになっているからである。これは他のマイノリティカテゴリーにはない、障害者に固有の論点であるといえよう。二〇〇五年、中央教育審議会によって出された「特別支援教育を推進するための制度の在り方について（答申）」によれば、特別支援教育とは「障害のある児童生徒の自立や社会参加に向けて、その一人一人の教育的ニーズを把握して、当該児童生徒の持てる力を高め、学校における生活や学習上の困難を改善または克服するために、適切な教育や指導を通じて必要な支援を行うものである」としている。障害のある児童生徒の自立や社会参加のためにはインペアメントの改善や克服こそ重要という、完全に個人モデルの建付けになっており、現在の「日本型インクルーシブ教育」の基礎ともなっている。

こうした個人モデル的な考え方は、冒頭で紹介したように国連によって「障害者への温情主義的アプローチの適用による障害に関連する国内法制及び政策」と批判されているわけであるが、外務省が温情主義と訳している paternalist approach を本稿ではパターナリズムと表記する。松波（二〇二四）によれば、パターナリズムとは「〝障害のある人にとって優位な立場にある人〟が、〝良かれと思って〟障害のある人に干渉したり、勝手に決定すること」である。障害者とその援助者との関係だけでなく、患者と医者、子どもと大人などの不均衡な権力関係のなかで、優位に立つ者と被抑圧のリスクがある者との間でなされる「上から目線」の行為は、すべてパターナリズムといってよいだろう。特別支援教育はその専門性の高さが求められるわけであるが、当該児童生徒が個別に有している「困難」と専門家が勝手に思っていることを、「適切」とその専門家が思うような教育によって、「改善し克服させてあげる」行為は、当該子どもの声を十分に聞かない限り、パターナリスティックになる可能性が非常に大きいのではないか。

こうしたパターナリスティックなアプローチに対し、権利条約ではそうではなくて「人権モデル」を適用せよと迫っている。それでは人権モデルとは何か。人権モデルとは社会モデルをアップデートしたもので、障害者を治療の対象とみるのではなく、人権の主体としてまずは認めるという見方である。社会モデルでは合理的配慮によって障害のない者と同等の権利を保障しようとするが、それだけでは結果的にマジョリティ優位社会における同化政策の一端にとどまる恐れがある。社会モデルを進めつつ、その基礎には障害のある人がありのままでいられるよう社会を変革すること、国がそうしたかれらの権利を保障する責務を負うことを人権モデルは主張する。学校は障害のあるなしにかかわらず、子どもの「ありのまま」を許してはくれない。何なら使命感を持って子どもを社会化することが学校の責務であると考える教師も多いだろう。しかしながら、日本の障害児教育においてはこのパターナリスティックなアプローチこそが分離教育を正当化してきたのであり、障害のある児童生徒の教育への十全的な包摂を検討する際には、学校に蔓延するパターナリズムにも注意を払いたい。

3　調査方法

(1)調査対象校と対象者

本稿では、「障害」がある生徒をとりまく教育システムが特に複雑な大阪府下の高校を中心に、異なる進路をたどった障害当事者の排除と包摂の経験を聞き取ることで、教育システムがそれぞれの経験をどのように形成するのかについて明らかにする。具体的には、「障害」がある高校生が教育における排除や包摂をどのように経験してきたのか(しているのか)について明らかにするためにインタビューを行った。

インタビューは五つの高校(A校・B校・C校・D校・E校)で実施した。A校は聴覚障害の生徒たちが通う特別支援学校、B校は知的障害の生徒たちが通う特別支援学校、C校は知的障害の生徒を対象にした「共生推進教室」を設置している学校、D校とE校は「知的障がい生徒自立支援コース(以下、自立支援コース)」を設置している学校である。A校は大阪以外の関西地域にある学校で、B校からE校はすべて大阪にある。A校からE校は、「分離型」と「統合型」と大きく二つに分けることができる。A校とB校は障害がある児童生徒のみを対象とした特別支援学校で、通常学校から空間的にも分離させている「分離型」、C校、D校、E校は通常学校のなかに障害がある児童生徒も位置づけようとする「統合型」というように分類した。そして、統合型の内実にもバリエーションがある。

共生推進教室と自立支援コースは知的障害がある児童生徒が通常の高校に進学する道を拓いた、全国でも珍しい大阪府独自の「統合型」の実践である。先ほどの図1では、中等教育後期課程のうち、地域の学校の「知的障害生徒受け入れ」に該当する制度である。共生推進教室と自立支援コースの対象者は「①大阪府内の中学校を卒業見込みの者 ②療育手帳を所持している者又は児童相談所等の公的機関により知的障がいを有すると判定を受けた者 ③自主的な通学が可能である者」（大阪府教育庁 二〇二二）となっている。入学者選抜は、自己申告書（志望理由、中学校等でがんばったこと、高等学校でがんばりたいこと等を記入）をもとにした、保護者同伴の面接によってなされている。

では、両者の違いはどこにあるのだろうか。まず、職業学科を設置する府立知的障害高等支援学校が、府立高等学校に教室を設置しているのが共生推進教室である。生徒は特別支援学校に在籍し、週に一日はその在籍校で職業に関する専門教科を学ぶ。残りの四日、つまり大半の時間は、障害がない生徒も通う府立高校で過ごすことになるが、教育課程および卒業証書の発行は特別支援学校となる。共生推進教室は二〇〇六年に一つの府立高校で開校され、二〇二三年時点では五つの支援学校が、それぞれ二つの府立高校と連携している。共生推進教室は配置の側面から見れば概ね統合であるものの、制度としては分離である。よって、自立支援コースに比べると「部分的統合」と解釈できる。

自立支援コースでは、在籍も週五日の通学も府立高校になり、卒業証書も高等学校のものが授与される。高等学校の学習指導要領に基づく教育課程の編成の上で各教科・各科目の学習目標が設定され、個別の指導計画をもとに評価が行われている。自立支援コースは二〇〇六年に九校で始まり、二〇二三年時点で大阪府立・市立の一一校で実施されている。

表1は、インタビュー協力者のプロフィールである。なお、協力者は、A校に通う聴覚障害の診断を受けている生

表１　インタビュー協力者のプロフィール

	学校	支援体制	仮名	性別	学年	中学までの支援状況
分離型	A	特別支援（ろう）	ウミ*	女	3	公立小学校（入り込み通訳）／公立中学校（支援なし）／中２で特別支援学校へ転校
		特別支援（難聴）	コトネ	女	3	公立小学校（支援級抽出）／公立中学校（放課後のみ支援級で補習）
	B	特別支援（知的）	エリ	女	2	公立小中学校（支援級抽出）
			ヒカリ	女	2	公立小中学校（中学から支援籍で抽出授業）
			シンイチ	男	2	公立小中学校（支援籍抽出、入り込みなし）
			キヨシ	男	2	公立小中学校（数英抽出、入り込みなし）
			サク	男	2	公立小中学校（小４から支援級で国数抽出）
			ワタル	男	2	公立小中学校（小４から支援級）
			ナナ	女	2	小学校高学年から支援級、算数のみ抽出、入り込みあり
統合型	C	共生推進（知的）	ヒロ	男	1	公立小中学校（支援級で国算抽出）
			ショウ	男	2	公立小中学校（支援級で数英抽出）
			イブキツカサ	男	1	公立小中学校　支援級で国算抽出
	D	自立支援（知的）	カイトタカ	男	1	公立小中学校（支援級）
			モエ	女	2	公立小中学校（支援級）
			ハナ	女	2	公立小中学校（中学校で支援級で英数国抽出）
			タカコ	女	3	公立小中学校（中学で入り込み）
			アイ	女	1	公立小学校（小４から言葉の教室にて算数抽出） 公立中学校（支援級にて英数抽出）
		一般枠	ノブ	男	2	公立小中学校（小２〜４年生のみ算数抽出）
			ホクト	男	3	公立小学校（支援級にて国数抽出。体育・図工入り込み） 公立中学校（通常学級）
	E	自立支援（知的）	アサヒ	男	3	公立小中学校（言語面での抽出）
			タイガ	男	3	公立小中学校（支援級）
			レン	男	2	不明
			ソウタ**	男	2	公立小中学校（支援級）
			ナオ	男	1	通常学級

*手話通訳による聞き取り。

**本人とのコミュニケーションが困難だったため、父親の同席の元、父親に対してインビューを実施した。本章では高校生の言葉を用いるのでインタビュー分析の対象とはならなかった。

徒をのぞいて、多くが知的障害あるいは発達障害の診断を受けている。二〇二一年から二〇二二年にかけて、本人・保護者・教員の同意のもと、一時間から二時間程度の半構造化インタビューを各学校にて行い、家族関係や学校生活、友人関係やこれまでの学校生活の中での困りごとや楽しかったこと、進路選択などについて聞いた。

(2)「障害」当事者に話を聴くということ

障害当事者の声を聴くといっても、それは決して簡単なことではない。第一に、表現方法が挙げられる。たとえば、対象者のなかに発語がなく、ほとんど初対面に近い調査者が本人の声を聞き取ることが難しい高校生がおり、本人の息づかいや身体の動きなどを録画しつつインタビューを実施したが、結局は同席した保護者が質問への主な回答者となってしまった。保護者が本人の伝えたいことをすべて代弁できると判断するのは非常に乱暴であり、「代弁者」による語りの解釈は、分析の際の大きな課題となったため、その生徒(ソウタ)に関しては今回の分析対象から外している。

また、聴覚障害がある生徒へのインタビューでは手話通訳を介してコミュニケーションをとったが、互いの意図を汲み取るのが難しい場面もあった。さらに、知的障害とされている高校生が、自らの気持ちを言葉よりも、ダンスをしたり絵を描いたりといった手段で表現する場面があった。言語以外の表現方法があっても良いはずであるが、分析する側の問題として、非言語的コミュニケーションを十分に解釈しきれないのが現状である。

第二に、障害当事者の声を研究者にとって都合の良いように解釈していないか、常に意識的にならなければならない。調査者と被調査者は決して対等な関係ではない。特にこの聞き取りの場合、「大人」と「子ども/大学生」という立場の違いのみならず、社会において「健常者」とされている者と「障害者」とされている者、という力の非対称性がある。コミュニケーションは相互作用でつくられるため、この聞き取りで話されたことがすべてであるとはもちろんいえない。

このように、障害当事者の声を聴くことにはさまざまな難しさと責任がともなう。それでも、そもそも「声が聴かれる」という経験の少ない障害者に迫ることそのものが重要な営みであったと私たちは考えている。一般に、保護者や教師など周辺の大人が「良かれと思って」子どもの行動選択に過度に介入することがあるが、子どもに障害があるとなればその度合いはさらに大きくなることが予測される。援助者が「代弁」であると認識して表明したことが、当該子どもの認識と大きくずれることもあるだろう。この調査では、あくまで子ども本人による排除や包摂の経験を重視している。データの解釈に戸惑う際には補足的に学校関係者に質問や意見を求めることもあったが、あくまで当事者の生の声にこだわりつつ、何より調査チーム内で議論を深めていくことで、当事者の声に迫っていけるよう努めた。パターナリズムの問題も指摘したように、保護者や学校関係者など当事者に近い者だから本人をより理解できるとは限らない。新しくかれらの「隣人」となった私たちだからこそ聴くことができたこともあるのではないかと考えられるのである。

4 「障害」がある当事者たちの経験

(1)「分離型」A校(聴覚特別支援学校)

インペアメントに関連するいじめ経験や不当な扱い(小中学校での経験)

ウミさんとコトネさんは二人とも通常の公立小中学校に通った経験があり、ウミさんは中学二年生、コトネさんは高校進学の段階で特別支援学校へ転校した。二人に共通するのは、通常の学校に通っていた際、聴覚障害というインペアメントがスティグマになるような経験を有していたということである。

コトネ　聞き間違えた言葉そのまま言っちゃったりとか、自分が言いにくいことを言ったりとか、同級生の子が言ってみてって言われて、言ったら笑われるとか、ばかにされるとか、そういうのけっこうありましたね、小学生のときは…(中略)…聞こえにくいことでいじめられたりもあったんで、それで、なんでこんな難聴でうまれたんやろなって思ったりはしましたね。

ウミ　(聴覚障害のために)仲間外れ(にされた)。

コトネさんは、聴覚障害を理由とした露骨ないじめ経験を語ってくれた。また、ウミさんは具体的な内容については言いたくないとしつつも、仲間外れにされた経験は自身の持つ聴覚障害のためだと断定した。

ウミ　聞こえない人の椅子の位置が一番前で決まっていて、そこにいました。
コトネ　わかってないのに、わかったふりもしたときもあった。
コトネ　低学年のときに支援級入ってて、(支援級の授業が)終わって通常の授業に行かないといけないのに私は遅れてて、途中から入るのがちょっと怖くなって。音楽室なんですけど結局は入れなくて階段でずっと待ってて…(中略)…(音楽室に入らなかったことについて)支援級の先生に廊下呼ばれて、廊下で、みんなおるのにめっちゃ怒られたの覚えてます。めっちゃ泣いてた。めっちゃ怖かったです。

また、聴覚障害を理由に特別支援の対象とされた結果、不当と考えられるような経験も有していた。ウミさんは座席が固定であったこと、コトネさんは教師が早口や口元が見えない状況で話すなど配慮のない授業がほとんどであったため勉強についてはわかったふりを装わざるをえなかったという。前者のエピソードは、合理的配慮と称して障害のある児童生徒の座席を固定するケースであるが、ウミさんの場合は本人が選ぶ余地はなくすでに「決まっていた」という典型的なパターナリズムの例である。また、後者のエピソードは、口元を読むことで授業を理解することができる児童生徒を無視して自身が思うスタイルで教授活動をした、合理的配慮の不提供のケースであると解釈できる。そして、最後のエピソードは、支援級と他の教室との移動の問題について考慮されず、ただ授業に参加しなかったことを激しく叱責されたという話であり、「めっちゃ怖かった」コトネさんの記憶である。

これらは他者によってスティグマを付与された経験であるが、コトネさんの「**なんでこんな難聴でうまれたんやろな**」という発話に見るように、自身の有するインペアメントを自己スティグマ化することにもなってしまっている。

普通に頑張れるところ（高校での経験）

①インペアメントがスティグマにはならない

当然のことながら、A校は特別支援学校であるために、インペアメント（この二人の場合は聴覚にかかわる困難）が、それはそこに居合わせる資格にはなってもスティグマにはなりにくい。

ウミ　こっちのほうが手話でコミュニケーション……手話が使えるから楽でした。
コトネ　一般の学校と違って手話もしてくれるし、ゆっくり話してくれるし、あとはそれぞれのレベルに合った授業っていうか勉強の進み方をしてくれるし、見てて楽しそうだなと思って決めました。

これまでいじめの理由や不当な扱いの元であった聴覚の問題が、手話の活用を中心とした情報保障がある環境のために本人にとっての不利益（ディスアビリティ）にはならないことがわかる。ウミさんは、勉強は楽しいとまではいかないが「普通」であるとし、「悩みはまだありますが、毎日頑張って学校に通っています」と語ってくれた。インタビューのなかでは、放課後恋人と下校したり友だちとファミレスで語り合ったりする、二人が高校生らしい生活を楽しんでいる様子も垣間見られた。

②インペアメントに関するステレオタイプによって生み出されたディスアビリティ

①ではインペアメントがスティグマにはなりにくい特別支援学校の特性について触れたが、当然のことながらインペアメントの内実は個別性が高く、周囲が個別の合理的配慮について調整を図らなければ、生徒は特別支援学校のなかでさえ不利益を被ることになる。

コトネ　手話も指文字もまだ覚えていないので、通じ合うのかの不安とか。不安がいっぱいいっぱいで、中学校に戻りたいなって思いながら、結構一人で泣いていたこともあった。

聴覚障害者のなかには口話中心のコミュニケーションをとる人もおり、すべての人が手話を使いこなせるわけではない。ろう教育では、聴者への同化が求められた時代からろう文化の認知が進むにつれ、手話を積極的に活用する学校が多くなった。日本社会において手話が言語として認められる傾向は、統合された環境のなかで異化が尊重されるという意味で非常に理想的な包摂の方向性である。しかしながら、コトネさんのように、本人以外の家族は聴者で、少しの音声や唇の動きを読み取れる難聴のために生活の中で手話の利用が進まなかった人にとって、いきなり手話中心の世界に入っていくには大きな不安があったと考えられる。その不安は、インペアメントをスティグマ化してしまった中学校にさえ戻りたいと思うほどだ。

③「障害者」を生きるアイデンティティの形成

特別支援学校では、特別支援教育固有のカリキュラムである作業学習や自立活動を通して将来展望を見据えたキャリア教育を受けることができる。「四月から大阪にある卒業生がいるところに通勤します……いろんな障害を持っている人がいます。車いすとか身体障害者の人もいます。卒業生がたくさんいます」(ウミ)、「重工業の特例子会社の内定をいただきました」(コトネ)というように、二人とも職場で手話が使える会社に就職が内定していた。二人は職場体験などを経て、「手話が使える環境だったので」(ウミ)、「同じ聴覚障害を持っている方もいらっしゃって」(コトネ)、現在の就職先が決定したプロセスについて語ってくれた。特別支援教育の目標は「自立と社会参加」にあるとされているが、二人の結果を見ると、あくまで自分と似たようなマイノリティが一定数いる環境のなかで自立し、社会参加していくということになっている。少なくとも労働環境に関しては「障害者」として社会の周辺を生きていくことを暗黙のうちに選択させられたのであり、おそらく学校として良かれと思って行った進路指導は、意図しないにせよ結果的には一般的な労働市場から排除の対象として客体化させられるプロセスをなぞったといってよいだろう。加えて、大学進学については「難しいと母親に言われたので就職しました」(ウミ)、「(大学進学は)思いもしなくて」(コトネ)と述べており、A校の進路指導の教員からの情報提供もなかったという。現在の大学では情報保障の環境が一定整備されていることについても知らなかったことから、A校では少なくともこの二人が大学進学を経て社会移動するというイメージのもとのキャリア教育はしてこなかったといえる。保護者も学校もパターナリズムによって本人の進路を狭めたと解釈可能なエピソードであり、配置制約によって資源の配分が同等ではないことを示す例と捉えることもできよう。

（2）「分離型」B校（知的障害特別支援学校）

B校は、知的障害のある生徒が通う、高等部のみをもつ特別支援学校である。高い就職率を誇り、いわゆる大手企業への就職を果たす生徒も少なくない。そのため、一般教科に加えて職業学科を持っている。また、共生推進教室も設置しており、近隣の公立高校との連携も図っている。

メインストリームからの物理的排除を正当化する実践（小中までの経験）

①「障害」への接触

B校が知的障害のある生徒のための特別支援学校であることは、そこにいる生徒たちが、知的障害やその境界域の障害を有していると見なされることを示唆する。それでは、かれら自身はそうした障害と、どのように出会うことになったのかをみていく。

ヒカリ　弟もなってたので、念のために検査してみる？　みたいに言われて。検査して、あったから。

ワタル　小学校五年生の時に一回、小児科行って検査してみたら、病気だった。ＡＤＨＤだったらしく。でもまあＡＤＨＤはたいしたことないですね。別に大丈夫なんですけど。ただあの勉強が遅れる病気も、ＡＤＨＤってだいたい複合してるんで。

エリ　小学校の頃に検査を受けた記憶があるんですけど、何年生かはわからなくて。中学校の時お母さんに診断結果を聞かされて。それで、私の障害はさっき言ってたやつ何やったっけ。学習障害と自閉症スペクトラム。あんまりはわからなくて。

シンイチ　軽い自閉症みたいな。言われたりもしました。あんまりわからへん。書類をみたら。

ヒカリさんとワタルさんは障害を「病気」のようなものと解釈しているようであり、またエリさんとシンイチさんに関しては実感がないようだ。何より、いずれも人ごとのように診断名を語るのが特徴的である。診断名と実生活の「困り」はかれらのなかでは別物、つまりここでの「障害」とは単なるインペアメントに過ぎず、かれらにとってこうした診断名の付与という事象がディスアビリティに直結しているということではなさそうだ。なかにはB校への受験のために戦略的に診断名を取得した生徒もいた。

②能力主義による排除経験

調査に協力してくれた生徒は、義務教育を特別支援学校ではなく地元の小中学校で受けていた。しかも、大阪府で広く実施されている「障害の有無にかかわらず同じ場で過ごす」という独自の取り組みのもと、学籍が支援級にあっても学校生活の多くを通常学級で過ごすようなスタイルで過ごしていた。かれらの多くは良好な友人関係や素晴らしい先生との出会いについても語ってくれたが、他方で、一時的ではあるものの理不尽な経験もしたようだ。とりわけ、学習面での障壁についてはすべての生徒がその直面した困難について詳細に語ってくれた。

まわりの友だちやきょうだいと比較してできないことがあり、それで自分を追い詰めてパニックを起こしたり倒れたりしてしまうという経験を語ってくれた生徒も複数いた。そうした混乱状況について、たとえばワタルさんは**「勉強がわからなくて暴れるんじゃなくて、勉強がわからなくて置いていかれる恐怖心っていうのと勉強遅れてるから怒られるという恐怖心が」**と説明している。「できる―できない」という能力主義を障害当事者であるかれらも内面化しているために、何かができない経験は時に自分自身を責め立て、苦痛を与えるものとなる。

そうした苦難について教師や周囲の仲間に気づいてもらえず、また自らも表明することなくその場をやり過ごした経験を語ってくれたのはシンイチさんである。

シンイチ　勉強は苦手です。主に国語の文章を読むということとかです。漢字は慣れたらいけます。長ければ長いほど読むのがすごく大変で、難しい漢字とかあったら読めない。

――わからんときどうしてたん？

シンイチ　もう普通に読んでました。

――友だちはシンイチ君のこと勉強苦手な奴って思ってた？

シンイチ　わかってない。ポーカーフェイス。

シンイチさんの「ポーカーフェイス」は、学習困難が苦痛であるというだけでなく、学習困難にかかわってかれらに降りかかる二次的な不利益、つまり周囲のまなざしによる排除の可能性について示唆している。

能力主義は、障害当事者のみならず教室の誰もが持ち合わせてしまっている価値観である。だからこそ（他者と比較して何かができないとみなされるリスクの高い）知的障害のあるかれらの多くがからかいの対象となるという現象が成立してしまうのであり、それは状況によっていわゆる「いじめ」として認識される場合も少なくない。実際、対象者のうちの二人は同級生からのいじめをきっかけとして一時的に不登校になり、保護者と学校との協議の結果、支援級に通うこととなった。しかしながら、インタビューからは支援級での生活や支援担とのかかわりに苦痛を感じているといった発話は見られず、むしろ支援級を積極的に評価するような語りが多く散見された。それはひとまず、こうした能力主義のまなざしから解放されたことが大きいようだ。

③支援級に行くことの正当化

支援級に行くことになった経緯について、「四年生の途中でちょくちょく、たまに行きつつ、五年生で本格的に入れられて」（ワタル）、「もともと勉強苦手やった。先生が気にかけてくれて、親に言って、おれに来たみたいな。ずっと「入らんか」って。で、おれが諦めて「はい」って言って」（サク）というように、自らの意思というよりは客体化される（入る、のではなく入れられる）形で支援級に参入するかれらであるが、時間の経過とともに現実を受け入れる正当化のプロセスを踏むことがインタビューから垣間見られた。

ナナ　小学六年生になる前に支援級の先生っぽい人が授業の時に来てくれて教えてくれたりしました。自分だけなんでついてるんやろうと思って。どっかに行ってほしいと思いました。支援級は結構よかったです。

ヒカリ　支援級は、嫌って最初は思いましたけど。偏見な目を持たれるので。だから嫌やなって思うときはありましたけど、でも時間がたっていくと、自分ができないことも見えてくるので。だから徐々に別にいいかみたいな、なってきました。

サク　最初はちょっと抵抗ありました。……それでまたいじめになるんじゃないかとか、からかわれるんじゃないかなっていうのでちょっと嫌でしたけど、入ってみて意外と悪いイメージだけじゃないなっていうか、今は理解してるつもりではあります。

そして、いずれもはじめは抵抗があったものの、ナナさんは支援級で友だちと遊べたこと、ヒカリさんは自分のできない部分に自覚的になったことで、自分が支援級に行くことを納得させていた。また上のサクさんは通常学級では期待されなかった「リーダー」の役割を支援級で求められたことで、「意外と楽しい」と振り返った。

④夢を持たせる進路指導

なんらかの正当化のプロセスを経て支援級で過ごすことを承認したかれらは、主に中学の支援級の担任により、B校への進学を果たすことになる。先にも述べたように、B校は特別支援学校である。B校への進学は、すなわち障害があることを公に認めることでもある。中学までは「勉強の遅れ」を中心的な理由として他の友だちと物理的環境を分けられていたが、今度は学校種別のトラックを通常の学校から特別支援学校に変更することを自ら認め、制度的にそこに回収されていくことを選択させられたということである。

サク　B校へは、先生に。僕がモノづくりとか好きやったんで専門系か、先生は僕のことを思ってB校とかそういうのがいいよっていろいろ行って。三か所行った。先生と一緒に話し合ってB校に決めて。

ワタル　その時に夢はもうこうだっていうのがある程度かたまってたんで。農家。いま足りてないということなんで、たとえお金が少なくてもやっぱり一人でも増えたらちょっとはいいかなと思いまして。

エリ　B校は大手に入れるってお母さんが知ってて。お母さんは収入が気になるみたいで。

サクさんは周囲の大人が彼の良さを生かせるよう働きかけをしてくれた結果の進路であると認識し、ワタルさんは周囲が「社会のために」という使命感を持たせることでB校への進路を促したことがわかる。また、エリさんのように、B校が大手企業への就職可能性があるという情報から、保護者が子どもにB校を強く勧めるパターンもあるようだ。卒業後の生活を見据えて戦略的にB校を選択する家庭もあるだろう。

B校での経験

それでは、現在かれらは高校でどのような経験をし、いかなる実践を展開しているのか。インタビューからは、①厳しい生活指導 ②学んでいるという感覚 ③差別や排除への漠然とした不安/結果としての障害の無化、などが見られた。

①厳しい生活指導

「B校は先生がすごいうざい」とヒカリさんは言った。あいさつや敬語の使用、制服の着方、生活指導などの校則が厳しく、今回の対象者の多くがそこへの不満を募らせていた。なぜこのような決まりがあると考えるかについてエリさんは**「社会のルールを守れみたいな?」**と答えている。B校の校則は膨大で制約も大きい。先のヒカリさんは放課後校門の前で友人数人と話していたこと、ナナさんは学校帰りに寄り道をしたことで別室で**「めちゃくちゃ怒られた」**という。確かに、B校は校門を出てすぐに生活道路が広がっており、生徒がたむろすれば通行人の妨げになる恐れがある。また、「寄り道」についても広い生活圏からやってくるすべての生徒の安全を確保しようと思えば禁止する学校側の意図も一定理解できよう。ただし、生活年齢としてのかれらのことを考慮するならば、このような指導のありようはパターナリズムに陥っていると指摘できなくもない。

しかしながら、そうした指導のありように対してシンイチさんは**「怒ってくれる」「(自分の行為が逸脱していると)知れた」**、ワタルさんは**「反省期間に先生にいろいろなことを教えてもらった」**という表現を使った。これらの前向きすぎるともとれる反応は、学校で展開されるパターナリズムが「教育的であること」の名のもとに被抑圧側からも維持・強化されてしまうような形で押し付けられる様子を示唆している。

②学んでいるという感覚

エリ　中学の時より先生の教え方がめっちゃゆっくりやからわかりやすかったり。

シンイチ　(福祉の勉強できてよかった?)よかったです。車いすとかもできますし、ベッドメイキングも、知れないこと知れますし。

サク　B校のことが役立ってます。サクくんは人の目見れてすごいねとか。それはやっぱりB校で習ったことで生かせてるのかなとか。バイトで学んだことを学校で生かしたり、学校で学んだことをバイトで生かしてとか、本当に役に立ってます。

これまで能力による差別やつらい経験を重ねてきた生徒のなかには、B校に来てようやく自分が学んでいるという感覚が持てたという経験をした生徒もいるようだ。エリさんの発話にあるように、学習面へのB校の評価はいずれの生徒も高い傾向にあり、それは裏を返せば、それまでの学習場面がいかにかれらに排除的であったかを示していると言える。かれらにとってわかりやすい授業を展開してもらえることで、自身が学ぶ主体であるという世界にようやく包摂されたといってよいだろう。それでも、**「(障害者だと思うこと)僕はあります。やっぱり勉強ついていけないとき。しんどいときもあります。」**(キヨシ)のように、B校の中にも能力による序列化や排除が透けて見える。

また、シンイチさんやサクさんのように、学習面のみならず生活面での自身の成長を味わっているような発話も見られた。選択的に支援学校の世界に入ってきたかれらであるが、制度的な問題とは別に、いまこのB校にいることの意味を感じられている発話であると考察できる。

③差別や排除への漠然とした不安／結果としてのパッシング(障害の無化)

エリ　一八歳で働いたときに、私は見た目障害ってわからないんで、なんでもできるって思われるのが不安です。あとは目上の人でも支援の人(障害のある人のこと)が結構いる会社に入りたい。

ヒカリ　社会とかに出ると、障害者に対してすごい偏見を持ってたりとか、後ろ向きな考えを持つ人がやっぱ少なくともおると思うので。だからそこはちょっと不安ではあります。

キヨシ　(障害のことを)話して、もしかしたら馬鹿にしてくる人もいるんかなとは思います。

B校の生徒たちは、ステレオタイプな障害者のイメージやそこから引き起こされる漠然とした不安を持っていることがわかる。つまりかれらは障害というラベリングの恐怖にさらされているということである。このような漠然とした感覚だけでなく、小中学校時代のこととして語られたように、不登校に至る生徒もいる。ほかにも、キヨシさんは小学生の時に同じ支援級の仲間と下校していると他の児童に石を投げられた経験があるとし、ナナさんは現在のB校の職場実習先で暴言を吐かれたことを話してくれた。かれらは、自らの直接的・間接的経験を通して、「障害」がスティグマとなることを知っている。

こうした不安を一定解消する方法として、自身が障害者であることを世間にさらさない、つまり健常者中心社会に完全に同化するということがある。具体的には障害者手帳によって得られるサービスを利用しない、障害のことを話さない等である。ゴフマンは、スティグマになりえる情報を他者に知られないように管理したり操作したりすることを「パッシング」と呼んだ。B校の生徒たちからも、障害者であることをパッシングする様子が語られた。

ヒカリ　（障害者手帳は）基本的に持ち歩かないです。（質問者：サービスも使わない？）しないですね。

サク　手帳は爬虫類イベントのとき親がそれで使えっていうので使いました。それ以外は本当、普通の生活がしたいので。出すとやっぱり持ってんねやみたいな目が気になるというか。（自分の障害について）最初は黙ってたんですけど特定の子だけは話します。あんな学校行ってんねやとか言われたくない。それをいうとバカ扱いとかされるので。

エリさんの発話にもあったが、かれらは身体障害とは異なり、一見して障害があるとはわかりにくい。それゆえの固有に抱えるしんどさが認められないという困難もあるのだが、同時に、健常者コミュニティに同化することで「障害者でなくなる」自分を簡単に作り出すこともできる。差別や排除の恐怖から逃れる最も簡単な方法は、その対象とされないように振舞うということだ。障害というスティグマによって簡単に社会から切り離される恐れのあるかれらが望むことは同化することで統合されること、かれらの言葉をかりるならば**「普通の生活がしたい」**（サク）ということなのである。

「分離型」のA校、B校まとめ

両者とも支援学校のなかでインペアメントがディスアビリティになることはないが、A校の生徒は聴覚障害というわかりやすい身体特性の違いゆえに、聴者というマジョリティ社会のなかで、つねにそのインペアメントがディスアビリティとして立ち現れる恐怖に直面していた。ところが知的障害が中心のB校の生徒たちは、かれらの有するインペアメントについて十分には理解していないようだった。小中学校では支援級に在籍していたものの実質は障害のない仲間と多くの時間をすごし、まわりの大人たちのかかわりも、かれらが有するインペアメントが「障害（ディスアビリティ）」としてスティグマ化しないようなものが中心的であったからだ。しかしながら、実際のかれらは小中学校で能力による厳しい排除の経験を有しており、B校に入ることでようやくそうした差別から解放されたように見受けられた。

偶然にも、A校の生徒もB校の生徒も「普通」という言葉を用いた。A校は普通に頑張れるところであり、B校を経て普通の生活がしたいとかれらは語った。障害のある子どもたちが支援級や特別支援学校で丁寧な教育を受けることは、一見すると学校教育への合理的な包摂ともとれる。しかしながら、見方を変えれば通常の学校教育で起こっている問題（能力主義による排除など）の根本的な解決を棚上げし、その問題の一番の被害者であるかれらを別の場所に隔離し一時的に避難させているに過ぎないという見方もできるのである。この一時的避難状態が、結果的に障害者と呼ばれる人を社会的に排除するリスクともなっていることに、私たちは注意を払わねばならない。つまり、A校やB校で見られたかれらの生き生きとした様子は、能力によって差別化された先の地での出来事であることに留意すべきであろう。かれらが求める「普通」を人権モデルとして考えるならば、通常の学校教育の場でこそかれらの「普通」が実現できる方途を模索しなければならないのである。

(3)「部分的統合型」C校(共生推進教室)

C校は、共生推進教室の設置校である。特別支援学校に在籍する一部の生徒(以下、共生推進教室の生徒とする)が、週のほとんど(四日)をC校で過ごしながら、週に一日だけ特別支援学校に通い、専門科目である職業訓練を受ける。

学力や問題行動によるメインストリームからの物理的排除

①インペアメントがスティグマ化しない実践

支援級に籍を置くことになった経緯では、「トラブル的なことを起こしてんけど、毎回」「中学校は、ぐわー言うて、すっごい喧嘩になって」(ショウ)、「うまくいかないことがあった」(ヒロ)、「ちょっと何かがあったらすぐ手とか出るんですよ」(イブキ)、「高学年のときに(対教師暴力)やって、やったら職員室に電話かけられてその時めちゃくちゃ怖い先生に腕つかまれて校長室に連れて行かれて校長室で何人かの先生に囲まれてバチクソ怒られた」(ツカサ)などの経験があったことが語られた。

別の支援籍の仲間について語る際にも、「障害」ではなく「問題児」という表現を使っていたことから、支援級を障害のために通う場所というよりも、何らかの問題を抱える者が行くところというように認識しているのではないかと考えられ、自分も何らかの「問題」を抱えているがゆえに支援級に身を置くことになったと解釈しているようだ。

もちろん、支援級に籍を置くのは診断名ではなく表出する学力課題や問題行動といった個別の教育ニーズによるため、本人たちの認識もこのようなものなのだろうが、それにしてもそうしたニーズが「障害」という言葉とうまく結びついている様子が見られない。C校の生徒の様子からも、B校でもあったインペアメントが「障害」としてスティグマ化しないような実践が透けて見える。かれらの「障害」の経験は、こうした日常のなかに埋め込まれていたのではなく、非日常経験によって唐突にもたらされたようだ。

②それぞれの育ちに葛藤をもたらす「障害」への接触

ヒロ　親が、適当に、僕、ポカンって、ガクッてなってたんすよ。
――どういうこと？　いつ？　それいつガクッてなってんの？
ヒロ　僕が知らない間ですやんか。僕が家にいて、その間に、おかんが三時間くらいいなかったときあったんです。（中略）それから一週間くらい経った後に、支援級に入れられて、今に至るわけです。

これは、ヒロさんが通常学級から支援級に行くことになったきっかけについて話した場面である。前の発話にみるように、ヒロさんの場合は本人を除いたところでの学校と保護者との話し合いの結果、「親が適当に」決めたことであり、当事者である僕は「ポカン」「ガクッ」となったとその時の衝撃を表現している。

ツカサ　積み木みたいなのやらされて、カードみたいのやらされて、で終わって。ある日部活で、地域の体育館に行く時に俺が行った建物に看板があるの見て。そういう障害があるってな。俺ってそうなんかな、ないけどなみたいな感じで家に帰った時に聞いてん。（質問者　誰に？）お母さんに。ほいで俺って何か持っているの？って言ったら、あんたはな、こういうのを持っててんねんって…(中略)…その時に初めて俺が障害を持ってるのを知った。

ツカサさんは、中学の部活の帰り、自分が何度か連れて行かれた場所が「障害児者支援センター」であったことを知ることになる。部活帰りにたまたま建物の前を通り、看板の文字を見たことで「障害を持ってるのを知った」と説明している。その後、母はツカサさんが持っている障害についての説明をしてくれたのだが、当時の本人にとっては何よりも自分に「障害」があることを知る衝撃的な機会となったようである。ここでいう「障害」は、いわゆるスティグマとなるような意味合いのものだ。

プロフィールを見てもわかるように、かれらは小学校の時から支援籍であり、ツカサさんも**「小学校の時は、何かわからんけど支援級には行かされていた」**と語っている。ツカサさんにとっても支援級に行くことが自身の有する「障害」と関連づけては解釈されていなかったようで、建物に掲げてある看板によって、自分が「障害」と何らかの接点を持っていることにようやく気づいた。イブキさんも**「気づかんうちにどっかに連れて行かれて」**と語っており、かれらは自身の生活経験ではなく、障害を診断する機関を通して支援級に「入れられる」体験により初めて「障害」に接触することになったと考えられる。しかも、支援級は自ら主体的に選択したのではなく客体化された結果として「入れられる」という認識をかれらは持っていた。

C校での経験

それでは、現在かれらは高校でどのような経験をし、実践を展開しているのか。インタビューからは、①所属感のゆらぎ ②差異の顕在化とそれを隠す努力 ③差別への漠然とした恐怖や排除への抵抗、などが見えた。

①所属感のゆらぎ

「作業と、ルールがきつい」とショウさんは語った。共生推進教室のかれらは週に一回、本来的に学籍のある特別支援学校に行き、主に職業訓練的な授業を受ける。その際、その学校にいる他の生徒とかかわる機会は皆無であり、またその作業も普通高校のカリキュラムとは異なる特殊で大変なものだということは四人が口をそろえて語ったことだ。加えて、学籍のある特別支援学校は生徒指導上のルールが厳しく、校内での携帯電話の使用禁止やアルバイトの禁止など、かれらが週のほとんどを過ごすC校とは異なった校則があり、そのことの心的負担も大きいようだった。実質の居場所と制度上の所属先とが異なることで、かれらには自分がどこの生徒なのかがあいまいになっているところがある。

ツカサ　(書類)書く時、どっち書けばいいかわからない。たいていC校だけど。
イブキ　特別支援学校とC校どっち書けばいいかわからなくなる、そういう状況があるのでそれはC校にしています。
ツカサ　だって特別支援学校って書いたらあれやもんな。
イブキ　落ちるな。
――どんな時？　ユニバの年パス(ユニバーサルスタジオの年間パスポート)とか買う時？
イブキ　どんな時も。バイトでどこの高校行ってるんとか聞かれた時とか。
――履歴書とかな。
イブキ　そっち系全部C校です。

感覚的に所属がはっきりしないこと、これは共生推進教室のねらいともかかわるのであろうが、この所属意識の揺らぎにより、ときにかれらは特別支援学校に対して否定的な感覚を持つようだ。

――特別支援学校に行きたくないって言ったら行かんでいいような制度はないですか。

ツカサ　ないです。そんなんあるんやったら二度と行ってへんわ。

これまで見てきたように、そもそも特別支援学校一般を自分とは少し距離のあるところとして認識しているかれらであるが、このシステムのなかにいることで、自分が所属する学校であるにもかかわらず、忌避する気持ちを感じている。また、支援学校で見かける他の生徒のことを「**障害ある子多いなというような、いましたっていうのも失礼な感じがするんですけど……自分たちとは違うような**」(**イブキ**)と表現している。

②差異の顕在化とそれを隠す努力

①の所属感のところで見たように、かれらはどちらかと言えば感覚的には「C校の生徒である」という認識を持っており、それはこのコースの性質としても間違ってはいない。しかしながら、そうした自認が外部から脅かされる経験もかれらは有している。

イブキ　特別支援学校の、何て言えばいいのかな、行くのはいいんですけど、週に一回支援学校へ行くと皆に聞かれるんですよ、そこで何してんのと。そういうのはあるんですけど、先生に今日のテストもそうだったんですけど、共生だけ違う問題出されるんですよ。

定期テストの際、イブキさんの担当教員は彼が共生推進教室の生徒であることを強調する（と少なくとも本人が感じる）形でテストを配布する。他の生徒と違う問題であることは**「ボソッと言ってほしい」**と願っている。また、この発話のなかでは他の生徒に**「特別支援学校で何してんの」**と聞かれることが苦痛であることもイブキさんは吐露している。他の生徒も共生推進教室のシステムを一定理解しており、このコースの生徒たちが特別支援学校に行くことの意味については薄々知っているだろう。お互い「C校の生徒でありながら実は違う」ことを確認する作業、すなわち共生推進教室がスティグマ化する局面は、もっと露骨な形で展開される場合もあり、それが③差別への漠然とした恐怖や抵抗につながるのである。そうした状況をできるだけ回避すべく、時にかれらは同化を選択し、そのために努力することも惜しまない。インタビューのなかでこうした問題に特に繊細な反応を示したイブキさんは、自分の時間割を睨みながら、共生推進教室ではなくできるだけ通常学級で時間を過ごすようにしている。このようなイブキさんの努力をツカサさんは**「だからイブキさんは通常の学級でも仲良くして共生推進教室でも仲良くして、win-win の関係でいたい。間の中立で関係できたらいいと思う」**と言い、イブキさんも**「中立できたらいい。こっち、こっちとかじゃなくて中立みたいな」**と返した。そしてツカサさんが**「真ん中。だからどっちでもいいですよという」**と強調した。かれらにとって真ん中とはホームルームと共生推進教室の真ん中、健常者と障害者の真ん中を示す。しかしながらその真ん中はズームアウトしてみれば、全く真ん中などではない。そもそも、健常と言われる子どもたちにとって障害との真ん中などない。あくまで障害者としてカテゴライズされた子どもたちが示す「真ん中」をかれらは今生きているのである。

③差別への漠然とした恐怖や排除への抵抗

インタビュー調査の二日目、一日目でインタビューを終えているイブキさんが**「僕オープンにしてないことが一個**

あって、**僕共生入ってること言ってないんですよ**」と話しはじめた。中学の友だちには「**C校に通っている**」とだけ伝えてあり、そのなかに設置されている共生推進教室の生徒であることは、支援学校に進学した友人にしか打ち明けていないということであった。

後期中等教育への進級にあたり、かれらは制度的に「特別支援学校」の所属となった。では完全に特別支援学校の生徒として学校生活を送るのかと言えばそうではなく、これまで見てきたように一見、通常の高校生を装える状況にある。そのことで特別支援学校そのものに対してやや否定的なまなざしを内面化してしまったかれらが、どうして「ほんとうのこと」を友人に言えるだろうか。小中学校を支援級に在籍して過ごしたイブキさんは、中学校時代の仲間に自分が障害者であることをすでに知られている。それでも自ら共生推進教室に進学したことは明かしたくないのだ。周囲からは薄々知られているが、あからさまな形でアウティングされるようなことや、わざわざ自らそれを明かすような行為は避けたいのである。もともと、イブキさんは「差別」を懸念して共生推進教室の受験そのものを躊躇していた。小中学校で露骨な差別や排除に出くわしていなくとも、障害がスティグマとして機能することを学習するような経験が、かれらのなかに少しずつ積みあがっているのかもしれない。先に見た「だって特別支援学校って書いたらあれやもんな」「落ちるな」というやり取りからもわかるように、差別は漠然としたもの以上の何かとしてかれらに迫ってきていると考えることもできる。

部分的統合型のC校まとめ

「**障害なのかわからないですけど、ADHDという障害は持っています**」。これは、イブキさんが自身の障害自認にかかわって語った言葉である。知的障害があるから理解力が十分でない、障害受容ができていない、といった考察もできるが、現在のかれらの立ち位置を示す象徴的な表現であるとも解釈できる。

C校の生徒たちは、そのシステム上、「障害者」でありながら良くも悪くも障害との微妙な距離を感じさせられるような経験を重ねつつ、高校生活を送っていることがわかった。高等支援学校という特別支援学校の生徒であるにもかかわらず、学校生活のほとんどを他の生徒と接点なくむしろ制度上の交流先であるC校で過ごすことで、かれらは自身が特別支援学校の生徒ではないような感覚を有することになる。かといって純粋にC校の高校生かといわれれば、定期券の購入やアルバイトへのエントリーなど、書類上は特別支援学校の生徒であることを突き付けられる局面もあり、実質の所属と感覚との間で大きなギャップを抱えることになっている。

(4)「統合型」D校・E校(自立支援コース)

D校とE校は自立支援コースを設置している高校である。D校は通級による指導を取り入れている点、E校は社会経済的に厳しい生徒や外国につながる生徒を受け入れている点で特色がある。調査対象者は、D校では六名が自立支援コース、二名は一般枠でD校に入学している(表1)。一般枠の二名は必要な支援を教員に伝えつつ、すべての授業を通常学級で受けている。E校の五名は全員自立支援コースに在籍している。自立支援コースの生徒は療育手帳を所持しているか、児童相談所等の公的機関により知的障害を有すると判定を受けているかが要件になっているため、制度上は障害者となっている。しかし、本人たちの感覚は制度上の定義と異なっている。

インペアメントと無関係に生きるアイデンティティ

自立支援コースに在籍する多くの生徒たちに共通していたのが、インペアメントと、それにまつわるスティグマから自由なアイデンティティを持っていたことである。療育手帳や障害者手帳を持っていることは認識していても、自分が「障害者」であることについて「わからない」という感覚を有している生徒が多かった。

――ちょっとストレートなこと聞くけど、モエさんは自分で障害があるって思ってんのかな。D校の自立支援コースってやっぱり障害者手帳とか、障害がある人来てくださいっていうコースやと思うねんな。障害があるってわかる？

モエ　わからん。

――ハナさんは自分で自分のこと障害あるって思う？

ハナ　ちょっとわかんない。

――ちょっとわかんない。障害があることで、なんかいやな思いとかしたことある？　なんか小学校のときおんなじ学校の子になんかやなこと言われたとか。

ハナ　それはない。

――悲しいことはないか、特に。

ハナ　ない。常に仲いい友だちがおったから。

――何障害って言ったらいいんやろ自分。何障害って言ってるの？

アイ　あんましわかんないです。

――何か障害っていうよりあれか。特に算数系、数字系があんまり得意じゃないねんな、私は、ぐらい？

アイ　英語が一番苦手です。

このような語りからわかるのは、自立支援コースに所属していることや、支援を受けて通常学級で他の生徒と授業を受けたり、ときには別学級で個別指導を受けたりすることは、必ずしもインペアメントを強調するとは限らず、スティグマを回避することも可能であるということである。学校生活で困ったことはあったか、という質問に対しても「別になかった」(カイト)、「困ったこと？　不安なんてなかった」(タカ)、「普通に教えてくれたり、みんな優しかった」(アイ)という答えが返ってきた。通常学級、支援級を問わず友人と遊んだことや、運動会、修学旅行などの学校行事に参加したことが小中学校での楽しかった思い出として多く語られた。こうして、インペアメントを突き付けられる経験や障害者としてラベリングされた経験をしてこなかったことから、障害にまつわるスティグマから自由な状況にあったことが推察される。

高校生活についても、インペアメントがディスアビリティ化する(学校での困難さにつながる)様子は言及されなかった。ハナさんは周囲の友だちが口にするアイドルやお化粧といった話題に関心が持てないということ、アイさんは入学して間もないこともあり、中学校のときほど深い友だちは高校でできていないということを心配していたが、これらはインペアメントに起因したものではなく、ごく「普通の」高校生が抱えるであろう悩みであった。タカさんは通常学級にも支援級にも友だちが「いっぱいいる」と話し、カイトさんは高校の部活でダンスに力を入れるなど、充実した高校生活の語りもみられた。

アサヒさんに関しては、日本語の読みと数学が苦手であるという自認があるものの、それは自身がフィリピンにルーツがあるからであると解釈している部分が多かった。自立支援コースは知的障害のある生徒に開かれているものであるため、アサヒさんも自身のルーツに関係なく、診断上は知的障害があるとされているはずである。しかし本人は「日本語わからんだけ」(アサヒ)と話しており、居合わせた教員もそれに対して否定も肯定もしなかった。E校では自立支援コース以外の生徒にも「障害にかかわって」「ルーツにかかわって」「生活状況にかかわって」等、特別な教育的配慮が必要な生徒が多くいることから、教員がそれぞれの生徒に対して個別に支援すること自体、スティグマになりにくいという現状がある。結果ここでみたように、生徒たちは日常的に自身のインペアメントについて自覚することなく生活しており、まさに環境調整によって障害が障害として立ち現れない状況が作り出されている。

将来の夢もさまざまであった。カイトさんは動物が好きなので動物園か水族館で働きたいと思っている。そのための具体的な進路はまだ教員に相談できていないが、将来に不安は「ない」(カイト)。タカさんはレストランのウェイターに関心がある。「絵描きさんになろうと思ったが、絵を描くのは難しいのでウェイターさんに変えました」(タカ)と話すように、絵を描くのは好きだが現実的には生活が厳しいと考え、ウェイターを希望している。モエさんは、憧れの俳優が演じていた看護師のようになりたいと思い、看護師の資格がとれる大学進学を志望している。B校に進学した生徒が持たされたような、即職業に直結する、あるいは社会的使命感を刺激するような夢の提示の仕方とは異なり、非常に自由な夢を描いていることがわかる。

インペアメントをスティグマにしない実践

D校やE校では、インペアメントをスティグマにしない実践が意図的になされている。D校では年に一度、代表生徒が全員の前で「自分を語る」会をクラス単位と学校単位で開いており、高校三年生のホクトさんは学校単位の代表生徒として発表した。ノブさんと同様、「障害」という言葉を前面に出すのではなく、どのようなことに困っているのかを伝えることが大事だと考えていた。「障害って言葉だけが一人歩きしてる」のを懸念し、「(障害の)種類が増えたから、むしろそれが排除する材料になってる」とも語った。E校でも、自立支援コースの生徒が年度初めの学級開きの際に「仲間紹介」として自身の障害のことを中心にクラスメートに説明する時間が設けられていた。仲間紹介についてて自立支援コースの担当教員は、「こういうのを知っておいてもらったら、僕こういう人間なんです、わたしこういう人間なんです、こういうところがあります、っていうところを知っといてもらうというね。よりスムーズにみんなとお付き合いができるようにやってます」と話しており、障害名の紹介というよりは、障害のある生徒を含みこんだ学級でお互いにうまくやっていけるためのイニシエーションとして活用しているようだった。実は、内容をあまり覚えていない生徒が多いが、それでもこのイニシエーションが大切だと言ったのはナオさんである。中学校時代の教師が自身に無理解であったのは、小学校、高校時代にあったこのイベントが中学校でなかったからであると分析していた。

社会に植え付けられたスティグマ

他方、自立支援コースではなく一般枠でD校に通うノブさんとホクトさんは、障害者に向けられる社会のスティグマを感じた経験があることから、高校がいくらスティグマを取り払おうとしても、スティグマから自由になれずにいた。

ノブさんは母親の教育方針で小学一年生のときにはフィリピン留学、小学五年生から中学一年生までは山村留学などユニークな経歴がある。苦労をしたのは山村留学である。ノートを出し忘れたり、忘れ物をしがちだったノブさんに対して、留学先の「所長さん」から「そんなこともできんのかって、そんなこともわからんのかって言われながら平手打ちとかもあったり。叩かれたりとか」、暴力があったという。所長さんが高齢だったことから「今の大人は子どもの頃、障害がなかった時代とかを生きてきたっていうのもあるのかもしれない」と振り返り、障害者とのかかわりの有無によって障害理解が変わるというノブさんの見解を示した。ノブさんは家族から「不器用なところあるから頑張りや」とは言われていたが、障害があると「本当にちゃんと理解したのは中三ぐらい」だと言う。高校受験のときに親から「あんた障害がある、そういう、なかなかできんところをもうちょっと頑張りや」と言われて自分に障害があることがわかった。たとえば不器用で字が汚かったり、物事の理解に時間がかかったり、伝えられたことを間違って解釈してしまったりということが障害に起因していたのだと気がついた。デイサービスに通い始めたのも中学三年生である。高校受験のときは、母親の「偏差値四七以下の学校は荒れている」という持論から、「程よいレベルの難しさ」のD校を受験した。実際にD校に来てどうだったかを尋ねると、「自立支援の制度とか共生推進委員っていう委員会があるぐらい、ほんとに障害に対する考え方が他の学校よりもすごい進んでるイメージあるし、今の時代に沿った考え方がすごいいいなと思いまして」と答えた。D校は障害理解が進んでいると語るノブさんだが、他方で、自らの障害については「今までの関係が崩れたりする可能性とかもあったりして」友だちには話せていない。デイサービスへ行くときもD校の友だちには「塾みたいなところ行ってくるわ」とパッシングしている。

ホクトさんは、三歳のときに広汎性発達障害の診断を受け、小中学校では支援級に在籍した。小学校は国語と算数は別教室での個別指導、図工と体育は支援員が教室に入るかたちの支援を受けた。小学生のときは感情のコントロールができずに物を投げたりしてしまうトラブルも多々あったが、小学校は障害に理解があったと振り返った。「必ず学年で、年に一回、一人一人、支援級にいる子たちの、どういう障害を持って、どういうことに困るから、どういうことに対して助けてほしいみたいなことを、支援級の先生からお話しする時間をちゃんと取っていたんです。保護者の方に来ていただいて、その障害を持ってる方のお母さんから話をすることもあったし、そこが手厚かった」と話す。そうした学校の取り組みがあり、高学年では生活指導委員会で学校の掲示物の改善に関する企画書を書くなど積極的に学校に参加し、感情の荒れも落ち着いてきたという。しかし、中学校では別の小学校から来た人たちに「変な噂」を流され、「居場所がなかったのが辛かった」。ホクトさんは、支援級に入ると普通の高校に行くのが難しくなると考えていたことから、別教室での個別指導は受けず、通常学級で過ごすことを選択した。「支援級の子たちからも、そもそも基本通級してないので、その輪の中には入り込めなかったし、かといって通常の学級の方に行っても、お前は支援級に入ってるやつだって言われて」と話すように、通常学級の生徒からは障害者のスティグマがはられる上、支援級の仲間にも入れず孤立していた。卓球部では、支援級に在籍するもう一人の子と自分の二人がいじめの標的にされたという。つまり、特別な支援を受けていようが、受けていなかろうが、環境によってはインペアメントがスティグマとなり、排除の対象となっていることがわかる。高校進学にあたっては、支援級の教員からは特別支援学校か、自立支援コースを勧められたが、大学進学をするときに**「かなり不利になることはわかってて」**反対した。ただし、自立支援コースがある高校は障害に理解があると考え、一般枠でD校を受験した。**「学校には入った時点で、自立支援とは別口で何か支援を求めることがあるかもしれませんって話を実はしてる」**と言う。

中学校で支援級に在籍していたタイガさんは、高校進学を考えるさいに教員から障害を突き付けられた。

タイガ　高校とかも結構支援級の先生も、自分高校、普通の子たちと一緒に高校行きたいのに、先生異様に支援学校すすめてきましてね。

それでも「普通の子たちと」一緒にいることを望んだタイガさんはE校の普通科への進学を強く希望する。しかし、教員から**「おまえトラブル起こすから……起こすかもしれへんから、自立支援コース行ったほうがええんちゃうん?」**と言われ、最終的にはE校の自立支援コースへ進学することとなった。普通科と自立支援コースで配置上の差別はないため、タイガさんはE校に入って**「もうこれで支援級から解放されるんだなって思ってとっても良かったです。とてもうれしかったですね」**と語った。自立支援コースは、中学校で支援級に在籍していた生徒に対して特別支援学校に限らない選択肢を開くものとなっていた。

ノブさんとホクトさんからは将来の不安についての語りもみられた。ノブさんは両親から就職先の心配をされ、**「なんも見つからなかったら自衛隊」**と言われていた。ノブさんはそれを回避するために努力していた。**「暴力を受け**

てきたとか、いじめられてきたとか、そういう子どもたちと寄り添ってあげたいなってありまして」と語るように、ノブさんには障害を理由に自らが受けた暴力やいじめの経験を他の子どもたちにさせたくないという想いがあることから、学校事務の仕事に最も関心を持っている。

ホクトさんは、障害があるために親戚からは「結婚できないだろう」と言われ、「**相手の方に迷惑をかけるということを考えると、とてもできない**」と語った。「**普通に生きていけると思ってないです**」という心配は、社会が障害者に不寛容であることを知っているからこそでてきた語りである。ノブさんと同様、ホクトさんは自らが受けた排除の経験をふまえて「**(障害がある生徒を)学校の外から支える存在になりたいと思ってて、中を変えることが難しいっていうのにすごい気づいたので**」と話し、教育のビジネスに携わりたいと考えていた。

このように、ノブさんもホクトさんも、障害がある生徒のために何かをしたい気持ちを持っていた。ただし、D校が障害理解のある学校環境であるとはいえ、自身のインペアメントについては周囲に開示するのが困難であった。それには過去にスティグマをはられた経験が関係していた。「障害」を「困りごと」として語ることで、現在の人間関係を壊さないように、スティグマによって将来の可能性が閉ざされないように、必死に努力している二人の姿がみられた。

「統合型」D・E校まとめ

D校・E校は統合型であり、一般の高校生という配置のなかでかれらは高校生活を満喫していた。両校ともにスティグマを回避する実践がなされているが、「自立支援コース」という特別枠が設けられているがゆえに障害が顕在化し、葛藤を抱えるケースは当然ある。これは、制度的に作られる葛藤といってよいだろう。たとえばナオさんは、選択科目を楽しみにE校に入ったものの、自立支援コースの生徒が履修可能な科目に制限があることを知り、ショックを受ける。

ナオ　先生に、あんたはこれしか選べませんって言われたときから悩むようになって…（中略）…みんなから障害者って思われてんじゃないかって思ったらすごい泣けてきて。

自立支援コースの特別入試を経ても、そのコースが一般のものとどう違うのかについて十分理解して入学できる生徒はそう多くはないだろう。特別支援学校ではなく通常の高等学校に入学できたのだから、「みんな」と同じ高校生活が送れると期待したナオさんであったが、カリキュラムガイダンスの時点でシステムの大きな壁にぶつかった。

また、アサヒさんはフィリピンでの生活経験から英語に自信があったにもかかわらず、授業中に支援教員が横につく形になり、「ほんまは正直言うと、英語のサポートはいらないんです」と吐露した。支援が必要な生徒に関しては授業中のサポート教員をつけるかどうかが年度初めに決められる。加えて、すでに述べたようにE校では個別にサポートする生徒が多く、年度途中でサポート対象や内容を大幅に変更することは困難であることが予想される。したがって、いったんサポート計画が立てられると、対象や内容にミスマッチが起こったとしても細かな修正を加えることは難しいのであろう。アサヒさんの場合、実は集中した支援が必要だったのはむしろ数学であり、「数学だけが別の部屋にしてほしいんです。ずっと三年間言ってるけど何もしてくれないです」と不満をもらした。別室で受けたかった理由については「みんなが同じことやってるのに俺だけちゃうなって思って。それで、テストの時はみんなに見られて一回一回今日もそんな簡単なんやってんのって」と語り、そうしたやり取りが続くことで「またいじめられたらめんどくさいし」と話した。高校の数学がわからないことが苦しいのではなく、自分だけ異なった作業をしていることが仲間関係に亀裂をもたらすことを懸念しているということである。レンさんも自立支援コース固有のカリキュラムに関しては**「全然おもしろくない」「まちがいさがしとか」**と語っており、**「教室でやってるほうが……うん、まし」**と述べている。制度的に一定包摂されていてもパターナリズムが正当化され、当事者の声が反映されにくい状況もあるということである。ノブさんのように、自立支援コース生でなくともD校・E校には障害のある生徒がいる。そうした生徒たちに対しても、高校は本人のニーズを聞き取りながら可能な限りの合理的配慮をして高校生活を支えている。しかし、制度の枠組みのなかの「障害者」と枠組みの外に偶発的に表れた「障害者」とでは、その処遇が随分と違う。自立支援コースならではの手厚い支援が結果的に当事者に排除的経験をさせてしまうという皮肉な結果が生じることもあるのだ。

5　障害のある生徒に対する制度的排除とスティグマ

(1)配置と参加の両立を考える

2節で述べたように、障害のある生徒の就学や進学をめぐっては、配置と参加の両立が課題とされていた。本稿で聞き取った高校生の語りからは、地域の小中学校では、支援級への入級理由がそれぞれのインペアメントではなく、「勉強の遅れ」やなんらかの「問題」が生じているからであると本人たちに理解させており、結果的にかれらは自らを「障害者」として必ずしも意識しなくてよかったことが示された。つまり、障害が「学校生活を送る上での苦手なこと」として解釈される環境では、障害者というスティグマを回避しつつ特別な支援を受けることが可能であることが示唆されたのである。たとえば通常学級における支援担の入り込み指導が不快ではなかった、あるいは支援員などがなくとも通常学級での不自由は感じなかったといった語りが複数みられた。これは、従来は困難だとされてきた、空間的配置と参加の両立を示唆するものではなかろうか。高校に進学するにあたり、さまざまなトラックに誘われたかれらであるが、そこでの配置と参加はどのようなものか、みていく。

「分離型」であるB校で改めて「学んでいる感覚」を獲得した生徒たちの姿は、分離された場である特別支援学校で学習への参加が保障されるという配置と参加に関する一般的な見方を支持する結果となった。ところが、A校の事例をみると特別支援学校だからといって合理的配慮が適切になされるとは限らないことが示唆された。教室にはパターナリズムがあふれ、聴覚障害であっても手話が定着していないコトネさんにとっては、特別支援学校での合理的配慮は配慮にはなっていなかった。そもそも、合理的配慮とは特別な場所でなされるものではなく、通常の環境のなかでなされる調整行為である。手話の学習が進めば、コトネさんは結果的に学校生活のしやすさを獲得することができ、ろう者としてのアイデンティティが育成されるかもしれないが、見方を変えればコトネさんがA校に適応するために手話を再学習していたにすぎないともいえる。空間的に分離された場で得られたかれらの参加感覚が、統合されたところで本当に獲得することが難しい性質のものであったか、もし難しいのであれば統合の場にどのような問題があるのか、人権モデルの観点からの見直しが必要であろう。

「部分的統合」のC校の配置と参加の問題は複雑である。かれらは支援学校に籍を置くという制度的分離にあり、物理的配置としてはおおむね通常の高校に、一部だけ分離先の支援学校に通うという形式をとっていた。「分離型」のように学んでいる感覚を得られているのは通常の高校の「共生推進教室」であり、支援学校ではむしろ、参加の喜びは全く感じられていないようだった。通常の教室におけるエピソードとしてテスト用紙の配布をめぐる不満が語られたが、それは自分だけ違う問題を解くことが嫌なのではなく、自分だけ違う所属なのだということが教室でさらされることへの不満だった。「そっと」用紙を配ってくれさえすれば、快適に教室のなかを生きられるのである。

最後に、「統合型」のD校・E校の高校生の姿から配置と参加について検討したい。ここで明らかになったのは、同化でも異化でもない生徒たちの参加のありようであろう。D校やE校には、インペアメントがスティグマ化することも、困っていることもなく学校生活を謳歌している生徒たちがいた。榊原も懸念していたように、配置を議論する際には必ずと言っていいほどダンピング＝投棄問題が指摘される。もちろん、合理的配慮を得て学習に十全に参加する権利が保障されることは当然のことであるが、通常の高校の教室をイメージしてみればわかるように、すべての高校生はその場にダンピングされることからはじまる。つまり、そもそもすべての高校生がとりあえず同じ教室に投げ込まれるのであり、障害のある生徒だけが教育を提供する側が望むような教育成果を獲得すべくあらゆる時間必死で勉強する必要などないのではないかとも考えられるのである。D校やE校で話をしてくれた高校生は、学習面に関する質問にはあいまいな返答を繰り返していたが、学校行事や放課後の友達との過ごし方などの話題になれば一転、とても楽しそうに多くを語ってくれた。合理的配慮をもってしても他の生徒と同じ成果が出せない生徒を「何も学んでいない」とみなすことは能力による差別である。そもそも、教室にいて「何も学んでいない」などということもありえないだろう。紙幅の都合上、学習論やダンピング問題についてこれ以上積極的な議論は避けるが、少なくともダンピングを理由として配置が否定され、結果的に排除が進むようなことになれば、それこそ本末転倒であるといえよう。

ここで見えたのは社会モデルの限界である。合理的配慮をもってしても、結局のところホスト社会であるマジョリティが生み出した制度への一定の同化が目指されることになる。大阪府の共生推進教室、自立支援コースといった制度は、通常の高校のシステムのなかで知的障害のある生徒を「受け入れる」というものであり、システム確立の過程で多少の制度改善はあったものの、根本的な日本の高校教育制度を覆すというほどのものではない。結局のところ、通常の高校のシステムに依拠したなかでの受け入れ態勢の整備にとどまっており、差異のジレンマから完全には逃れることができない状況であることがわかる。物理的配置が完備された場においても、やはり人権モデルでの見直しが必要なのである。

(2)高校生が障害者になるとき

小中学校までは障害者としてのスティグマを感じずにすんでいた生徒たちが、進路選択の際に改めて「障害」を突きつけられた経験が語られた。多くの生徒の進路選択には中学校の支援担や親の意向が反映されていた。A校やB校という、制度上「障害者」とされる者のみが集められた「分離型」の学校へ進学するということは、自身が障害者であるということを認めることを意味する。現にA校で手話を学び直さざるをえなくなった生徒は、そこで改めてろう者としてのアイデンティティを発達させたであろう。また、大企業で働くことができるといった「夢を持たせて」本人を納得させ、特別支援学校であるB校の選択を教員や親が迫る様子も聞かされた。B校の生徒たちは「覚悟」をもって障害者になることを選択させられた。

最もアイデンティティの管理を余儀なくされていたのが「部分的統合型」C校の生徒であろう。かれらは共生推進教室という非常に特殊な制度のなかに身を置いた結果、「真ん中」を生きることを選択させられた。さらに、配置問題の制約が最も少ない「統合型」のD校やE校の生徒たちにも多くの葛藤がみられた。納得して進路を「選んだ」という語りもあれば、自らの意思にそぐわず進路が決定されてしまったという語りもあった。タイガさんは友だちと一緒に一般入学を果たしたかったが、支援担に自立支援コースを強く勧められ、それに従わざるをえなかった。両校にはかれらが全校生徒に自己紹介をするようなイベントがあり、誰が自立支援コースの生徒なのかが完全に可視化される。D校、E校では小中学校時代のように、インペアメントが日常的にスティグマにならないような実践が多く見られたが、そもそも共生推進教室、自立支援コースともに知的障害というインペアメントの保有が入試条件であり、差異のジレンマから逃れられないシステムであることは否定できない。

二〇一六年の学校教育法施行規則の一部改訂を受け、二〇一八年、高校での通級が制度化された。いわゆる「発達障害」とされる生徒への支援が高校教育システムの中に位置づけられるようになったということである。通級制度そのものが障害のある生徒の包摂や排除にどう影響するかはその活用のあり方に依存すると考えられるが、このことは、日本の高校に一定障害のある生徒を含みこむ現実が認知されたということを示す。しかしながら、このときの「障害のある生徒」のなかに知的障害は含まれない。図1で見たように、日本の高校は義務教育ではなく、学力検査にもとづく選抜試験により就学できるシステムが中心的である。知的障害のある生徒の高校進学が想定されていないために、高校段階において通級制度は設けても支援級を設置する動きは現在のところ見られない。大阪府や神奈川県のような特別な受け入れ制度を設けている都道府県でない限り、知的障害のある生徒が高校進学を果たすことは非常に困難である。障害者権利条約の第二四条には、「障害のある人が障害を理由として一般教育制度から排除されないこと、及び障害のある子どもが障害を理由として無償のかつ義務的な初等教育又は中等教育から排除されないこと」とある。残念ながら日本の後期中等教育（高校）はこの問題をクリアできていない。今のところ、学力検査のような選抜システムになじまない子どもは、知的なインペアメントを理由として一般の高校教育制度から排除され、高校教育で受け取るさまざまな機会を奪われるというディスアビリティを被っている。障害のある生徒、とりわけ知的障害のある生徒らにフェアな形で開かれない限り、義務教育をどんなに包摂的な環境で過ごしたとしてもかれらはここ（高校）でいったん障害者になることを余儀なくされる。これまでスティグマとならなかったインペアメントがディスアビリティとなってかれらの前にさまざまに立ち現れるのは、物理的配置の問題以前に制度的排除があるからだ。高等教育進学率が八〇%を超える現在、高校段階における適格者主義は崩壊しており、高校を全入にしない理由は見つからない。高校生が「高校生」のままでいられることが人権モデルの重視するところである。日本の教育が早急にインクルーシブ教育に舵を切ること、そのなかで入試制度をはじめとした高校のシステム改善が強く望まれるのである。

一木玲子 二〇二三、「国連からの勧告内容と今後の教育の課題」わくわく育ちあいの会『ともにまなぶブックレット』二八―五八頁。

大阪府教育庁 二〇二二、「第6 知的障がい生徒自立支援コース入学者選抜」『令和五年度大阪府公立高等学校入学者選抜実施要項』(https://www.pref.osaka.lg.jp/attach/6221/00434538/20_R5_tokubetsu.pdf 二〇二三年九月二八日アクセス)。

榊原賢二郎 二〇一六、『社会的包摂と身体――障害者差別禁止法制後の障害定義と異別処遇を巡って』生活書院。

二羽泰子 二〇二二、「終わりの見えない支援――特別支援教育におけるマイノリティをめぐるジレンマ」呉永鎬他編『マイノリティ支援の葛藤――分断と抑圧の社会的構造を問う』明石書店。

―― 二〇二三、「教育における障害者の排除・包摂経験を問い直す――障害当事者の視点から」志水宏吉『学校システムにおける排除と包摂に関する教育社会学的研究――マイノリティの視点から』大阪大学大学院人間科学研究科。

堀家由妃代・山森一希 二〇二三、「障害のある子どもの〝配置〟に関する研究」『佛教大学教育学部学会紀要』二三号、八一―九四頁。

松波めぐみ 二〇二四、「パターナリズム(父権的温情主義)が阻む差別解消への道」『精神保健福祉ジャーナル』一〇九号、九一―一四頁、やどかり出版。

文部科学省初等中等教育局特別支援教育課 二〇〇七、「「特別支援教育支援員」を活用するために」(https://www.mext.go.jp/a_menu/shotou/tokubetu/material/002.pdf 二〇二三年一一月アクセス)。

文部科学省 二〇一八、「障害に応じた通級による指導の手引 解説とQ&A(改訂第三版)」(https://www.mext.go.jp/tsukyu-guide/institutional/index.html 二〇二三年一一月二八日アクセス)。

文部科学省 二〇二二、「特別支援学級及び通級による指導の適切な運用について(通知)」(https://www.mext.go.jp/content/20220428-mxt_tokubetu01-100002908_1.pdf 二〇二三年一一月二八日アクセス)。

Goffman, E., 1963, *STIGMA: Notes on the Management of Spoiled Identity*, PrenticeHall.(=二〇〇三、石黒毅訳『スティグマの社会学――烙印を押されたアイデンティティ』せりか書房)

Minow M., 1985, "Learning to Live with the Dilemma of Difference: Bilingual and Special Education," *Law and Contemporary Problems*, 48: 157-211.

UPIAS and Disability Alliance, 1976, *Fundamental Principles of Disability*, London, UPIAS & DA.

執筆分担:本間(第1節、第3節、第4節(1)、(4))、堀家(第2節、第4節(2)、(3)、第5節)

第4章　「外国人のまま生きられる」教育の可能性

榎井　縁

1　進む外国人教育施策

日本の外国人教育に関する施策はここ数年で飛躍的に拡大しており、二〇一九年の出入国管理及び難民認定法（以下、入管法）・法務省設置法改定に先立って外国人受け入れ施策が変わったことに起因する。その大きな特徴は、単純労働への門戸開放とそれにともなう外国人政策整備とされる。一九八九年のニューカマー外国人が増加するきっかけになった入管法改定以来、実に三〇年ぶりの動きといわれている。二〇一八年七月には内閣官房長官と法務大臣を議長とする関係閣僚会議が開催され、一二月に「外国人材の受入れ・共生のための総合的対応策」（対応策）を提唱、以降この対応策は毎年改訂を重ねている。対応策には子どもの教育の分野も含まれ、外国人の子どもの教育にかかわる予算も二〇一九年より前年度の三倍にあたる三億となり、次年度からは九億～一二億がつくようになっている(1)。

文部科学省（以下、文科省）も二〇一九年に教育推進検討チームをつくり、同年九月、戦後初となる外国人の子どもの就学実態調査を行った。結果として二万人近い子どもが教育にアクセスしていない可能性があるとし、二〇二〇年七月には「外国人の子供の就学促進及び就学状況の把握等に関する指針の策定について」を全国自治体教育委員会に通知している。その間に開かれた中央教育審議会諮問には「増加する外国人児童生徒等への教育の在り方」が取り上げられ、外国人児童生徒等の教育の充実に関する有識者会議が設置された。会議の報告書は中教審答申の骨子となった。こうした中で、三〇年間放置されていた外国人教育政策がにわかに形成され、それまでなかった、「就学機会の推進」や「高校への進学の促進」や「母語や母文化の背景に留意する」などの文言が取り入れられた。しかし、対応策において「外国人児童生徒等に対する教育は、外国人児童生徒等の我が国における生活の基礎となるものである。このため、一人一人の日本語能力を的確に把握しつつ、きめ細かな指導・支援を行うことにより、外国人児童生徒等が必要な学力等を身に付け、自信や誇りを持って学校生活において自己実現を図ることができるようにする必要がある」(2)と示されるように、あくまでも日本社会への日本語を通した円滑な接続が目指されている。

日本語指導が必要な生徒の中学等から高校への進学率は、定時制や通信制高校を含めると九割を超えたが、日本人生徒並みになったというわけではなく、高校中退率は、全高校生徒と比較すると八倍近くとなる八・五％である。(3)日本人生徒の減少もあり、外国人生徒が高校へ進学する割合は確かに高まってはいる。その背景には、高等学校入学選抜について、多様な個性の伸長を重視し、複数の尺度にもとづく異なる選抜方法が実施されることが求められるとともに「高等学校の入学者選抜は、各高等学校、学科等の特色に配慮しつつ、その教育を受けるに足る能力・適性等を判定して行うものとすること」という方針も存在している。(4)

高校に入学できても誰もが学習についていけるわけではない。外国人生徒にとっては、日本語能力だけでなく、各種教科科目を含め、取り組まなければならない課題は少なくない。こうした困難があるにもかかわらず、入学できたのだから卒業できるはずといった適格者主義は、いまもなお自明のものとされている。確かに日本語能力や学力は、努力すれば身につくものであるとされているが、そこに生じる生徒自身への負担にはあまり注目されてこなかった。

歴史的にみれば、在日韓国朝鮮人生徒が、その後、中国帰国者関係生徒が、インドシナ三国からの定住難民生徒が、東南アジアからの国際結婚で呼び寄せられた生徒が、南米からの日系人生徒が、ベトナムやネパールからの家族呼び寄せの生徒が、難民・避難民生徒などが、高校の学校現場で受け入れられてきた。それはまさに国際情勢や国の政策によって国境を越えて移動する子どもの問題であったにもかかわらず、本人たちが日本の学校(社会)を選んだという自己責任の眼差しが常に注がれてきた。高校入学、そして入学後の適格者主義は、常に「日本人と同じ」ことが前提であり「外国人であること」に特別な注意が払われてこなかった。国の外国人生徒への関心は長年低く、学校で生き延びられるかという中退率への着目がされたのもここ数年である。極端な言い方をすれば、外国人生徒はいなくていいことを前提に、いるのだったら日本人並みであることが求められ続けてきたといえよう。

以上のような観点のもと、この高校入学後に着目しながら、外国人生徒の排除と包摂を検討する。その際の理論的な枠組みを次節で示すこととする。

2 社会統合に向けての文化保障と日本語教育・学力保障、そして参加

外国人の排除と包摂を考えるにあたっては、世界的に謳われる同化主義の克服という歴史的潮流を押さえる必要がある。『現代社会学事典』によると、同化主義とは以下のように説明されている。

近代国民国家 nation state およびその拡大形態である植民地帝国において、多様な文化的背景をもつ領域内のマイノリティを(宗主国の)国民文化に向けて動員する規範である。同化主義は国民国家(植民地帝国)の領域内の住民に、「文明—未開—野蛮」という人種主義的指標を内面化させようとする。これによって住民たちは、他のマイノリティ集団のなかに見出した「未開」や「野蛮」から自己を卓越化しながら「文明」国民を目指すという、日常的かつ自発的な情動の回路に動員されてゆく。(九二七—九二八頁)

この半世紀近く、移民をはじめとするマイノリティ集団を受け入れている国々では、この同化主義を乗り越える社会統合を目指している。その鍵となるのが「文化保障」である。日本も批准している国際人権規約（自由権規約）に「種族的、宗教的又は言語的少数民族が存在する国において、当該少数民族に属する者は、その集団の他の構成員とともに自己の文化を享有し、自己の宗教を信仰しかつ実践し又は自己の言語を使用する権利を否定されない」とあるように、エスニック・マイノリティの文化保障は基本的な権利とされている。

外国人の文化保障は、日本の戦後教育においても大きな課題であった。戦前における朝鮮半島の植民地支配と皇民化教育、戦後直後の在日朝鮮人教育の行政的排斥、そして一九八九年入管法改定以降のニューカマー外国人への日本語教育のみの対応など、日本の外国人教育は歴史上一貫してエスニック・マイノリティの文化を認めない「同化教育」という批判がされてきた。ただし文化保障のみを推進していくと、分離を促進させ、真の社会統合には至らないのではないかという懸念は、学校の現場においても多く語られている。

次に、「日本語教育・学力保障」について見てみよう。外国人生徒が日本社会へ参入するためには、進学やキャリア形成などのトラックをつくることが必要となってくる。現在に至るまで、日本国籍を持たず、日本の義務教育の対象とされない外国人の子どもたちは、教育を受ける主体として位置づけられない。一九九〇年以降、外国人児童生徒が激増していく中で「日本語指導が必要な児童生徒」が認識された。文科省は「日本語で日常会話が十分できないだけでなく、日常会話ができても学年相当の学習言語が不足し、学習活動への参加に支障が生じているもの」と定義し、以降今日に至るまでその調査を継続している。二〇二三年度、日本語指導が必要な外国人児童生徒は、公立学校に在籍する外国人総児童生徒数の四四・六％にあたる六万人近くいることがわかり、外国人児童生徒の就学や進学が大きな課題としてとりあげられるようになった。

日本語習得をはじめ進学・キャリア形成のための学力の獲得は必須であるが、高校における外国人生徒への手厚い支援策は一部地域にとどまる。結果として外国人生徒の高等教育への進学率は低く、職業選択も限られている。日本語教育・学力保障とそれにつながる進路保障は文化保障に比べれば前向きに進展し始めているが、「日本社会に有用な外国人材の育成」という考えのもとに展開されていることは見過ごせないだろう。

ここまでみてきた「文化保障」と「日本語教育・学力保障」という二つの視点に加えて、真の社会統合が達成されるためには、当事者である外国人の「参加」という側面へも目を向ける必要がある。そもそも日本国籍を持たない外国人は政治参加ができず、外国人生徒の教育環境も日本社会側が設定しているのが現状である。当事者である外国人生徒の「参加」がどの程度可能であるのか。この点についても検討を加えたい。

(1)文化保障──在日朝鮮人教育をめぐる歴史的経緯

日本の敗戦は二四〇万人の在日朝鮮人にとって「解放」を意味した。各地で朝鮮語を学ぶ寺子屋式の国語講習会がはじまり、一九四七年には朝鮮人学校が本格的に発足し、児童生徒数は約六万二〇〇〇人、教師数は約一万五〇〇〇人という発展をみせた(小沢 一九七三)。朝鮮人学校は、戦後の朝鮮半島の不安定化と朝鮮戦争の勃発によりGHQの治安管理対象となり、一九四八年文部省通達で、「朝鮮人の子弟であっても、学齢に該当する者は、日本人同様、市町村立又は私立の小学校又は中学校に就学させなければならない」と、多くの朝鮮学校が閉鎖された。これに反対した朝鮮人を中心として数万人規模の「阪神教育闘争」が起こり、非常事態宣言が発せられた。

一九五二年にサンフランシスコ講和条約が発行すると「日本国籍を離脱するもの」とされた在日朝鮮人に対し、文部省は、翌、五三年「朝鮮人子女の就学について」において、外国人を学齢簿に記載する必要はないし、義務履行の督促の問題も生じないとした。二〇一九年に不就学調査がされ二〇二〇年七月に方針が策定されるに至るまで、自治体には外国人児童生徒の就学に責任はなく、学齢簿に代替するものを備える必要もなかったのである。

一九六五年の日韓条約成立後、文部省は各都道府県の教育委員会に、学校に入学を希望する者を認めるとともに、教育課程に関しては「日本人子弟と同等に取り扱うものとし、教育課程の編成、実施について特別の取り扱いをすべきではないこと」とする通達を出した。倉石(二〇二二)は、「希望」すれば「認める」という恩寵的な包摂の根幹には、日本人に対して保障された権利主体という考えがぬけおちており、カリキュラム項での「同等の扱い」は、結果的に在日朝鮮人を「いないも同然(透明人間)として扱う」ことを含意していると指摘する。

日本の公教育から排除された朝鮮学校のその後についても確認しておこう。朝鮮学校は、六〇年代後半から七〇年代にかけては、革新勢力の増加を背景に各自治体で朝鮮人立の学校法人が法人認可され、各種学校として指定された。しかし、八〇年代から九〇年代にかけての共和国による拉致報道や核疑惑報道は、在日朝鮮人や朝鮮学校への蔑視と結び付けられ、二〇〇六年にはミサイル発射による日本政府の報復処置(万景峰号入港禁止)が採られ、二〇一〇年の高等学校等就学支援金の支給に関する法律で、朝鮮学校だけが無償化の対象から除外された。東京、大阪、愛知、広島、福岡で裁判が起こされたが、すべて原告の朝鮮学校側が敗訴となっている。また、二〇一九年の幼児教育・保育の無償化制度でも各種学校の認可を得た外国人学校保育・幼稚園が対象から除外されている(5)。

以上みてきたように、戦後の教育政策においては、在日朝鮮人児童生徒を「公教育に囲い込む」同化という包摂をする一方で、朝鮮学校が日本の学校と同等に扱われないように一貫して排除の対象としてきた。その結果として同化へ追いやる「同化/排除」の「踏み絵」のシステムが構築された(韓 二〇一五)。学校の設置認可の厳格化、他の学校種との差別的な処遇、大学入学資格の限定、経済的支援政策からの排除、高校生対象の行事や大会参加の規制など、排除の項目は多岐にわたる。

一方そうした中で、七〇年代から在日朝鮮人を対象に大阪をはじめとする近畿圏を中心に一部の公教育において、教師たちによる民族教育が取り組まれはじめた。学校内に民族学級を設置し、課外に朝鮮語や民族文化の学習をし、通名ではなく「本名を呼び名のる」ことや、保護者会や地域との連携などの幅広い取り組みが実践された。これは、現場レベルにおける文化保障の制度化・実践化で、教育の公正を担保しようとするものであった。現場で生まれた在日外国人教育は、当事者である外国人の文化的・教育的権利にもとづき、ニーズをすくいあげようとするもので、教育運動として全国的広がりをみせる兆候があったが、九〇年代以降激増したニューカマー外国人の教育課題との接合は、図られることはなかったとされる(清水 二〇二一)。

(2)日本語教育・学力保障――適格者主義をめぐるせめぎあい

一九九〇年の改定入管法以降、多くのニューカマー外国人が公立学校で学ぶようになったが、焦点化されたのが日本の「学校文化」のあり方であった。学校現場での「一斉共同主義(恒吉 一九九六)」「奪文化化教育(太田 二〇〇〇)」「特別扱いしない教育(志水・清水 二〇〇一)」といった指摘は、公立学校に埋め込まれた不平等や排除を問い直すものであった。特に課題とされたのが、高校進学率の低さと日本語力の向上である。日本での教育歴が短い外国人生徒にとって、高校入試の壁は高く、進学率の低迷につながった。入試を突破すると「適格者」であると捉えられ、進学後の支援はほとんどないため、外国人生徒の中途退学率は高い水準のものとならざるをえなかった。

文科省は、二〇二一年三月の中教審答申ならびに九月の検討会議の提言を受けて、日本語指導を必要とする生徒に対して高等学校段階において「特別の教育課程」を編成し、日本語の個別指導とその単位認定を可能とする省令・告知等の改正を行った。二〇二三年にはその運用が開始され、現在高校では二一単位を超えない範囲で日本語を教科として履修することができるようになっている(6)。

外国人生徒の高校教育における進学率の低さや日本語教育の不在に対しては、特別な入試制度や日本語教育の組織化によって取り組みが試行されてきたが、問題は残されている。たとえば、外国人生徒向けの特別入試の多くは低ランクの高校に設定されている(広崎 二〇〇七、二二九頁)。あるいは、「入口」だけが整備され、入学後は日本人と同様に扱われることもある(榎井 二〇二一)。高校に入学できたとしても、その後の「出口」には課題が残されている。高校卒業後の進路選択は「個人の選択」である。しかし、進路を選択する際に、「進学しない」ことと「進学できない」ことは意味が違う。

日本学術会議(二〇二〇)によれば、二〇一七年度の日本人生徒の進学率は八〇・六%である(大学・短大:五七・九%、専門学校:二二・七%)が、日本語教育が必要な高校生の進学率(見込み)は二〇一六年度で四割程度(専門学校進学を含め)にとどまる。二〇一〇年の国勢調査のデータを用いた分析では、一〇年前と比べ、ニューカマーの大学進学の状況は改善されつつあるが、日本人との差が縮んでおらず、進学先も低位校に偏重している(樋口・稲葉 二〇一八)。

学費が高く奨学金も乏しい日本では、日本人であっても経済的に余裕がなければ大学進学は難しい。在留資格により奨学金が受給できず、アルバイトの掛け持ちで学費を賄う苦労もある(山本 二〇一七)。外国人の高等教育段階への接続は、移民の地位達成経路においても重要とされている(永吉 二〇二一)。

ただし、このような進路保障を実現しようとする教育は、外国人生徒を「日本人並み」の存在にすることに注力される。外国人生徒が高校へと進学し、相応の日本語能力をつけ、大学進学することは外国人生徒のライフチャンスを拡大させる一方、その文化保障は背景化し、現在も母語は、通訳や翻訳に象徴される日本語の補助的位置づけにとどまることが多い。

(3)参加——当事者を主体として捉える

これまでみてきた「文化保障」と「日本語教育・学力保障」という二つの視点は公的教育の側からみた外国人の排除と包摂を検討したものであり、フレイザーによる正義論の骨格である承認と再配分に当てはめて考えることができる（Frazer and Honneth 2003＝2012）。つまり、前者はマイノリティの文化を尊重し多様な文化的背景を有する子どもたちの自己肯定感を高めるものであり、後者は不公正を是正するための文化資本の再配分としての日本語教育・学力保障と捉えることができる。そこで、外国人当事者側を主体と捉える「参加」についても検討していくこととする。

外国人の当事者性についてはシティズンシップによって規定される。外国人政策には、「デニズン（永住市民）」か「国民化（帰化）」という方向性がある（Hammer 1990＝1999、柏崎 二〇一九）が、日本社会は歴史的経緯から「国民化」一辺倒で行われてきた（金 一九九〇）。出入国管理制度の専門家は、諸外国と比べ日本の「帰化制度」は充実しており、「社会包摂」のひとつの形と位置づけられるという（浅川 二〇一九）が、逆に、日本国籍を持たない外国人の諸権利は、出入国管理および難民認定制度の範囲内に限定される。つまり、外国人は在留資格という制度を超えて権利の主体とはなれない。たとえば稲葉（二〇二三）が指摘するように、日本において在留資格のない子どもは、存在しないものと判断され、どれだけ声をあげても聞いてもらえないような状況に置かれている。

外国人の処遇を政治的裁量で枠づけることは、国際人権法上の観点やローカルなシティズンシップの要求といった社会運動からも批判されてきた（Tsuda 2006）。キムリッカ（Kymlica 2007＝2018）は、多文化主義国家におけるマイノリティの権利を、文化的なものだけでなく経済的・政治的な分配を要求し、制度改革により、集団間の格差を是正し、公正な資源配分を求めるものとする。しかしそれは、国民形成政策との間で葛藤を引き起こす。なかでも教育は国民形成や文化的教育を念頭に実施されるため、マイノリティの文化要求によって否定されない。外国人も教育によって、当該国における卓越性を獲得し、包摂される必要性があるからだ。そのため、外国人を包摂する政策には、「個人の自由・権利」「集団間の平等」「社会参加」のバランスを探ることが重要だという。

特に教育の問題を扱う際には、主体としては十分確立されていない発達段階にある子どもという点にも留意しなくてはならない。児島は、日本の移民第二世代の学校経験を分析するなかで、学校が排除の機能を有するとともに資源形成を得る場であることを見出し、承認と再分配を統合して捉え、参加という考えを示している（児島 二〇二一）。

フレイザーは、承認と再配分を、相互に還元不可な異なるパースペクティブ論と捉えているが、第2章でも述べられているように、貧困の問題が資源の再配分の問題だけでないことと同様、外国人の問題も文化やアイデンティティの承認の問題だけにとどまらない。そこでこの章においても、再配分の問題を承認の次元に含め一元的に捉えるホネットの議論をとりあげたい。山田はホネットの議論を日本の学校教育に援用し、承認を毀損された人々が抱く言語化が難しい経験にも「承認をめぐる闘争」につながる潜勢力を見出す点に特徴があるとする（山田 二〇一六、一九七頁）。「承認のための闘争」が分配構造の是正を含んだより広い概念であるという立場にたち（Frazer and Honneth 2003＝2012: 195）、承認を毀損されたことに抗することを山田に倣い「参加」と位置づけることとする。

ここでいう「参加」については、外国人生徒の固有のニーズを踏まえ実感をともなって教育活動に参与できていないことへの抵抗というミクロのものにとどめないこととする。外国人に対して制度的排除傾向の強い日本社会においては、承認の毀損が、社会的・政治的な生を奪われることにつながっていることも少なくないからである。

（4）分析の手順

以上を踏まえ、外国人が真に社会統合されるための道筋を、学校教育における「文化保障」と「日本語教育・学力保障」、ならびに「参加」という三つの視点からみていきたい。

一つ目は、外国人には、固有のエスニックな権利がある。これを「文化保障」の視点から検討する。ただし、文化的な権利を保障することは、現在の公教育政策においては、背景的・限定的に行われているに過ぎない。依然として、大きな法律上・制度上の排除が残存し続けている。そうしたなかで、学校現場や教師が外国人生徒の文化保障をどのように実践しているのか、あるいはしていないのかを検討する。二つ目は「日本語教育・学力保障」の視点である。

ここで目指されるのは、外国人児童生徒が日本社会で生きていくための知識や能力を高めるために、外国人生徒の背景を考慮した特別な措置を講じるということである。その実態に迫っていきたい。その上で、三つ目に当事者の「参加」という視点から検討を行う。学校教育における「文化保障」や「日本語教育・学力保障」が社会統合を目指すのであれば、外国人生徒のニーズを汲み取り学校や教育環境の中身自体に変化を導くことや、生徒たちの承認の毀損に抗する言動は、最終的には受け入れ側（学校組織や社会そのもの）を変えていくことにつながることが目指されるだろう。

表1　調査対象校

学校名	A校	B校	C校
学校システム	普通科	エンパワメントスクール	総合学科枠校
学校の入りやすさ（偏差値）	50	40	44
全校生徒数（在籍者数／外国ルーツ生徒数）	230人／把握されていない	約500人程度／約40人程度	約400人／約80人
外国ルーツ生徒のエスニシティ	スリランカ，フィリピン，韓国朝鮮，インド，中国，ベトナム，ジャマイカ，ペルー，スペイン	フィリピン，中国，韓国朝鮮，ブラジル	中国，フィリピン，ペルー，パキスタン，エジプト，ロシア，インドネシア，ネパール

3　調査方法

以上の課題を明らかにするために、大阪を中心とした外国人生徒を受け入れている高校を調査対象とした。大阪は外国人教育が全国的にみても先進的に実施されており[7]、特殊であるともいえる。本調査では、積極的に外国人を受け入れるいくつかの形態の学校をとりあげて、教育現場における包摂の内実を明らかにすることに主眼を置いた。個別の学校の対応には当然限界があり、そこに日本社会における外国人生徒受け入れの課題も見出せるのではないかと思われたからである。

その高校とは、全日制高校で進学校であるA校、全日制高校で進路多様校であるB校、外国人特別入試枠をもつC校の三校である。A校は、二〇一九年に新たな公設民営という制度で始められた国際バカロレアコースを持つ比較的偏差値の高い進学校である。B校は、学び直しや、複合的に「しんどい」生徒の底上げ・生活支援を行っている進路多様校である。そしてC校は外国人生徒を対象とした「日本語指導が必要な帰国生徒・外国人生徒選抜」を行い、一定数の外国人を受け入れる「枠校」である。大阪府立高校の「枠校」は原則として日本の小学校四年生以上に編入した生徒が、数学、英語、作文(母語の使用が認められる)で各学校の募集定員の約五%程度が受け入れられる。外国人に対する日本語や母語のカリキュラムを持ち、担当教師(人権・日本語・ネイティブ)が配置され、外国人生徒に対する手厚い指導をする高校「枠校」が大阪府内には現在八校ある。そのうちの一校がC校である。

学校の概要は表1のとおりである。これらの学校において、二〇二一年九月から二〇二三年三月まで週一回〜月一

表2　インタビュー対象一覧

	学校名	仮名	性別	学年	ルーツ
生徒	A校	Perera	男	3	スリランカ・フィリピン
		キム(金)	女	1	韓国朝鮮
		デビ	男	2	インド
		オウ(王)	女	2	中国・日本
		チョウ(張)	男	2	中国(香港)・日本
		ホアン	女	2	ベトナム
		ガルシア	女	3	フィリピン
		クォン(権)	女	3	韓国・日本
		ブラウン	女	3	ジャマイカ・日本
		ロドリゲス	女	3	スペイン・ペルー・日本
	B校	デラクルーズ	男	3	フィリピン
		シュ(朱)	男	2	中国
		レイエス	男	2	フィリピン
		リュウ(劉)	女	2	中国
		チン(陳)	男	2	中国
		メンドーザ	女	2	フィリピン
		サントス	女	2	フィリピン
	C校	タパ	女	3	ネパール
		ドミンゴ	女	3	フィリピン
		ジョ(徐)	男	3	中国
		カーン	女	2	パキスタン
		ハッサン	女	3	エジプト
		Adhikari	女	3	ネパール
		Yadav	男	2	ネパール
		Rai	男	2	ネパール
		アリ	女	2	パキスタン
		バウティスタ	男	3	フィリピン
		Caudhari	女	3	ネパール
		ソン(孫)	女	3	中国
		クルーズ	女	3	フィリピン
		バ(馬)	女	2	中国
		ロペス	男	2	フィリピン

	学校名	仮名	性別	役職
教師	A校	山田	男	教頭
		佐々木	男	進路担当
		ヤング	女	英語科担当・英語ネイティブ
		ミード	女	Well-being 担当・英語ネイティブ
	B校	森本	男	校長
		太田	女	生徒支援室担当
		山口	男	元人権教育担当
		松本	男	元人権教育担当
	C校	高橋	男	校長
		加藤	男	情報担当
		田中	男	地域交流担当
		渡辺	女	多文化支援
		伊藤	女	多文化支援・国語
		中村	女	多文化支援・中国語
		小林	男	2年学年主任
		吉田	女	キャリア担当

回の定期的なフィールドワークを実施した。授業場面での参与観察、各種学校行事、授業外活動などに参加することでフィールドデータを収集した。またその中で、四八人の教師と生徒のインタビューを行った（表2）。インタビューは半構造化インタビューであり、用意した質問項目を使用しているが、学校ごとの特色やフィールドデータから導かれた質問項目も行っている。主な質問項目は、基本情報（渡日時期・在留資格・居住地など）、家族、アイデンティティ・学校経験（小中高）・将来展望である。

4　三校の特色の中に現れる外国人生徒の姿

(1)「グローバル」な括りの中で、外国人生徒が標準化されるA校

A校は、国際バカロレアコースを持つ比較的新しく設立された高校で、全校生徒の海外・国内大学への進学を目標として、英語力の向上と国際理解の習得、社会の課題を発見し解決できる人材を育て、先進的な教育プログラムを提供することをめざしている。(8) 全校二三〇人のなか各学年五、六人の外国人生徒が家庭からの面談の申し入れや奨学金の相談を受ける際に確認されているが、国籍やルーツといったセンシティブなことを配慮するために、学校として人数を把握しないという立場をとる。

調査ではスリランカ、インド、フィリピン、ベトナム、ペルー、ジャマイカ、スペイン、中国、韓国にルーツを持つ生徒が見受けられた。全校で英語運用能力（英検準一級）を身につけるため、英語ネイティブ教師が多く雇用されている。(9) また、海外から帰国した生徒の入学枠（帰国生枠）を設けており、海外において二年以上在留し、帰国後二年以内のものは選抜を受けることができる、いわゆる海外帰国生徒が一定在籍している。

外国人生徒の数名程度、日本語指導が必要とされる生徒が在籍している。A校では、制度として日本語指導、文化

保障、外国人生徒が集まれる場所の保障などはなく、日本語指導の資格を持つ教師が、学校の個人研究費を使って日本語指導を個人的に行っている。

日本語と英語のバイリンガル授業

英語ネイティブ教師のヤング先生は、通常英語で物理の授業を行っている。授業資料をスクリーンに映し講義をするが、段落ごとに日本語訳も書かれている。

――生徒たちはもう先生が話している英語全部理解できているんですね。すごいと思って。

ヤング　そうですね。授業でなるべく簡単な英語でしゃべっていて、専門用語は前もって説明したので、理解はできているんじゃないかなと思うよね。物理の授業なんで、みんなに授業の内容をより理解してもらうために、クラスのホームルームを担当させてもらえないかとお願いした。そうすると、生徒もある程度私のことを知っているし、私のしゃべり方にも慣れるし、言っているジョークもわかってくれるし。

――日本語訳もついていますが、それは先生が訳したものですか?

ヤング　いや、それは別の先生に訳してもらった。

A校では数学や理科の授業は英語ネイティブ教師が担当して、基本的に英語で講義がされている。この物理の授業もそうであり、授業の資料には教師の英語を理解してもらうための配慮として日本語訳がつけられている。そのほかにも、自分の英語のしゃべり方や内容をより理解できるように、英語ネイティブ教師がホームルームも担当するなどの工夫もされている。数学の授業では、ミード先生も同じ方式で、資料を前のスクリーンに映しながら説明をしていたが、重要なワードを英語で言った後に日本語でもう一回言う形式をとっており、これも授業の理解度を上げるために教師たちがする工夫である。ただし、英語と日本語以外の配慮はされていない。

自由でオープンな雰囲気／排除の経験談

学校には頭髪やアクセサリーを禁止する校則がないため、ピンク色、金色、緑色の髪やピアスをしている生徒や教師もいる。管理職の山田先生は**「自分の国の文化かもしれないので、そういうのを特に禁止しない」**という。A校には肌の色や見た目や名前で他の人から外国人と判断される生徒が複数人在籍しているが、中学時代まで、そのことで居心地の悪い、学校の中での排除の経験をしてきた生徒たちは少なくない。かれらはA校に入ってから、変な目で見られなくなったと感じている。授業のみならず、日常的に英語を多く使用するバイリンガル方式を用いるため、日本語一辺倒でない雰囲気が果たす役割も大きいだろう。

フィリピンに生まれ六歳で日本に来たガルシアさんは、A校に来て自分だけ珍しいとは思わなくなったという。

ガルシア　最初は自分の色は普通やなって思ったけど、フィリピン、六歳までおったから、まわりの子、フィリピンの子とかも友だちおって、別に自分は普通かなって思ったけど、日本に来て、あ、自分は肌、黒いほうやねんなみたいなことに気づいて、どんどんそれがコンプレックスになったりとか、なんで日本におるんやろうなとか思ったりするようになりました。（中略）中学は結構感じたんです、自分が珍しいって。なぜかというとフィリピン人だからっていう感じだったんです。A高校やったらあまり感じないんです。いろんなルーツを持っている人が一個の学校におるから、自分だけ珍しいっていう感じはしなくて。

ジャマイカと日本のダブルのブラウンさんも、肌の色や髪質の違いに対してのまわりからの視線にさらされ続けてきた。

ブラウン　学校だけじゃなくて、見た目を気にするのは小さい頃から今でもほぼ毎日感じているのが、電車の中で毎日人からじろじろ見られるんです。肌の色とか、髪型かもしれないんですけど、毎日人が見てくるので。

――何で見てるのってなりますよね。

ブラウン　確かに偏見とは一〇〇％悪い意味じゃないし、人はそれぞれ違うので、「あの人、誰やろ?」と思うのは全然自然なことでいいと思うんですけど、毎日なのでだんだん「ああ」って。

日本生まれ育ちで、スリランカとフィリピンにルーツを持つPereraさんは、小学一年生の入学式で自己紹介した後に、名前をからかわれるようになった。

Perera　それこそ小学校一年生のときなんですけど、入学式で自己紹介した後、友だちと帰っていたんですよ、その子と。名前何て言うのって聞かれたときに、僕は自分の名前言うわけじゃないですか。Pereraって言うんだよ。その子は○○ね(漫画のキャラクターの名前)みたいな。そこから始まっていったんです。気づけば、いろんなアイドルの名前にかわっていったりとか、結構つらかったし。

Pereraさんは、それが暴力的なことではなく心理的なところから来ていると感じ、自分の名前をなんで認めてくれないの、と疑問を抱いて「おかしい」ということを父親や母親に相談した。すると、先生にも言ってきなさいといわれ、担任の先生がホームルームでとりあげ、こういう名前を呼んでいたのは誰かを問うたことで、解決したと振り返った。「学校生活にあんまり支障はないんですよ」と言いながらも、たまに同級生がからかいで名前を替え歌にしたことを「どうでもいいんですけれど、結構悩みました。自分は外国籍だからこうとか」と回想した。

インドで生まれ、一歳で日本に来たデビさんは、小学校の頃からいじめを経験し、中学の時にスクールカースト（クラス内の序列）の底辺に置かれていたことを振り返っている。

デビ　スクールカースト。トップとか、ほんまによくわからなくて。なんなん日本ってなって。

――だからその中学に、たとえばスクールカーストとかがある？　小学校もグループがあったりとかする？

デビ　一応ありました。

――そういう時、どこにいるの？　全然関係ないところ、それともあんまり？

デビ　一応入ってるっちゃ入っているんですけど、たぶん下らへんかなと思う。

――下らへん。でもよくわからないわけですよね。そのカーストも。

デビ　よくわからないです。どういうシステムになっているのか。高校に来たら、平和やなって思っちゃう。

デビさんは、A高校で外国人であることが一定相対化されたことで、こうした語りができるようになったともいえる。しかし、スクールカーストから解放されたデビさんだが、自分が外国人であることは「一応日本の学校やから、一応公立やし、あんまり外国人がめっちゃ多いというわけでもない」ので「思うっちゃ思う」という。たとえば、授業の中で日本のチェーン店、日本のレストランの名前を言えないときに「ああ、インド人やな」と思うという。また、高校二年から理系を選択し、中学生の頃から得意でなかった数学が、好きではあるけどできないことについて「インド人は数学ができると言っているけど」とマイクロアグレッションの体験を振り返り苦笑する。

A校で取り組まれているグローバルイシューズの授業の風景からも日本の文脈に沿ったカリキュラムがうかがえる。

佐々木　知識に関する問い、私たちはどのようにしてそれを知るのかについて考える授業です。一般例でやってみましょう(大阪城の写真が写っている)。ここ大阪ですが、大阪城というものがありますね。建て直しがありましたけど、そもそも建てた人は誰ですか?

生徒　沈黙

佐々木　豊臣秀吉ですね。この人会ったことないですね。会ったことないのに、なんで知っているんですか？　という問いを立てるんです。

なぜ豊臣秀吉に会ったことがないのに、大阪城を建てたという知識を持っているのかという問いは、日本の歴史が前提となっている。学校では日本の文化や歴史という文脈に沿ってグローバル教育を遂行していることがうかがえる。それは、時に、個々のエスニシティへの配慮や尊重といった取り組みがないことへの不満としても語られた。

エスニシティが配慮されないこと

韓国朝鮮にルーツを持ち、朝鮮初級学校・中級学校を経てA校に入学したキムさんは、A校に入学して、最初の自己紹介で自分が朝鮮人であること、ルーツを持っていることが話せなかった。

キム　まず、友だちが在日朝鮮人のことについて知らない。学校で学んでないんで、何も知らなかったり。最初、自己紹介とかするじゃないですか、四月に。そのときに、変な考えを持ってほしくなかったので、韓国人ですと言ったり。堂々と朝鮮半島にルーツを持っているという……、今の私の同級生たちは、分断されている朝鮮半島しか知らないので、そこを話すのが難しかったですね。あとは、こんなグローバルな感じの学校なんですけど、教育の方針とかは日本で決められたものだし、国際的といっても基本英語しかしゃべらないんで、個人のルーツを尊重した何かがあるわけではないと思っています。

A校に入学して、最初の自己紹介で自分が朝鮮人であること、ルーツを持っていることが話せなかったことをキムさんは残念に思うと同時に、グローバルを全面に押し出しているA校も、教育方針は日本で決められ、国際的といっても英語であり、個人のルーツを尊重した取り組みがないと感じている。さらに、いじめはない、としながらも「友だちが、悪気は全然ないと思うんですけど、ふざけて北朝鮮の金正恩がなんとかみたいに言っているのを聞いて、「あらら」って思ったり」と、校内でデビさんと同様にマイクロアグレッションにさらされた経験を語っている。

キムさんは、朝鮮学校では、朝鮮半島の情勢や知識を獲得し、自分が朝鮮人であることに誇りをもつように教育を受けていたが、A校では、毎日自分の国の言葉を話したり、自分の民族のことには触れられないと感じている。

キム　朝鮮学校に通っていたら、毎日朝鮮語を話すし、チマチョゴリも着るし、先生もみんな在日朝鮮人やし。日本の、朝鮮半島の情勢とかに対するニュースとかとは、また違う視点からの話も聞けるしみたいな。今、日本からしたら、日本がめっちゃ素晴らしくて、朝鮮半島の国は敵みたいな、そんな意識がすごいあると思うんですけど。ニュースでも偏った情報しか出してくれないし。でも、朝鮮学校に通って学んでいくうちに、在日朝鮮人として堂々と生きていいんやというのをすごく感じました。A校に来たからもっと思うんですけど、毎日自分の国の言葉を話したり、自分の民族のことを触れたりするのは、ほんまに大事なんやなと思います。

「グローバル」という括りによる包摂と標準化

A校では、外国人生徒も日本人生徒と同じく国際的かつ多様な才能を持つ一人として認められ、外国にルーツを持つことは否定されない。しかし、外国人生徒に特化したカリキュラムや制度はない。新設校として学力向上を含めた諸課題が存在し、外国人生徒の存在は意識されづらい。入学試験に合格した生徒は日本語の支援を必要としないという適格者主義のもとで取り組みがなされているため、日本語指導といったものが制度として存在していない。外国人であることが「グローバル」という括りで包摂されており、髪の毛を染めることやピアスをすることは否定されず、授業では英語と日本語に関する一定の配慮が行われる。

学校内の教育実践に目を向けると、外国人生徒への支援が全くないともいえない。たとえば、期末評価をつける際に日本語指導が必要とされる生徒の成績に配慮したり、英語・日本語のバイリンガルの資料を配ったりしているが、あくまでも教師による個別の対応にとどまっている。母語や母文化教育は実践されていないが、生徒が主体的に文化紹介などの企画をすれば、学校はフォローする。が、こうした実践は限られた生徒にしかできない。

生徒の学校経験に着目すると、文化的に多様な背景を持つ教師や外国人生徒の存在自体が、外国人生徒に一定の安心感を与え、異文化を認めあう土台ができているため、自分だけが珍しいという疎外感は感じなくなる。生徒の主体性を生かす課外活動や自由度の高い雰囲気の中「自由」や「解放感」を感じている生徒が多くいる一方、英語のみが標準化され、そこですべてが測られていく傾向があるために、エスニック・アイデンティティを大切に考える生徒がマイクロアグレッションにさらされることも起きている。

(2)当事者の声が受け止められるB校

一九七〇年に全日普通制として開校され、人権教育に取り組んできたB校は、二〇一五年度から義務教育段階からの学び直しを大切にし、生徒の持っている力を最大限に引き出し、社会で活躍できる力を育むための「エンパワメントスクール」に改編された。障害のある生徒をはじめ、さまざまな立場にある生徒たちが互いに尊重しあうことを大切にしながら、①生活的自立、②社会的自立、③職業的自立の三つの自立をめざし、地域社会で活躍する社会人を育てることを目標としている。[10] 生徒の三人に一人がアルバイトをして家計を支えており、ヤングケアラーの生徒も全国平均の四倍以上在籍している。約七〇%の生徒は高校卒業後就職し、学校斡旋を通じて就職した卒業生は就職者の九四%を占めている。隣接する地域に被差別部落や在日朝鮮人の集住地区があり、在日コリアンの生徒も多数在籍していた歴史を持ち、生徒たちの活動する朝鮮文化研究会もあった。在日コリアンの生徒数が減る一方で、エンパワメントスクールが始まった頃から、フィリピンルーツの生徒が入学するようになった。その後、外国人生徒は増え、合わせて四〇人程度在籍し、フィリピンや中国にルーツを持つ生徒が五〇%以上を占める。そのほか、韓国朝鮮、ブラジル、ペルーにルーツを持つ生徒がいる。小学校から来日した生徒や、日本生まれの生徒、日本とダブルの生徒が多く、日本語の指導が必要とされる生徒は四、五人程度である。

「配慮生」の応用と「ことばと文化」

B校は、障害がある生徒や、授業でのサポートや成績配慮の必要のある生徒を「配慮生」として認定して支援を行ってきた。「配慮生」には個別の指導計画のもとに目標が設定されて、必要な支援を受けながら学習することができ、判断基準も別で、評価も別軸でされる。この考え方をニューカマー生徒にスライドさせて、語学や日本語に苦労する生徒も「語学配慮生」として扱うようになった。具体的には、入試の際に辞書持ち込みやルビ打ちなどの配慮事項があった生徒に対し、本人の希望を聞いた上で、日本語指導を希望する生徒や、先生が家庭訪問などをしてルーツがわかった生徒なども含め、配慮が必要と認識された生徒を「語学配慮生」とし、学期に二回ひらかれる「配慮生」たちのサポート会議で生徒の状況が判断された上で、対応が講じられている。

生徒支援担当の太田先生は、エンパワメントスクール後に増えた外国人生徒が**「国籍は日本で、障害があるようだけれど、手帳ももっていなかったり」「無国籍で、常に外国人支援のNPO団体の○○さんにずーっと面倒をみてもらっていたり」「在留資格がなくてバレて、強制送還されそうになったけれども弁護士と相談して学習権があるからって日本に残した」**など、複雑な背景を抱えている印象を強く持っている。また次に述べる「ことばと文化」についても、当初は**「入学してきた外国人生徒が、語学に問題があるのか、知的に問題があるのかわからない中、手探りでつくった」**という。

二〇一五年度より、語学配慮生には、週二時間程度の「ことばと文化」という授業が設定され、二単位を選択できるようになった。授業では日本語と母語を明確に分けず、柔軟に日本語や母語や文化を学び、自分自身を知り表現できるリテラシーの獲得が目指されている。日本語指導が必要でなくても、漢字が苦手だったり学習言語が習得されていない生徒にも「ことばと文化」で基礎日本語を教えたり、特別非常勤講師が国語古典の授業に入り込んで外国人生徒だけに日本語指導を行う場合もある。また放課後も、日本語指導が必要な児童生徒向けの日本語教室が週二回程度で開催されたが、生徒たちに負担が大きく週一回に減ったりした。一方、一般教科の授業においては、外国人生徒に特化したカリキュラムはない。外国人生徒の背景をどう扱っていくかについて教師たちは模索している。

「Cool Japan」への抵抗

一般教科の授業では、カリキュラムのデザインや、授業内容に対して、外国にルーツを持つ生徒が不満を抱いたり、反抗する様子が見られた。英語の授業で起きたCool Japanをめぐるトラブルはその一例である。英語の授業で、教員が「Cool Japan」についての宿題を出した。外国人に英語で日本の良さを紹介するための練習という設定であった。

中国ルーツのシュさんは、静かに授業を聞いていたが、その宿題を聞いたとたん、不満そうな顔になった。朝から三時間以上黙っていた彼は、中国人サポーターと次のようなやりとりをした。

シュ　Cool Japan って、日本って何かいいものがあるの？　中国の方がもっと良いと思う。もういい。宿題を出す日どうせ休むから。

——Cool 大阪なら書けそう？　頑張って英語で書いてみよう。

（シュさんはしばらく沈黙）

シュ　まあ、大阪は……最初から、来日したくなかった。日本が好きではないし。お母さんのせいだよ。無理矢理に連れられて。意味わからない……

シュさんは親の都合で来日、本人は納得していない。そのイライラや理不尽さが、「Cool Japan」をきっかけに、怒りに転じ、中国の良さに言及しながら「日本って何かいいものがあるの」や「宿題を出す日に休む」と抵抗する態度を示した。また、シュさんは日本や、Cool Japan に対しては批判的だが、Cool Osaka に対しては落ち着いている様子だった。その一週間後、中国人サポーターにこう語った。

シュ　sugar painting って知っている？　先週の宿題、sugar painting について出した。中国の「糖画」だよ。

——英語の先生と話し合ったの？

シュ　うん。先生に「中国のものでもいい？」と聞いたら、「いいよ」と言ってもらったので。

——よかったね。

シュ　うん。よかった。「糖画」についていろいろと調べた。「糖画」の英語が sugar painting って初めて知った。

シュさんは教師との交渉を通して、日本ではなく中国の良いところを紹介することになり、積極的に自国の伝統文化を調べ**「よかった」**と語った。教師は生徒の背景を察し柔軟に対応したのだが、それには生徒自らがニーズを主張することが必要であり、B校には、マイノリティ生徒が声をあげられる環境が構築されてきたからこそ可能であった。

母語教育と出身国での体験

「ルーツの国の言語の授業を受けたきっかけは何」という質問に対して、フィリピンにルーツを持つサントスさんは笑いながら**「人権担当の教師に勧誘された」**と答えた。サントスさんにとってタガログ語の授業は必修科目でもなく、受けたことがなかったため、新鮮だった。学校側の積極的な声がけがあったからこそ授業を受けたのだが、自分のルーツ国についてわかるのが楽しいと高く評価していることがわかった。

一方で、母語のやりがいを感じなかったり、母語習得の意義を見出せなかったりする生徒も少なくない。中国ルーツのチンさんとリュウさんに、中国人サポーターが中国語をやってみないかと声をかけてみたが、チンさんとリュウさんの反応は正反対だった。**「中途半端な中国語しかできないから、ぜひやってみたい」**とチンさんは前向きに考えているのに対して、来日したばかりで、日本語の習得に力を入れているリュウさんは**「ええっ⁉　中国語？　中国語よりまず日本語を学びたい」**と戸惑う様子をみせた。リュウさんは**「中国語が上手になってもあまり意味がない。中国語、日本語、そして英語まで上手にできる人は日本にもたくさん生活しているので、勝てない。日本語がある程度できて普通に生活していきたい」**といった。リュウさんは母語をやる気がないように見えたが、よく聞くと、中国の大都市出身で、小中学校から成績が優秀な同級生に囲まれており、いくら頑張っても優秀な人間になれないというあきらめを体験してきたことがわかった。

日本語教育と自己肯定感

古典の授業の際、この二人の中国ルーツの生徒に入り込みの形で日本語指導を行う際に見られた反応も異っていた。日本語を習得できる機会と素直に入り込み授業を受けるリュウさんとは対照的に、チンさんは日本語能力試験の学習を拒絶した。

チン　小学校から日本に来ているから、このぐらいの日本語がわかるから、勉強しなくてもいい。

――そうか、古典の授業の内容の方が難しいよね。

チン　いえ、難しくないよ。この間いい点とれたよ。

――そう？　難しくなかった？

チン　めちゃ復習してたよ。頑張っていたよ。どうして信じてくれないの？　どうせ僕はできないと思っているだろう？　うちのお母さんと全く一緒だ。

チンさんは、小学校三年生で来日している。この四カ月後「実は（古典の授業の内容）全くわからない」といったので、一緒に日本語能力試験を勉強しないかと再度誘うと、沈黙した後「小学校から日本に来ているのに、いまだに日本語ができないなんて。（同級生の）友だちに見られたら笑われる」と強く拒否した。家族からもあまり期待されていないこと、日本人の同級生からも理解されないことを敏感に捉え、日本語の入り込み授業を受けることは日本語ができないことを同級生の前でさらされると考えているようだった。その後もサポーターが日本語能力試験の勉強を誘い続けた時のやりとりである。

チン　やっぱいいわ。古典の授業のままだったら、寝られるし。

——寝るかい？　笑。

チン　（小声で）そっちの方（日本語能力試験の勉強）もできる自信ないし、リュウさんの邪魔になるし。

その後、チンさんはリュウさんと一緒に日本語の学習を始めたが、リュウさんはスラスラと回答できるのに対しチンさんは自信がなさそうで、回答するまでに時間がかかってしまう。リュウさんはため息をついたり、携帯電話を触ったり、チンさんの回答を待つのに耐えられない様子であった。チンさんはリュウさんの反応を見て一層小声になった。同じ中国にルーツを持つ生徒でも、個々の経験や背景によって、指導への受け止め方が異なり、お互いの環境を理解したり支え合うような関係が必ずしも構築されるわけではない。

人権教育と差別の自覚

B高校の特徴のひとつは人権教育へ力を入れていることである。一年生向けの「産業社会と人間」、二年生向けの「総合的な探求の時間」で、「部落差別」や「子どもの貧困」などに関係する人権教育を実施している。ルーツを問わず生徒たちは授業で社会的課題に触れ続けている。

——高校の授業とかで、そういったいろんな社会的課題とかいう、勉強することある？

サントス　家庭でしたっけ。家庭差別とか、結婚差別とかありました。あと肌の色ですか。私、黒いほうなんで、差別じゃないですけど、そういうの言われないかなってちょっと不安だったんですよ。でも、そういうのもなくて。

——今までなかったんやね。その肌の色のやつ扱ったときっていうのは、どういったテーマやったんやろう。覚えてるかな。日本にいるどういった人たちのやつやったんやろうなと思って。

サントス　ちゃうわ。肌の色は世界史で習ったんでした。

——でもやるのね。世界史でもやってんねんね、ちゃんと。そのときに自分のことと引きつけて考えたの？

サントス　そうです。ちょっとやっぱり考えちゃう。フィリピンの方って、やっぱ太陽がファッてなるじゃないですか。日射しが強くて。私は両親が肌黒かったので、肌黒いまま生まれてきたんですけど、肌黒いの好きじゃないって自分では思ってるんですよ。だから日焼けのせいにしてて。認めたくないってわけじゃないですけど。

——人に言われたことない？

サントス　あります。普通にあります。水泳部って勘違いされちゃって、それはちょっと嫌やなって思った。

——水泳部じゃないのにね。

フィリピンにルーツを持つサントスさんは、自分の肌の色に関して、「差別ではないが、言われないか不安だった」といい、水泳部だと勘違いされたら「ちょっと嫌やなって思った」と語っている。また自分の境遇や、世界史など他の授業で得られた知識を包括的に内省する様子が見られた。ただ、サントスさんは肌の色を現段階ではまだ完全に受け止めているとは言えず、「肌黒いまま生まれてきたんだけど(中略)日焼けのせいにしてて。認めたくないってわけじゃないですけど」と悩んでいる。サントスさんが悩み続けている原因は、高校から一歩離れると、不寛容な社会環境や同級生からの無意識のマイクロアグレッションに直面するところにあるようだった。

B校では前述したような人権学習や、マイノリティの生徒の声を重視する方針から、全校生の前で自分のことについて発表するエンパワーメント発表会を開催している。年度によって、話される内容は異なるが、先ほどのフィリピンにルーツを持つサントスさんは本名に関する悩みを堂々とみんなの前で披露したり、メンドーサさんは家族の概念を取り上げ、日本とフィリピンの違いを丁寧に説明したりしていた。また、ペルーや中国にルーツを持つ生徒は、母国の歴史や、自慢できる母国の料理などを紹介したりしていた。準備段階でイヤな顔をしていたシュさんも、修学旅行の話をして友だちが真面目に発表を聞いてくれて、笑ってくれたので、参加してよかったとのコメントがあった。

このように、外国人生徒の思いを正式な場で取り上げることは、外国人生徒の学校内でのかれらの参加を促していることにつながるだろう。発表会では、ほかの生徒たちが、貧困、被差別部落、シングルマザーといった話題を取り上げており、それをきっかけに、路上生活者へのステレオタイプを考え直したり、シングルマザーであるお母さんへの理解を深めるられる様子が見受けられた。

マイノリティが声をあげられること

B高校では、当初から、国籍や在留資格、経済状況や家族関係をはじめとする家庭環境や障害の有無など複雑な背景を持つ外国人生徒を多く受け入れてきたこともあり、一人ひとりの外国人生徒に向き合い、さまざまな側面から支援をしてきたという歴史がある。その反面、母語授業の設定などは難航している。森本校長は **「長年、在日韓国朝鮮人教育に携わってきたので、母語をはじめとする文化保障の重要さは認識している」** 一方で、**「学習が苦手な子や小中で学習が欠けていた子たち、軽度の障害がある子と不登校だった子たちはクラスの中であえて分ける必要がなく、外国人生徒もその中で混じり合ってお互いに教え合うことを大切にしている」** という。そうした中で、障害のある子どもへ授業サポートや成績配慮する「配慮生」という考え方を、語学や日本語がしんどい「語学配慮生」とも分けないで考えるという学校文化を持っているという。太田先生に言わせると、それは **「日本語わかってないみたいなん**

ですよ」というと、他の先生も「じゃあルビ打ったほうがいい」ということが自然に起こる文化」だという。

B高校の生徒たちは、学校で日々起きる身の回りの出来事によって、排除や包摂という抽象度の高い言葉にまとめきれない寂しさや楽しさを体験していることが見出された。特に、一般教科では、外国人生徒に特化したカリキュラムが完備されておらず、外国人生徒の背景をどう扱うかについて教師たちは模索している。ただ、日本人と想定していたカリキュラムのデザインや、授業の内容に対して、外国人生徒が不満を抱いたり、反抗する様子も観察され、教師側は、外国人生徒の提案に柔軟に対応し、外国人生徒を意識したカリキュラムに修正する実践も行われていた。

全校で取り組まれる人権教育は、授業にとどまらず、生徒同士の無意識的な差別発言を等閑視せず真剣に取り上げ指導する様子が何度も見られた。学校から一歩離れると不寛容な社会にさらされる現実がある中、日々の学校生活において、マイノリティの生徒へ配慮が行われ、誰でも声があげられる学校環境が構築されることが大切だと考えられる。

(3)外国人生徒を日常的に特別扱いするC校

C校は一九八〇年代中頃に設置された全日制普通科高校で、二〇一五年に普通科総合選択制へ改編し、同年に「日本語指導が必要な帰国生徒・外国人生徒入学者選抜」を実施し始め、外国人生徒を受け入れる特別枠を持つ「枠校」となった。全校生徒の約二割が外国人生徒である。外国人生徒は特別枠を通じて入学するだけでなく、定員割れや二次選抜を通じて入学するものもいて、その数は増加傾向にある。また近隣に同和地区があり同和教育を含んだ手厚い人権教育が行われている。枠校では、日本語を第二言語とする外国人生徒に対し、抽出して日本語指導や母語の授業が取り組まれている。タンポポ(仮称)と呼ばれるクラブにはすべての外国人生徒が所属することになっており、タンポポの教室という場所が確保され、そこで日本語や母語・母文化に関する教育、抽出授業が行われる他、クラブとしてスピーチコンテストや近隣の小中学校への出張授業や通訳ボランティアなどの活動も行っている。

体系的な組織編成と全教師の意識共有

C校には、各学年の教師、中国語担当、日本語担当、母語担当の教師、タンポポの地域貢献活動や外国人生徒たちの出身校と連携を深める担当教師による「多文化共生プロジェクトチーム」があり、外国人生徒支援の柱として「日本語指導、母語保障とアイデンティティの確立、日本にルーツを持つ生徒との共生」の三点が挙げられている。また、外国人生徒への配慮やサポートに関して教師間で共有するための会議や研修の場が持たれている。

小林先生は、七年間で外国人生徒の配慮や支援の大切さを徐々に学んでいったという印象を持っており、ターニングポイントは、外国人問題の専門家からの語りを聞いたことであった。

小林　在留資格でも一年、就労の一年とか三年とか一〇月に出るとか、それによってここのこういう就職はできる、大学はこれでいける。でも二〇歳過ぎたら自分でこうせなあかんっていうのを、とにかく高卒させてあげなやばいっていう、そういう一年の在留とかの子たちであれば、中学校、高校を日本で卒業しているっていうことがとっても評価につながって、自分の力で在留資格をとることが可能になってくるから、それができないと、もう二〇歳過ぎた時に行き場がなくなってしまうと。

特に、近年激増している「家族滞在」の外国人生徒には大きな在留資格の壁があり、高校時代に積極的にサポートしなければ、日本社会で生きていくことすら絶たれる可能性がある。小林先生は「**日本の子たちは通信でもいいけど、そうはいかない部分があるんやなっていうようなことを気づいたところはあったりして、そういう意味でのカルチャーショックはありましたね、全然重みが違うなっていう**」ことを理解し、配慮や支援の重要性に気づいたという。

また、自身も海外経験のある田中先生は、自分はたまたまそういうものを持っていたため全然しんどさを感じないけれども「**学校の先生ってここまでしないといけなかったんだって、つまづきとしんどさを抱えている教師がやっぱり中にいるのも実際**」であり、学校では「**毎年最初の申し合わせでわかりやすい日本語を使いましょうとか、ルビは必ず黒板書くときに打ちましょう、できるだけイラストとかがいいですよとか、多文化共生、国際社会で何が課題になっているのかを人権研修で必ずする**」ことで、教師全体での意識を共有しようとしているという。

母語・母文化保障と「国語」の評価

C校では外国人生徒に対して必ず母語教育が実践され、そのカリキュラムや学習する空間が確保されている。

——母語の授業とかは受けて新鮮味感じる?

タパ　めっちゃよかったのが、ずっと日本で生活していると、ネパール語しゃべろうと思っても、「日本やから日本語でしゃべってください」っていうような学校が多いので。だからずっと日本語でしゃべってて、三、四年間でネパール語忘れてきてたので。ちょうど高校入って基礎から教えてくれたので、最初は全員わからんくて、その基礎がわからんくて、それをもう一回勉強し直して。で、みんなあんまネパールのニュースとかテレビとか見ないので、だから先生が教えてくれたりするんで。

——それは助かったんや。そうか。

タパ　いざネパールに帰って、何もわからない状態だったら結構恥ずかしいんで(笑)。

ネパールルーツのタパさんは、これまで日本語を話すことを強いられてきたため忘れていた母語やそれに付随して視野になかった出身国の情報などを学び直すことができたから「**めっちゃいい**」という。将来はキャビン・アテンダントか投資家になりたいというタパさんは、ネパールに帰ったとしても日本語の教師ぐらいしかなれないのでネパールでの生活は考えておらず、海外で働くことも視野にいれている。

C校では母語授業が行われている一方で日本語教育についても体系的に制度化されている。抽出授業としての「国語」の中で期末テストに出す漢字の問題を、教師と外国人生徒と一緒に決めている次のような光景も見られる。

期末テストに向け、先生がテストの範囲やそれぞれの配点を説明していた。その中で漢字は二〇点配点される。期末テストに出る漢字は先生が指定するのではなく、生徒と一緒に決めていく様子である。伊藤先生があるページに羅列している漢字を指差し「この中やったらどれ知ってる?」と問いかけ、二人の外国人生徒は知っている漢字を指定していった。さらに先生は「じゃあこれでいい?」と指定した漢字が間違っていないかどうか、生徒たちにきちんと確認をとっていた。

日本の公教育では、一般的にテストの平均点を設定し、難しすぎても易しすぎてもいけないように教師の配慮がされる。テストが生徒たちについて相対的評価を下すひとつの基準になっているのに対し、C校の国語のテストは外国人生徒と教師がお互い確認しながら出題される漢字の問題を決めていく。生徒を絶対的評価ではかり、外国人生徒の学習成果を確認することができる基準として機能している。

日本での学習に対する抵抗

比較的最近来日してきた日本語教育を必要としている生徒にとって、このような絶対評価は大きな意味を持つ。出口戦略でとられるのは、言語の資格をとること(外国語や日本語の検定)や、さまざまなボランティア活動などを生かした大学進学である。しかし、日本生まれや、小中学校で編入してC校に進学した生徒には、こうした日本語の措置はされない。中には日本に来て成績が下がったり、勉強しなくなったことや、高校での学習に対して抵抗する発言も見られた。

エジプトルーツのハッサンさんは一二歳で来日して小学校に入学した。それまでは一〇〇点ばかりという成績だったが、日本に来て一気に勉強がわからなくなって、成績が下がり **「もういいわ」** となり、勉強しなくなったという。

――日本の学校、何が一番嫌だった？

ハッサン 「なんで全部日本語なの？」という感じ。**普通にエジプトとかやったら、英語もあるし、日本語もあるしみたいな。英語って、全部に共通の言語やん。なんで日本だけ日本語なの。しかも、日本語って別に日本でしか話されへんやん。英語とか、アラビア語とかやったら、いっぱい話せるし、英語もどこの国でも話せるし、って腹たってた。めっちゃ。なんで一つの国だけで同じように勉強しなあかんのかって思った。**

ハッサンさんは、今の高校でも同じように勉強することは **「役に立たんなと思っている」** という。さらに話せない英語の授業は **「意味がないなって」** 思っており、大学は英語で授業を受けることができるところに決めているという。こうした抵抗の根源には日本語しか話さない日本人というものがあった。教師に敬語をちゃんと使いなさいといわれ、敬語を間違えたらそれ違うやろみたいにキレられて **「じゃあお前はアラビア語、話せるのか？　ってなる」** と語った。先ほどのタパさんも来日する前の六年生までは学年一〇位以内で成績がいつも張り出されていた経験をもつ。

タパ **数学で普通に九〇点台以上やったのに、ここにきてがんって下がって。先生にそれ言ったら「でも、やり方は一緒や」って言われるけど、説明がわからんかったらやり方がわからないじゃないですか。だからそれ、なんか言われても「は？」ってな**

る感じですね。

――そのときはやっぱ、へこんだ？

タパ　そうです、めっちゃへこんだ。数学と理科めちゃくちゃ好きで理系派やったけど、ここきてそれが大っ嫌いになって。文系になりました。

――それはこの高校来てからでも一緒？

タパ　小中学でわけわからんくなってきたので、ここで追いつこうとするのできなくなって諦めました。

タパさんは、日本語指導を必要とする外国人生徒と同じようなテストに変えてほしいと何度も交渉したけれども、「日本語的にあなたたちはできるからダメです」といわれたという。大学へ進学するのなら、日本語のテストのほうがいいと見られているからだという。タパさんにとってはビザに有利になることや、海外で働くにも日本の大学を出ておくことを考えているが、教師の勧めだけではなく、バイト先の大学生からも情報を入れるという。

学校に居場所が確保され、参加の機会が提供される

「タンポポ」は外国人生徒の居場所である。特に昼食時には集まって食べる姿が見られる。

――合わない？　日本人生徒と？

タパ　ノリとかが合わないんですよ、ちょっと。うちらはちょっと違う感じやから、なんか合わないんですよ、ご飯とかも合わないしって感じ。

――たとえば一緒に、勉強だけじゃない、休み時間も含めて、日本人と一緒にいる中で壁みたいの感じる？　日本人生徒と。

タパ　やっぱ弁当とかですね。食べ物系が結構多いです。うちら結構スパイスの匂いとかするんで。日本の弁当やったらシンプルって感じであんまり匂いがしないので、結構きつかったりとかするんです。

タパさんは、小中学校時代は、外国人があまりいなかったこともあり、同級生が子どもだから匂いがきついと感じやすいし、抵抗を感じるからすごく騒がれて、めんどくさいから**「もういいよって（匂いのきついものを持ってくることは）やめた」**という。けれど、ここではネパール料理もあれば全然違うフィリピンの料理や中国の料理もあって、みんなすごい個性的な弁当ばかりなので食べたいものが食べられるという。

また、こうした日常的な居場所とは別に、学校が、規定から外れた形で外国人生徒が持つ特有の背景を理解し、居場所を提供するケースも確認された。以下はその事例である。

生徒相談室にはフィリピンにルーツを持つ一人の女子生徒（ドミンゴさん）がいた。彼女は五年前に日本に来日し、料理店を営む母の手伝いをしながら生活を送っている。小さいころに母が単身で日本へ来日し、母の姉妹に育てられた。彼女は、学校のことを「逃げる場所」と呼んでいる。母親との関係に苦しんでおり、家に居るとお店の手伝いを任せられ「自由になれない」からである。ドミンゴさんのこの家庭の問題に教師たちは親身に寄り添っていた。

ドミンゴさんは一年生のとき、母親から暴力を受けて怪我をした状態で登校した。それを見かねた教師たちは、警察に連絡をして一時的に母娘の間に入りドミンゴさんの安全を確保するよう努めた。怪我の治療にかかった病院代も、未だ母親からの返金はなく、学校が負担したままである。その後も母親から逃れたいドミンゴさんを学校側が了承し、心おきなく過ごせる時間と場所を提供し、自身の権利を行使することを支援した。ドミンゴさんは学校の課題としてオープンキャンパスへ行き、自分の使える言語（英語）で受験できることを知り、受験し大学合格に至った。ドミンゴさんはC校の教育や支援を資源とし、参加の機会を与えられ、高等教育という次のステップに進むことができた。

差異のジレンマ

C校の外国人生徒の日本語のレベルはバラバラであるが、第二第三言語を通じて互いに助け、連帯している。さまざまな国籍やルーツを持つ生徒が同じ教室空間で学習することは、日本語習得に励みながらも多様な言語を通じて交流するきっかけとなっている。

パキスタンルーツのカーンさんは、タンポポの印象について次のように語る。

カーン　（中略）日本人の生徒と勉強したら、話したらは全部日本みたい。タンポポにいったら、いろんな文化の生徒が多いから、めっちゃ面白いです。

――確かに。マルチカルチャーというか、すごい多様性のある。ダイバーシティー。

カーン　地球みたいです。

――地球みたいな感じなんやね。そうか、日本の教室にいったら日本一色みたいな感じで。

カーン　どちらもめっちゃ面白いです。日本の文化と日本の祭りとか見る。タンポポにはいろんな文化とかいろんな祭りを見る。

カーンさんは、日本人生徒と交流することにネガティブな気持ちを抱いておらず、「日本人生徒との壁はありますか？」という質問に対して「**言葉だけです。ほかにはないです**」と答えている。タンポポに関しては「**めっちゃ面白い**」場所であり「**地球みたい**」ないろんな文化がある一つの集合体と捉えている。C校では、日本語習得に力点を置きつつ、同じ空間で多言語使用の機会を提供することで外国人生徒同士の連帯を深めていることがわかる。しかし、一方で日本人生徒との距離を感じる外国人生徒も一定存在する。

——学校楽しい?

ハッサン　友だちは楽しいけど、先生はだるい、うるさい。

Adhikari　めんどくさい。全員嫌い。

——なにがいやなん?

ハッサン　めっちゃ注意してくるねん。みんなに言わんのに、タンポポには言ってる。

抽出して行われる「日本語」の授業開始後、先生がプリントを忘れ取りに行くために教室を離れ、退屈そうにしていた外国人生徒に話しかけたことから始まった会話である。このあと「外国人を限定して注意しているわけではないかもしれない」と話しても、エジプトがルーツのハッサンさんとネパールがルーツのAdhikariさんは、一部の先生たちはタンポポの生徒だけに注意をする、外国人と日本人の線引きをしていると主張した。

ただ、こうした現象は入試制度や授業実践などあらゆる場面で外国人と日本人が分けられていることが起因していると考えられる。「特別扱いする」学校文化が醸成されたC高校で、授業で抽出をして教室移動させるなど、日本人生徒との空間上の分離が生じる一面もある。その結果、外国人生徒本人にとっては差異を確認せざるをえない状況が多くなっている。こうした差異のジレンマに対し、高橋校長は次のように語る。

高橋　分離しておけばおくほど日本語は早く上達する。日本の仕組みについてもわかってもらえる。ところがそないすると、うちの他の子たちへのメリットがない。やっぱり共に学び共に育ちやから、いろんな文化を受け入れて、日々が多文化、たとえばインバウンドでくる人たちについても全然たじろがへんよとか。どうやったら言葉通じひんくても仲良くできる、あるいは意思疎通ができるっていったらこれすごい能力ちゃうかと。

——本当そうですよね。

高橋　というようなところへ持っていきたいので、できるだけ交わらせたいんやけど、なかなかうまいこといかん。

高橋校長は、日本人生徒たちにとっても、外国人生徒が多く在籍している高校で学べる利点を構想しているものの、現状ではうまくいっていないと認識している。日本人生徒と外国人生徒を分けることによるジレンマについては、中心的な役割を担っている渡辺先生も同様に感じている。

渡辺　分けたら、やっぱりクラスの子との接点が少なくなるので、それは気になるんですけど、でも授業についていけないで寝てしまう、もう何もできなかったら。となるよりは、タンポポ。一年生のうちは抽出するので、その中でめっちゃ元気に解放されているのは、お互いを認め合っている。もちろん喧嘩もしたりするけど、そこも大事かな。タンポポだけの時間っていうのも。みんな中学校とか一人とか二人しか在籍していないのを、ここに集まって、みんな辛かった経験とかお互い理解し合えて、それも必要だなって思います。

渡辺先生は、分けて学ぶことによる葛藤を抱えつつも、外国人生徒がタンポポで自分を解放し相手を認め合う空間が必要であると考えている。また、スピーチ大会で民族的な背景による差別や困難を外国人生徒が発表し共有できる機会があるため、集まって自分を出すことのできるタンポポでの時間を重要だと位置づけている。生徒が葛藤を抱えると同様に教師も差異のジレンマを抱えていることがわかる。

外国人生徒を「特別扱い」する

C校は人権教育に手厚い枠校として、外国人生徒を支える仕組みが構築されるような学校環境を生み出すコンテクストや多文化共生プロジェクトというシステムが機能している。外国人生徒は、その日本語能力の差にも配慮されて、日本語や教科指導を受け、その評価も相対評価だけでなく、生徒に参加を促し学習成果を確認するような評価方法がとられている。また、生徒たちの複数の文化や母語にも配慮がされ、多様な生徒たちが多言語を使用しながら、日々の学校生活を送っている姿が見出された。

学校は、外国人生徒が自分を解放できる、自分たちにとっての居場所であり、特に外国人生徒としてさまざまな課題を抱えた場合、全面的な支援を得ることができる安心で安全な場として機能していた。

しかし、その一方で、外国人生徒が外国人生徒として扱われることによる、日本人との区別を差別と感じとり、葛藤や差異のジレンマも生じていることが見出されている。さらに、日本での在住年月が長い外国人生徒たちは、日本語ができるからという理由で他の外国人生徒と同じように扱われないことに不満を述べていたことからも、枠校の「特別扱い」がすべての外国人生徒を包摂しているわけではないことが明らかになった。

5 外国人生徒の教育における排除と包摂

これまで検討してきた公教育における排除と包摂においては、外国人生徒の高校入学後に着目をしてきた。高校への外国人生徒の進学は、選抜時における適格者主義が大きなハードルとなっていたが、進学率が上昇してきた今日では状況は変化している。その状況のもとでは、外国人生徒を「適格者」として「日本人と同じように扱う」入学後の適格者主義を問うことが重要となっている。

日本の義務教育機関において、長期にわたり「日本人と同様に扱い特別な課程を行わない」教育がなされてきたなか、高校においてその体質を一挙に変えることはいささか困難である。しかし、多様な教育の提供が主流となりつつある現在、何かしらの特徴のある実践を見出すことができるのではないか、という前提で三つの高校をとりあげた。

高校における外国人教育実践を分析する観点は、環境としての「文化保障」「日本語教育・学力保障」とその環境を変えていくための「参加」というモーメントである。改めて本節では、それらの観点にもとづく検討を行う。

(1)各校の外国人教育のシステム——文化保障と日本語教育・学力保障

まず、各校の外国人教育の位置づけであるが、A校では、国際社会で活躍し、国際競争で生き残ることのできる人材育成が目指され、その能力のひとつが日英のバイリンガルである。その中で外国人生徒は拒否されることはないが、英語以外に特別とりあげられることもない。B校は、すべての生徒を排除しないという視点をもち、障害がある生徒への支援を援用し、外国人生徒を「言語的配慮を必要とする」と位置づける。C校は、「枠」を持つ学校として多文化共生を進め、「外国人生徒」を積極的に位置づける。

次に、外国人生徒への教育実践を「文化保障」と「日本語教育・学力保障」を軸に検討すると、各校では、外国人教育をできる範囲で取り組む実践が見出された。各校のコンテクスト、教育システム、教育実践には当然違いがあり、制度的裏づけがなかったり不十分な場合は、各校の教師による個人的な教育実践がそれに代わっていることが見出された(聶他 二〇二三)。「日本語教育」「母語教育」などの教育ニーズの必要性が認識されていても、その実施に必要な

表3　各学校における外国人教育の位置づけと文化保障と日本語教育・学力保障のカリキュラム

	外国人教育の位置づけ	文化保障のカリキュラム	日本語教育・学力保障のカリキュラム
A校	国際社会で活躍するための多彩な才能を伸ばす．人材育成を目指し，外国人生徒は否定されることはないが，特別とりあげることもない．	英語による授業があり，日本語による補足説明がされるが，外国人生徒のエスニシティを重んじたカリキュラムはない．	日本語教育は制度的に位置づけられていない．教員個人の対応に拠っている．
B校	さまざまな課題を抱えた生徒に寄り添い，生徒同士も思いやりをもつ人権教育を目指す．さまざまな課題の中に「言語的に配慮を必要とする」外国人生徒が含まれる．	言語配慮生に，日本語・母語・母文化を含む学習ができる「ことばと文化」が設定されており，一人ひとりの生徒の状態に合わせて柔軟な取り組みがされている．自立のためのリテラシーの獲得が目指される．	
C校	学校全体で多文化共生を進める．その教育に外国人生徒を積極的に位置づける．	「枠」で入ってきたすべての生徒への母語保障となる教科が「母語」として設定され，指導にあたるものが雇用されている．母語や母文化を発表する機会も校内外に設けられている．	抽出型「日本語」授業を独自に実施している．放課後にも個別に日本語能力試験対策をしたり日本語学習をする時間と教室がある．評価のテストなども個別に設定される．ただし，日本語ができる外国人生徒はその対象にならないこともある．

予算や人的資源がない等の理由により、授業中の工夫や教師の自主的な活動に頼らざるをえない状況もあった。

枠をもつC校は、組織的に外国人教育を推奨し、母語教育や居場所活動を行っており、他の学校と比べると制度が進んでいることが明らかであるが、具体的には日本人と分けることにより自分たちだけが不利益を被っていると感じる生徒の語りもあり、差異のジレンマもみられた。さらに、日本語ができる在日歴の比較的長い外国人生徒からは、自分たちが他の外国人とは区別されて、支援の対象とならないことに対する不満が語られていた。

(2)「同化主義」に慣らされる経験と高校での解放感

外国人教育の出発点は、日本の公教育における民族教育の抑圧と同化の歴史にある。特に文化保障が外国人としての自己決定権を取り戻す実践であるとするなら、それまで生徒たちがどのような「同化」

を踏み絵とした排除を体験してきたかについてもここで再度見ておく必要があるだろう。

外国人生徒たちによって語られる中学校時代までのいじめや差別体験には、「人種主義的指標を内面化（『現代社会学事典』）」させるものが垣間見られる。容姿、肌の色、頭髪、匂いなど身体的特徴にもとづく排除の体験である。**「あ、自分は、肌黒いほうやねんみたいなことに気づいて、どんどんそれがコンプレックスになったり」**（ガルシアさん・フィリピン）、**「見た目的に黒人やし」**肌の色や髪型から毎日人が見てくる（ブラウンさん・ジャマイカ）、**「肌黒いの好きじゃないって思っているから、日焼けのせいにして」**（サントスさん・フィリピン）といった発言からは、周囲の他者の言葉が自らの自己肯定感の喪失につながっていることがうかがえる。また、名前、使用言語や日本語ができないことへのいじりや揶揄に対し、**「学校生活にあんまり支障はないんですよ」「どうでもいいんですけれど、結構悩みました。自分は外国籍だからこうとか」**（Pereraさん・スリランカ・フィリピン）と個人の問題として受け止める傾向も見てとれる。C校のタンポポ教室では自分の国の料理を弁当として持ちよる姿が見られたが、小中学校では匂いやスパイスなどの違いにまわりで騒がれてから自国料理を持っていかなくなったという経験が語られていた。

特に偏差値の高いA校の場合には、生徒が同化的な日本的価値観の中で起こるこうしたいじめや差別から解放されることも含め、よりリベラルな国際的な学校を選択したという語りが見られたが、この解放が新自由主義的な競争へと回収されてしまうことについては、注意して考えなければならない。その「グローバル」を謳うA校で、民族学校出身のキムさんは自分のルーツを話せない、国際的といっても注視されるのは英語だけで、個人のルーツを尊重する取り組みがないことを残念に思い、校内でマイクロアグレッションを経験し、「自分の国の言葉」や「民族」にふれられないという思いを私たちに語ってくれた。

国民教育の持つ同化主義的傾向から脱却していくためには、文化保障や日本語教育・学力保障がされていない状況への当事者の参加が求められる。次節では各校で見られた隠れたカリキュラムと、承認の毀損への抵抗として「参加」した生徒の事例を検討してみたい。

(3)隠れたカリキュラム――承認の毀損への抵抗としての「参加」

まずは、本調査で垣間見られた社会的・文化的背景に特別な配慮をしない「日本人のための教育」の場面である。A校で学ぶインドルーツのデビさんは、リベラルな雰囲気の中で、昔経験したような「スクールカースト」は感じなくなったが、自分が外国人であることを**「思うっちゃ思う」**という。それは授業の中で日本のチェーン店、日本のレストランの名前を出すことができなかったとき**「ああ、インド人やな」**と思うとも言う。同じA校のグローバルイシューズの授業では、大阪城の写真が出され、なぜ豊臣秀吉に会ったことがない私たちが、豊臣秀吉が大阪城を建てたという知識を持っているかという問いがなされている。そこには日本の文脈が前提とされたカリキュラムが採用されていることが反映されている。

そうした中、B校で取り組まれた「Cool Japan」の授業ではそれに抵抗する中国人生徒の姿があった。英語の授業で外国人に日本の良さを紹介する練習のとき、その生徒はサポーターに反発心を示し、中国の良さに言及しながら宿題を出さずに休むと発言した。しかし、この生徒は、その後英語の先生と交渉をし、中国の「糖画(sugar painting)」を調べ紹介することになり、新たな学びを**「よかった」**と評価している。これはB校では、どの生徒でも声をあげられる学校環境が構築されており、生徒たちが自らのニーズを主張でき、それを教師側が生徒の背景や特性によって柔軟に対応することができているからである。

日本人中心の隠れたカリキュラムに対し、多くの当事者である外国人生徒当事者は違和感を覚えてはいるだろうが、そのことを承認の毀損と捉え、自らの権利として声をあげていくことが、「参加」のひとつの姿である。当事者の「参加」により、それまで当たり前でマジョリティ側が気づくこともなかった同化的な側面が隠れたカリキュラムとして見直されていく機会が生まれると考えられる。

マイノリティ集団を公教育内で積極的に認めることは、マジョリティの教育システムの不平等さを直視し、改善することであり、そのためにはマイノリティ集団の「参加」が不可欠である。対象校では、その教育を通じてマイノリティ集団を価値づけたり、差別的な教育をなくしていこうとする志向性がみられたが、基本的には主体はマジョリティである日本人生徒であるため、C校のように積極的に外国人生徒を認めていこうとする学校においても「分けられている」「同じように扱われていない」といった差異のジレンマを外国人生徒たちは感じていた。

(4)適格者主義に抗う学校文化

高校に入学でき、学習についていくためには、外国人生徒には、日本語能力だけでなく、各種教科科目の学力を含め、獲得していかねばならないものが数多くある。そうした中で、C校では日本語能力を伸ばすための特別な授業や、日本語が難しい国語や社会の抽出授業、母語保障をしてアイデンティティを育む授業など、いわゆる外国人のための別トラックが準備されている。英検や日本語能力試験といった資格を取る機会をつくり、ボランティア活動などを積極的に行うことで外国人であることを生かした出口戦略を入学時から取っている。しかし、ハッサンさんやタパさんのように、小学生の年齢で来日し、日本の学校で学習する意欲を喪失した生徒たちにとっては、必ずしも「枠校」が有利に働いているとはいえないようだった。かれらは高校にたどり着くまでに同化にさらされて、適格者主義の規範を内面化しているともいえる。そうした生徒たちは、高校に進学した後に、自分を評価しなかった日本の学校教育に拒否感を示し、海外での進学や就職といったことをめざす傾向がみられた。

その中でも徹底して適格者主義に抗う学校文化を有していたのがB校である。B校は「誰も排除しない」ことを前提に、配慮の必要な生徒に支援をしてきた。その配慮の中身も個々別に応じた対処が必要であることを、多様な背景の生徒たちの受け入れの中で積み上げてきた。それを体現したのが「ことばと文化」の授業である。これは、日本語も母語も抽出授業も教科授業も含んでおり、生徒一人ひとりのニーズに応じようとする取り組みがされていた。B校では制度的に母語や日本語が保障されてはいないが、母語と日本語を分けるということもしていない。こうしたあり方は、システムによって次なる差異がつくり出されたり、新たな排除を生むC校の限界をカバーするものかもしれない。なによりも、国籍やルーツ、来日時期や日本語や母語の能力など背景が複雑な外国人生徒は今後激増していくと考えられる。B校の採用している絶対評価は、校長の「知識量を問うより大事なことがある」という考え方に基づいており、今後学校が、外国人生徒に対してどのような評価をつくっていくのか注目される。

6 おわりに――「外国人のまま生きられる」教育

本章の目的は、大阪にある三つの学校を対象に、外国人教育における排除と包摂を検討することであった。学校を調査するなかでみえてきたことは、各校では決して外国人を排除するような教育は行っていないことであった。しかし、A校においては新自由主義的な国際競争という名で市場において生かされる人材育成に接続する可能性が高く、外国人生徒を受け入れるという観点が背景化していた。B校では、外国人生徒は包摂の対象であり、個別の授業や学校行事において、外国人生徒のアイデンティティは配慮され、多様な背景を持つ生徒の一人として大切にされるが、しんどい子どもたちをなるべく分けないという学校文化が構築されていた。C校は枠校であり、選抜において「国語」がないため日本語が十分でない生徒が多く在籍していた。進路では、外国人の特性を生かした指導が工夫され、文化保障重視の教育により自己肯定感を高められていたが、日本人生徒と「分離」した教育にならざるをえないため、差異のジレンマが見受けられた。また早い時期に日本の学校へ編入した生徒には、自分たちが日本語能力によって区別され、特別扱いされないことへの反発を持つものもいた。

すべての高校において聞かれたのが「学校内の居心地は良いが、学校外では差別される」という語りであった。外国人生徒は、日本社会での外国人の処遇について身をもって知っている。それまでにすでに受けてきた排除や同化の経験から、「諦め」「無力感」「劣等感」といった感情を、内面化しがちであることも事実である。日本社会が外国人を排除的／同化的に処遇しがちであるからこそ、公教育においては、外国人生徒を積極的に肯定する教育を目指さなければならない。そこには、学校システム以外にも生徒が「参加」でき、主流文化に同化されることや承認の毀損に、対抗する姿が生まれることが望まれる。

最後に、この問題は学校の組織的な取り組みだけで解決するものとはいえない。その根幹に、日本社会が外国人に対して行使してきた歴史的、制度的差別があるからである。外国人を管理・統制の対象とする入管法の中に据え置き、国民ではないという理由から憲法の人権保障の対象外としてきたのである。その最も象徴的なものが在留資格制度だといえる。呼び寄せで来日した「家族滞在」の在留資格では、アルバイトすら入管に届出ないとできず、高校を卒業してもそのままの在留資格では働くことができない。また大学進学の際も奨学金を受けることのできないケースが多く存在する。「枠校」であるC校では研修などでそのことを教師が学び、B校は無国籍や強制退去となった生徒を通じて経験的にそのことを教師が自覚していた。かれらが日本で生き残れるかどうかが、高校に問われているにもかかわらず、日本の多くの高校教師たちは、未だにそのことを「個人情報」として聞くべきではないと思い込んでいるのが現状である。

本章を締めくくるにあたって、日本の公教育が制度上排除している、外国人学校についても再度確認しておきたい。2節でも述べたように戦後の教育政策は、在日朝鮮人児童生徒を「公教育に囲い込む」同化政策をとる一方で、朝鮮学校が日本の学校と同等に扱われないように一貫して排除の対象としてきた。学校の設置認可の厳格化、他の学校種との差別的な処遇、大学入学資格の限定、経済的支援政策からの排除、同年代の高校生が対象のイベント参加の規制など、排除の項目は多岐にわたっている。

関西の朝鮮高校の教師は、次のように語っている。

> 根底にあるのは、これからも日本の社会で生きていこうと思ったら、日本の学校に通わざるを得ないような、マジョリティ側に合わさなければいけないような。で、理想はわかりますと。堂々と胸を張って自分らしく、それで生きやすかったらいいんですけども、実際僕たちが暮らしているこの日本社会っていうのはマジョリティ側に合わすのは簡単ですけれども、マイノリティの自己肯定感と民族性をもってずっと生きていくにはあまりにも生きにくいというか。(11)

実際この高校には日本生まれ日本育ちの在日四・五世が通い、日本の学校のカリキュラムをベースにしながらもかれらの民族性を育てており、日本では稀有な継承語教育実践が実現される場となっている（湯川 二〇〇三）。「在日朝鮮人である自分」を無条件に受け入れてくれる空間とその安心感あってこその学び（イオ 二〇二二）が、現在の朝鮮学校での教育実践であるともいえる。ただし、学校を一歩でれば、ＳＮＳをはじめとする北朝鮮バッシングの嵐に出会う。そうした中で高校生自身が承認の毀損を訴え**「わたしたちだけの問題ではないので、わたしたちマイノリティがおびえず堂々と、自由に生きていける社会を築いていきたい、大勢の方に関心をもっていただきたい」**と社会に向けて発信している(12)。

日本社会はマジョリティ側に合わすのは簡単だがマイノリティの自己肯定感と民族性をもって生きていくにはあまりにも生きにくいという朝鮮高校の教師の発言は、今の日本の学校では「外国人のまま生きられる」ことが難しい外国人生徒にも重ねることができる。外国人が権利の主体と位置づけられ、承認の毀損に対し声をあげる「参加」が促され、それを受け止め、外国人や外国人学校の処遇を変革する国の努力が求められるだろう。

注

(1) 文部科学省「令和六年度予算のポイント」三九頁。「外国人児童生徒等への教育の充実」では一二億円が計上されている(https://www.mext.go.jp/content/20240326-ope_dev03-000031627-1.pdf　二〇二四年八月九日アクセス)。

(2) 「外国人材の受入れ・共生のための総合的対応策」(令和六年改訂版)一五頁(https://www.kantei.go.jp/jp/singi/gaikokujinzai/kaigi/pdf/r060621_taiousaku_honbun.pdf　二〇二四年八月九日アクセス)。

(3) 文部科学省総合教育政策局国際教育課「令和五年度日本語指導が必要な児童生徒の受入状況等に関する調査結果　結果の概要」二〇頁(https://www.mext.go.jp/content/20240808-mxt_kyokoku-000037366_03.pdf　二〇二四年八月九日アクセス)。

(4) 文部科学省「高等学校の入学者選抜について」(通知)文初高　第二四三号　平成五年二月二二日(https://www.mext.go.jp/a_menu/shotou/clarinet/004/002/005.htm　二〇二四年八月九日アクセス)。

(5) 幼保無償化の措置法「子ども子育て支援法」の付帯決議で、対象外となった幼稚園類似施設に支援策が検討されることになり、二〇二〇年幼保無償化の「対象外施設」支援策の調査対象に外国人学校幼稚園が対象となり、二〇二一年度子ども子育て支援法第五九条三号に基づき「地域における小学校就学前の子どもを対象とした多様な集団活動事業の利用支援」が始められた。

(6) 文科省の調査によると、高等学校段階で特別な配慮に基づく指導を受けている外国籍生徒に占める「特別の教育課程による日本語指導を受けている人数及び割合」は、二一五人で五・五%(実施校三三)である(https://www.mext.go.jp/content/20240808-mxt_kyokoku-000007294_101.pdf　二〇二四年九月一七日アクセス)。

(7) 外国人生徒・中国帰国生徒の高校入試を応援する有志の会世話人会の行った全国調査によると、二〇二四年度高校入学選抜において外国人生徒に特別措置(一般募集の中で対象生徒に時間延長、ルビうち、辞書の持ち込み等の配慮を行うこと)を行う都道府県は三三、募集定員を別枠で設置している都道府県は二五、かつ定数確保をしている都道府県は九である。また海外から日本の中学校を経ないダイレクト受験を認めている都道府県は一四、ダイレクト高校編入を認めている都道府県は八である。外国人学校の中等部の卒業者の受験資格を認めている都道府県は二二、高校入学後の支援が制度としてある都道府県は三六、うち七つの支援内容(教育課程内の日本語授業、教科学習の個別対応、母語保持のための授業、担当教員の加配、日本語の講師や支援者の雇用、母語の講師や支援者の雇用、外部コーディネーター雇用、出口支援)をすべて行っている都道府県は二である。大阪府はこの全部の要件を満たしている(https://www.kikokusha-center.or.jp/shien_joho/shingaku/kokonyushi/other/2023/2024houkokushoA4.pdf　二〇二四年九月一七日アクセス)。

（8）　A高校学校運営計画二〇二三年より抜粋。
（9）　二〇二一年五月時点でICTを含め二〇名の常勤外国人教師が在籍している。
（10）　B校学校運営計画二〇二三より。
（11）　関西の朝鮮高級学校（朝鮮高校）の教師へのインタビューより。
（12）　二〇一六年六月、関西の朝鮮高校の生徒たちが修学旅行（祖国訪問）から帰ってきた関西空港で大阪税関が生徒たちの持っていた土産品を押収する事件が起こった。その非人間的措置に対し、SNSなどには「経済制裁の原因を作った北朝鮮政府と持ち帰れないものを確認しなかった教員がいけない、朝鮮学校は子供を泣かせた加害者」「そもそも北朝鮮に行けることが不思議」などの書き込みが容赦なくされていた。同校では、この根底にあるものを学び、自分たちがどうあるべきかにつなげていくという営みとして「私たちのことに関する学習」を実施、その後、生徒の一人が地方新聞の自由投稿欄に投稿したものの一部を今回引用した。しかし、その投稿に対する非難はさらに続いた。

参考文献

浅川晃広 二〇一九、『知っておきたい入管法――増える外国人と共生できるか』平凡社新書。
稲葉奈々子 二〇二三、「在留資格がない移民2世たち」樋口直人・稲葉奈々子編著『ニューカマーの世代交代――日本における移民2世の時代』明石書店。
榎井縁編著 二〇二二、『ニューカマー外国人の教育における編入様式の研究』日本学術振興会科学研究費成果報告書。
太田晴雄 二〇〇〇、『ニューカマーの子どもと日本の学校』国際書院。
小沢有作 一九七三、『在日朝鮮人教育論――歴史篇』亜紀書房。
呉永鎬 二〇一九、『朝鮮学校の教育史――脱植民地化への闘争と創造』明石書店。
柏崎千佳子 二〇一九、「シティズンシップの相対化と日本の外国人・移民統合政策」大賀哲・蓮見二郎・山中亜紀編『共生社会の再構築I シティズンシップをめぐる包摂と分断』法律文化社、一五九―一七〇頁。
金英達 一九九〇、『在日朝鮮人の帰化』明石書店。
倉石一郎 二〇二一、『教育福祉の社会学――〈包摂と排除〉を超えるメタ理論』明石書店。
月刊イオ編集部編著 二〇二二、『新版 日本の中の外国人学校』明石書店。
児島明 二〇二二、「移民親子の文化変容が照らし出す日本の教育課題」清水睦美・児島明・角替弘規・額賀美紗子・三浦綾希子・坪田光平著『日本社会の移民第二世代――エスニシティ間比較でとらえる「ニューカマー」の子どもたちの今』明石書店、五六五―五九二頁。

志水宏吉・清水睦美編著 二〇〇一、『ニューカマーと教育——学校文化とエスニシティの葛藤をめぐって』明石書店。
清水睦美 二〇二一、「移民第二世代研究を考える」清水睦美・児島明・角替弘規・額賀美紗子・三浦綾希子・坪田光平著『日本社会の移民第二世代——エスニシティ間比較でとらえる「ニューカマー」の子どもたちの今』明石書店、一五—三三頁。
聶蕙菁、山脇佳、榎井縁、王一瓊、大川ヘナン、山本晃輔、石川朝子 二〇二三、「公教育における外国人生徒の排除と包摂——五つの高校の比較調査から」『ジャーナル未来共創』大阪大学大学院人間科学研究科附属未来共創センター、第一〇巻、二一九—二六三頁。
恒吉僚子 一九九六、「多文化共存時代の学校文化」堀尾輝久・奥平康照・佐貫浩・久冨善之・田中孝彦編『講座 学校六 学校文化という磁場』柏書房、二一〇—二四〇頁。
永吉希久子編 二〇二一、『日本の移民統合——全国調査から見る現況と障壁』明石書店。
日本学術会議 二〇二〇、提言「外国人の子どもの教育を受ける権利と修学の保障——公立高校の「入口」から「出口」まで」。
額賀美紗子 二〇一一、「「公正さ」をめぐる教育現場の混迷——NCLB法下で「容赦なき形式的平等」が進むアメリカの学校」『異文化間教育』第三四巻、二二—三六頁。
韓東賢 二〇一五、「朝鮮学校処遇の変遷にみる「排除／同化」——戦後日本の「排除型社会」への帰結の象徴として」『教育社会学研究』第九六集、一〇九—一二九頁。
樋口直人・稲葉奈々子 二〇一八、「間隙を縫う——ニューカマー第二世代の大学進学」『社会学評論』第六八巻四号、五六七—五八三頁。
広崎純子 二〇〇七、「進路多様校における中国系ニューカマー生徒の進路意識と進路選択——支援活動の取り組みを通じての変容過程」『教育社会学研究』第八〇集、二二七—二四五頁。
山田哲也 二〇一六、「学校教育と承認をめぐる問題」田中拓道編『承認——社会哲学と社会政策の対話』法政大学出版局。
山本かほり 二〇二二、『在日朝鮮人を生きる——〈祖国〉〈民族〉そして日本社会の眼差しの中で』三一書房。
山本晃輔 二〇一七、「特別枠校における教師の取り組みとその変容——B校における外国人生徒への学習指導と進路指導から」山本晃輔編『大阪府立高校の外国人支援に関する教育社会学的研究——特別枠校における取り組みとその変容(未来共生リーディングス 一三巻)』大阪大学未来戦略機構第五部門、六〇—八二頁。
湯川笑子 二〇〇三、「L1教育からイマージョンへ——朝鮮学園の継承語保持努力の実例から」母語・継承語・バイリンガル教育(MHB)研究会発表資料。
Fraser, Nancy and Honneth, Axel. 2003. *Umverteilung oder Anerkennung?*. Suhrkamp Verlag.(＝二〇一二、加藤泰史監訳『再配分か承認か?——政治・哲学論争』法政大学出版局)
Hammar, Tomas. 1990. *Democracy and the Nation State: Aliens, Denizens, and Citizens in a World of International Migration*, Ave-

bury.（＝一九九九、近藤敦監訳『永住市民と国民国家』明石書店）
Howe, Kenneth, Ross, 1997, *Understanding Equal Educational Opportunity: Social Justice, Democracy, and Schooling*, Teachers College Press.（＝二〇〇四、大桃敏行・中村雅子・後藤武俊訳『教育の平等と正義』東信堂）
Kymlicka, Wii. 2007, *Multicultural Odysseys: Navigating the New International Politics of Diversity*, OXFORD University Press.（＝二〇一八、稲田恭明・施光恒訳『多文化主義のゆくえ――国際化をめぐる苦闘』法政大学出版局）
Tsuda, Takeyuki. eds., 2006, *Local Citizenship in Recent Countries of Immigration: Japan in Comparative Perspective*. Lexington Books.

終章　公教育システムの再構築に向けて

志水宏吉

四つの章に出てきた高校生・若者たちの声を、読者の皆さんはどうお感じになっただろうか。私たちは、まず何よりも、彼らの生の声をたくさん収集できたこと自体に大きな意味があると考えている。本書の締めくくりにあたるこの章では、それに続くso what? の部分を検討することにしたい。「彼らの声はたしかに聴いた。そのうえでこの本を著している大人たち(研究者たち)は、結局何を言いたいのか」。この問いに答えてみたい。

本章では、以下のような流れで、この問いに対する私たちの見解を提示したいと思う。まず1節・2節は、前置き部分にあたる。本書では四つのマイノリティ集団を扱ったが、それぞれの集団はどのような位置づけを有しているのか。その点に関するひとつの見取り図を1節で提示してみたい。つづく2節では、本調査研究のメインの対象となっている高校および高校生の特徴について、改めて振り返っておきたい。そのうえで3節以降では、本文の記述にしばしば登場するいくつかのキーワードを取り上げ、それぞれについて横串を通すイメージで理論的な整理を試みてみたい。取り上げるキーワードは、以下の四つである。「能力主義」(3節)、「見えない排除」(4節)、「差異のジレンマ」(5節)、「参加と包摂」(6節)。最後の7節は、全体のまとめの部分にあたる。6節までの考察をふまえ、現在の公教育システムのあり方をどのように変えていけばよいのか、その点にかかわる私たちからの提案を行う。

1　四つのマイノリティ集団の関係

序章において、本書で扱っている四つのマイノリティ集団(「被差別部落」「貧困層」「障害者」「外国人」)を扱う理由を述べた。要点を繰り返すなら、次のようになる。すなわち、本書で扱う四つのマイノリティ集団は、現代日本における代表的なマイノリティ集団だと言えること。より言葉を付け加えるなら、実践の局面において、彼らの境遇を改善するための政策・取り組みが歴史的に続けられてきたこと、さらには研究的側面において、彼らの状況を理解するための各種の調査・研究が蓄積されてきたことである。

本章の著者が中心になってまとめた日本学術会議の文書『すべての人に無償の普通教育を――多様な市民の教育システムへの包摂に向けて』においては、六つのマイノリティ集団を考察の対象としたが、そのうちの四つが本章で扱ったグループと重なる。残りの二つは、「不登校」と「学校で周辺化される目立たない子ども」である。この二つの集団の共通点は、いずれも学校教育のプロセスによってつくりあげられるものだという点である。すなわち、「不登校」とは「学校に行かない・行けない子どもたち」のことであり、「学校で周辺化される子ども」とは、文字通り「学校教育の周辺に位置する子どもたち」のことである。いずれも学校がなければ、そもそも存在しえないグループである。

それに対して、本書で考察の対象としている四つのグループは、いずれも学校があろうとなかろうと存在する社会的マイノリティだと位置づけることができる。彼らと学校教育が出会う時に何が生じるのかを、「当事者」(中心となるのは高校生たち)の視点から明らかにしようとしているのが本書だ、ということになる。

ここで改めて、四つの集団の間の関係性をどのように考えたらよいか、という問題を検討してみることにしよう。社会的マイノリティと称しうる四つのグループは、それぞれいかなる特徴を有するものだと位置づけられるだろうか。そうした観点から導き出したのが、次の図式、ひとつの類型論である。

図1は、二つの軸から構成されている。一つは「可視性」の軸(X軸)、今一つが「可変性」の軸(Y軸)である。

まず、「可視性」の軸とは、彼らの存在が「見えやすい」か、「見えにくい」かにかかわる軸である。「見えにくい」

集団として、「部落」と「貧困層」を位置づけた。

「部落」の人々を、そうでない人々と見分けることはできない。たとえば、教室に入ったときに、外国人や身体的障害がある人の存在は容易に見分けられる場合もあるが、部落の子どもたちはそうではない。2章のタイトルに「不可視化される排除」という文言があるが、それは、そもそも彼らの存在が物理的にも、制度的にも見えにくくなっているという現状を反映しているからに違いない。その存在は見えにくいけれども、部落差別とは、特定の土地に居住する人々に対する差別意識がそうではない人々の心のなかに深く残存しているために生じるものである。「見える差別」に対して、「見えにくい差別」はより複雑、かつより精妙である。

「貧困層」の存在も、教室のなかでは見えにくい。かつては着ているものや身体的特徴などから「貧しい子」を見分けることが今よりはできたはずだが、今日ではそれも困難である。さらに、教師たちは貧困層に属する子どもたちを差異的に扱うことをはばかるという先行研究（盛満 二〇一一）があるが、本書2章のベースになっている調査においても、教師たちは「貧困層」に属する生徒たちに調査への声かけをすることに困難を感じていた。「君は貧困層にあたるから調査に協力したらどうだろう」とは、なかなか言えないのである。とはいうものの、彼らは、「貧困である」がゆえの悩みや葛藤を学校生活のなかで絶えず経験することになる。

図1　四つの集団の位置関係

一方、外国人と障害者は「見えやすい」マイノリティだと位置づけることができる。

もちろん外国人のなかにも、外国人には見えない人もいる。中国や韓国といった東アジアの国々の出身者のなかには、日本人とは区別のつかないような風貌の人たちがいる。また、日本生まれ日本育ちで日本人的なアイデンティティを持ちながらも、国籍上は外国人だという人もいよう。さらに、日本名だが明らかに外見は外国人だという国際結婚家庭の子どももたちもいる。そうしたグレーゾーンが存在するものの、基本的にはやはり外国人は外国人と見られ、さまざまな差別や排除の対象となる。

さらに障害者のなかにも、一見すると障害があるとはわからない人もいる。「天才」と呼ばれる人たちのなかには、特定の「障害」を有していると考えられる人が多いという見方がある。また、自らの「障害」を隠しながら、いわゆる健常者として日々生活している人もかなりの数いることであろう。しかしながら、一般には障害者は、以前から「気の毒な人」である、あるいは「厄介な存在」と見られてきた。

次に、「可変性」の軸とは、彼らの存在が「変わりやすい」か、「変わりにくいか」にかかわる軸である。「変わりにくい」集団として、「部落」と「外国人」を位置づけた。

被差別部落に生まれ育ったら、その人はずっと「部落民」であり、周囲からそのように眼差《まなざ》される。もちろん身元を隠して生きていく(=パッシングする)人もいるだろう。島崎藤村の小説『破戒』は、その問題を主題とするものであった。また部落問題は解消されたという公式見解が幅を利かせる今日では、自分のことを「部落民」であると自覚しない子どもたちも増えていることだろう。しかし、部落出身というカテゴリーはきわめて属性的なもの(=生まれつき)と扱われており、それは逃れられない「運命」としての側面を強く有している。

「外国人」というカテゴリーも、日本社会においては、それと近い属性的なものとして扱われることがもっぱらである。戸籍をもつ者が「日本人」、もたない者が「外国人」であり、後者は前者が享受しているさまざまな権利を行使することができない地位に押しとどめられている。その状況を改善する手が「帰化」であるが、帰化は法務大臣の裁量によるものであり、最終的な判断はブラックボックス化されている。実際その機会は、限られた数の「外国人」

にしか開かれていない。

他方、それらに比べると、「貧困層」と「障害者」は「変わりやすい」集団と位置づけることができる。「貧困層」については、考えやすいだろう。彼らは、流動的な存在である。もちろん貧困については、「負の連鎖」や「世代的再生産」が語られることが多いが、豊かな家族が突如として貧困に見舞われる場合もあれば、貧しい人が何らかのきっかけで豊かな人になる場合もある。貧困にはスティグマが貼られやすい分、「貧困層の集団的アイデンティティ」なるものを想定しにくいのも、そうした状況を反映してのことだろうと考えられる。

障害がある人々を「可変性」という用語でくくることに抵抗感を感じる人もいるに違いない。生まれつきのインペアメント(3章一三四頁参照)は生涯変わらないと言えば、そうかもしれない。しかし、3章で述べられているように、インペアメントが特定の教育的環境のもとでディスアビリティになったり、ならなかったりするという現実がある。また、インペアメントを持つ高校生自身が、自分を「障害者」だと思ったり、思わなかったりするというバリエーションも指摘されてもいる。障害なるもののありようは、社会のあり方自身に依存するという障害の社会モデルに依拠するならば、障害は不変的なものというより可変的なものであると捉えた方が適切である、と私たちは考えている。

「可視性」と「可変性」と名付けたこの二つの軸をクロスさせると、四つの象限ができる。図に示したように、第一象限には「障害」、第二象限には「貧困」、第三象限には「部落」、第四象限には「外国人」を当てはめることができる。すなわち、「見えやすく、変わりやすい」のが障害者、「見えにくく、変わりやすい」のが貧困層、「見えにくく、変わりにくい」のが部落、「見えやすく、変わりにくい」のが外国人という図式である。

この図式は、あくまでも本書で扱った四つのマイノリティ集団間のコントラストを浮かび上がらせるためにつくったものである。それ以上でも、それ以下でもない。すなわち、この図式で学校教育にかかわるすべてのマイノリティ集団の位置づけを明確にできる、と言いたいわけではない。また、「可視性」と「可変性」という二つの軸こそがマイノリティ問題の本質を構成する、と主張したいわけでもない。四つのグループの違いを際立たせることで、読者の皆さんのさまざまな着想や思考を促進したいというのが、この図式を提示した主たる動機である。

2 高校と高校生

次に、本研究の中心的な対象となっている「高校生」という存在について、若干の注釈をつけておくことにしたい。この調査研究プロジェクトの立ち上げの時点では、もっと幅広い層の子ども・若者に対してアプローチしようと考えていた。具体的には、高校受験を考える中学校三年生ぐらいから、高校・大学を出て就職した(しなかった)二〇代前半の若者までをターゲットとしようと考えていたのである。しかしながら、聞き取り調査を行う時期がちょうど新型コロナ感染症蔓延の時期と重なったため、フォーカスを高校生年代に絞るという決断をせざるをえなくなった。「せめて各チーム、高校生たちの声だけは聞いておこう」と計画の縮小を図ったのである。結果的には、それがかえってよかったのかもしれない。

日本の教育システムを考えた場合、高校は、生徒たちの「分化」(differentiation)が極大化する時期だと把握されてきた(岩木・耳塚 一九八三)。分化とは、システムのトラッキング構造によって、生徒たちの価値観・考え方や生活様式、その結果として進路意識や具体的な進路形成のプロセスが枝分かれしていくことを指す。ここで言う「トラッキング構造」とは、陸上競技場のトラックからの類推で生み出された概念で、内部に設定された制度的・組織的な「枝分かれ」の様子を示す言葉である。制度的には、通常の高校と特別支援学校高等部との分化、普通科・専門学科・総合学科等の高校内部での分化を、組織的には学校内部における進路別あるいは能力別学級編成などを指す。それぞれのトラックに割り振られた生徒たちは、先にも述べたようにそれにふさわしい教育アスピレーション・進路意識や学力水準・行動様式を身につけがちになる。

大学進学率が五割を超え、専修学校を含めたポスト高校教育が普遍化しつつある今日、高校の位置づけはかつてと比べるとかなりシフトしつつあるようにも思われる。しかしながら、そこはほとんどのすべての子どもが進学する場所であり、依然として「分化」の焦点となっていることに間違いはない。その現代的な様相は、本書1〜4章における高校生・若者たちの言葉として語られている通りである。

言うまでもなく、高校生たちは、人生のなかで最も多感な時期を送っている社会的存在である。今回私たちは、インテンシブな聞き取り調査を通じて、多くの言葉を彼らから引き出すことができた。そして、それらのかなりの部分を、本書に掲載することができた。

序章で述べたように、私たちが準拠する教育社会学という学問分野では、制度(マクロ)―組織(ミドル)―相互作用(ミクロ)という三者の連関構造のなかで現実を捉えようという志向性を有している。結果的に今回私たちが彼らの声にもとづいて提示し得た分析は、上記三者のうち、相互作用レベルに最もフォーカスを当てたものとなっていると言えよう。さらに言うなら、自尊感情やアイデンティティといった言葉で表される、主観的な領域にふみこんだものともなっている。一人ひとりの高校生が、周囲の人々からの承認を日常的に得ることができているか(いないか)というミクロな課題は、マイノリティと呼ばれる社会集団それ自体が全体社会の中でいかに承認を得ているか(得ていないか)というマクロな課題につながっているのである。

高校段階(＝後期中等教育段階)というハードルを、ティーンエイジャーたちがどうクリアしようとしているのかという問題設定が、各章に共通するテーマとして存在している。

以下では、本書の内容にかかわるキーワードを四つ選び、順に筆者なりの考察を展開してみたい。

3 「能力主義」の問題をどう考えるか

第一のキーワードは「能力主義」(メリトクラシー)である。

能力主義とは、諸個人の能力の育成を大事にする見方、「できない」ものを「できる」ようにさせるのが学校の仕事と考える立場である。大前提として、私たちが生きるのはメリトクラシーの社会であるという事実がある。すなわち、私たちが成し遂げたこと(=メリット)によって人生が切り拓かれていくのが今の世の中であり、そのことを否定する人はほぼいない。そのための能力を身につけるのが学校という場であるという現状認識も、私たちにとっては自明の事柄である。

四つの章のうち、「部落」を扱っている1章、「貧困」を扱っている2章では、そうした事柄を大前提として議論を進めている。能力にもとづく選抜には問題点もあり、受験準備に重きを置く高校カリキュラムの偏りも気になるところであるが、彼らが生きていく世の中はそういうものであるとしたうえで議論が展開されている。しかしながら、残りの二つの章においては、能力主義そのものに対する疑義が呈されている。とりわけ「障害」の問題を扱う3章ではそうである。

3章で批判されているのが、「日本型インクルーシブ教育」のあり方である。障害者権利条約においては、「通常の教育制度のなかに障害児を含みこんでいこう」とするのがインクルーシブ教育の理念なのだが、日本では、特別支援学校、特別支援学級、通級指導教室といった「多様な学びの場」をつくり、それを「障害児」に当てはめていくことをインクルーシブ教育と称している。端的に言うなら、能力主義的な観点から、通常の学校・学級にはふさわしくない諸個人を「多様な教育の場」に切り離して収容するのが、「日本型インクルーシブ教育」の内実だということである。条約の理念と日本の実態との隔たりは明らかであろう。3章の著者たちが主張するのは、高校の全入化がほぼ達成された現在、障害があるからといって、通常の高校に進学する彼らの機会が制限されるのはおかしいということである。

他方、外国人を扱った4章では、能力主義的なカリキュラムのあり方を批判する視点が提示されている。すなわち、日本の高校教育の中では、外国人に対しても能力主義を重視する視点(しっかりとした日本語能力や学力をつけること)から教育がもっぱら行われているが、4章での考察の対象となった大阪の高校では彼らの文化保障(母語・母文化の維持や習得)をも尊重しようという立場が打ち出されていた。高校教育のあり方は、日本社会への適応を促進するという観点からだけではなく、彼らの確かな自尊感情やアイデンティティの多様性を育み、日本社会の一員として正当に処遇するという観点からも同様に評価されなければならないというのである。

1節で提示した図式との関連で言うと、可視性の低い二つのグループ(部落と貧困)における議論が現在の教育システムの肯定のうえに展開されているのに対し、可視性が高い残りの二グループ(障害と外国人)においては、能力主義のあり方自体に疑問を呈するような議論がなされているということである。

これは、障害児および外国人児童生徒の教育において、全国のなかでも先端的な取り組みを行ってきた大阪府の歴史と符合するものである。とりわけ後期中等教育レベル(=高校レベル)において、大阪府では、3章・4章の記述から明らかなように、全国的に見ても異色と言える制度が生み出されてきた。すなわち、障害児教育の領域では、知的障害がある生徒が通常の高校に「自立支援生」という枠で入学できる制度が二〇〇六年に、また、外国人教育の領域では、日本語能力が十分でない生徒でも「外国人特別枠」入試を経て府立高校に入学できる制度が二〇〇一年に、それぞれ創設されている。すなわち大阪では、能力主義一辺倒ではない高校教育システム構築の努力が、ここ数十年にわたってなされてきたのである。

そもそも第二次世界大戦後に新たな学校教育制度が立ち上がった時点で、新制高校については、「適格者主義」と「希望者全入主義」との理念対立が見られた。「適格者主義」とは、「高校で学ぶためにはそれにふさわしい能力を持ったものでなければならない」とする考え方であり、「希望者全入主義」とは、「高校は希望する人すべてを受け入れるべきだ」という考え方である。戦後日本社会のメリトクラシー化の高まりのもとで、「全入主義」の考えはほどなく廃れ、「適格者主義」の考え方が高校教育を支配するようになった。

しかし今日、少子化により、希望すればどこかの高校には入れる状態がほぼ全国的に実現している。現在、北海道・埼玉・東京・神奈川・愛知・滋賀・和歌山・大阪・兵庫の九都道府県では、定員内不合格を出さないという方針を表明している。そうした状況があるなかで、「障害」を理由にその門戸を閉ざすべきではないというのが3章での主張である。

高校無償化の動きも全国で広がっており、高校入学に関する経済的障壁もかつてに比べるとずいぶん低くなっている。高校教育は実質的に義務教育化しているとも形容できる状況である。イタリアなどいくつかのヨーロッパの国々では、いかなる障害があっても子どもたちは通常の学校で教育を受けることになっているという。すなわち、日本に存在する特別支援学校系列の学校は存在しない。現行の日本の教育システムは、障害児を別トラックに位置づける二元的なものとなっている。それをなくす方向に進むか、選択肢として残す方向で行くか。大きな政策的分かれ道である。

外国人の教育についても、多くの外国人特別入学枠がある大阪などを除くと、高校の適格者主義が外国人生徒の後期中等教育の機会を奪う傾向が強いというのが一般的である。どこの国の人間であっても、日本の高校に進学するなら、しっかりと日本語の力をつけ、ある程度の学力を獲得したうえでというのが、いまだに日本の常識である。日本の学校・高校へ行かない場合には、「外国人学校」などと総称される学校が、有力な選択肢となる。彼らにとっての別トラックが、そこにある。

能力主義のあり方は、そこに乗っていきにくいさまざまなマイノリティ集団を別トラックに押しとどめて処遇しようとする帰結を招きやすい。私たちは、通常(=メインストリーム)の学校のなかに、彼らにとって必要な教育を組み込んでいくことを基本として考えていきたい。なぜならそれが、マイノリティの生徒のみならず、そこに集うすべての子ども・若者にとって、かけがえのない学校体験を提供することにつながると信じるからである。

メリトクラシーの社会のなかで、学校は必然的に能力主義を基調とする場となる。それは避けがたい。しかし、それに合わせて、いろいろな人が集う場として、学校(本書の焦点は高校)を再構築したい。大阪の障害児教育の分野で大事にされてきた理念に「共生共育」というものがある。障害のある子もない子も、広げて言うなら海外にルーツがある子もそうでない子も、さらにはさまざまな個性・特性をもつ子どもたちがともに生きる場が学校であり、そこで関わり合いを持つことで皆が成長していくのだとする考え方である。そこでは、「できる」という能力主義の理念と「ともにある」という共生にかかわる理念が共存し、同等の価値を持つものとして位置づけられている。そのような学校文化の構築を目指していきたいものである。

4 「見えない排除」の問題

第二のキーワードが、「見えない排除」である。被差別部落を扱った1章では、これと同じ含意をもつ語、「不可視化される排除」という言葉がタイトルとなっている。

部落問題は、かつては「見える」問題であり、あからさまな差別や排除が社会のなかに横行していた。たとえば、約半世紀前、筆者は関西のある都市の公立中に通う中学生だったが、その中学校はまさに「荒れる中学」という言葉がぴったりの学校であった。そして、その荒れの真ん中に「ムラ」(＝被差別部落)から通ってくる生徒たちがいた。時期的にはちょうど、同和教育と呼ばれる実践が試みられはじめていた時代である。私の学校では、ひと学年で四〇〇人ぐらいの生徒のうち、二〇人ほどがムラから通ってきていた。服装や日々の言動、群れて暮らす彼らの行動パターン、そして何より独特のムラ言葉の使用から、彼らは彼らの存在は可視的であった。地域社会のなかにある偏見や差別的な視線を日常的に感じている彼らは、なかには「おとなしい子」もいたが、事あるごとに教師と対立し、暴力的に振舞うことも多かった。「コワいやつら」、これが当時の中学生としての筆者の、率直な認識であった。

1章で記述されているように、二〇〇二年の同和対策の失効によって事態は著しく変化した。もはや被差別部落は、社会のなかで「見えにくい」存在となっている。部落の子どもたち自身も、地域や学校や家庭のなかで、自らが置かれた位置を知る機会をほとんど持つことなく大きくなっている現状が広がっている。

しかし、彼らに対する差別や偏見が完全に払拭されたかというと、現実はそうではない。1章では、マイクロアグレッションという概念を用いて、今日の学校社会における排除のありようが如実に明らかにされている。ひとことでいうと、それは「見えない排除」である。部落出身の高校生たちは、表面上では平穏な学校生活を送っているものの、一皮むけば差別や排除の芽はあちこちに存在しているのであり、心のゆれや不安を感じながら、日々の学校生活を生き抜いているのである。外側の日本社会には、あからさまな就職差別や結婚差別が今日でも時おり生じるような土壌がいまだ温存されている。

そうした現状に対して、教育に何ができるのか。1章では二つのアイディアが提示されている。第一に、学校における同和教育の再構築、第二に、地域教育のさらなる振興である。とりわけ四つの異なる集団を扱う本書のコンテクストから注目されるのが、後者である。地域の大人の努力や工夫で展開される社会教育活動やボランティア活動によって、部落の子どもたちのなかに肯定的な集合的アイデンティティを形成しうる可能性が1章では示されている。他のグループにも適用可能な視点であろう。

2章で扱った貧困の問題についても「見えない排除」という見方が成り立つのではないかと考える。日本の学校は、貧困の問題を貧困の問題として扱うことを忌避してきたと指摘できる。日本の義務教育機関は、「勉強が苦手な子」や「学校のルールを守れない子」を主題化し、教師の働きかけで何とかしようという努力を重ねてきたが、その原因を「家庭（の経済的しんどさ）」に帰着させ、指導を組み立てるルート以外の改善策を見出すことにはあまり関心を払わなかった。「家庭のしんどさ」に子どもの低学力や不適応を還元するのは「教師の敗北である」、という観念すら存在してきたのである。

そのこととおそらく関連して、今日さかんに取り組まれている子どもたちに対する貧困対策は、主として学校外で行われている。それは、基本的に貧困対策が厚生労働省管轄で行われ、自治体レベルではいわゆる首長部局マターとなっているからである。逆に言うなら、文部科学省・教育委員会ルートの貧困対策は低調なままである。

結果として、2章で述べられているように、貧困家庭の子どもたちは、小中学校のなかでは肩身が狭く、何かとつらい思いをしている。そして、高校生になると、アルバイトや家族の世話といった負担がのしかかってくる。おのずと彼らは学業中心の生活を送りにくい状態に置かれるのであり、学校のなかで、あるいは学校からの、見えない排除の構造にさらされることとなる。

2章で強調されているのは、高校に何かできるのかという問題である。課題解決の糸口のひとつとして注目されるのが、たとえば大阪の西成高校で展開されている「反貧困学習」である。2章の末尾で指摘されているように、それによって「当事者である生徒たちが自らの生活を振り返って、現状の業績原理への批判的な力を学校で養う」ことが可能となる。貧困の問題を当事者の視点から問い直す教育内容の創造によって、教育における排除を相対化する力を獲得する筋道が明らかにされているのである。

それも含め、2章が提案しているのが、通常の「指導の論理」に、しんどい生徒たちが集う中学や高校で展開されてきた「支援の作法」を組み込んでいくというアプローチである。能力主義の原理に即した「指導の論理」だけで押していくと、マイノリティ的立場にある子ども・若者たちは陰に陽にメインストリームの世界から排除されることにならざるをえない。そこに「支援の作法」を入れることによって、排除を緩和・克服することが可能となるかもしれない。楽観的かもしれないが、希望を託すに値する選択肢だと考えることができる。

なお、本書の守備範囲の外にあるが、「見えない排除」にさらされているグループは他にもある。たとえば、学校生活のなかで「周辺化される目立たない子ども」たち、そして「不登校の子ども」たち。彼らの多くは、能力主義が主流の学校文化になじめず、良好な「適応」状況を示すことができないタイプの子どもたちである。彼らの問題については、別の機会に主題化することとしたい。

5 「差異のジレンマ」にどう対処するか

第三のキーワードは「差異のジレンマ」である。これは、障害児を扱っている3章のなかで焦点化されていたテーマである。

3章では、もともとミノウが提示した「差異のジレンマ」の概念を次のように説明している。「通常学級でマイノリティの子どもに特別な支援を施した場合、それはスティグマとなり不平等を強化してしまう。かといって、何も支援をせずに他の生徒と同様の扱いをすると、先の「ダンピング」(投棄)となり、不平等はなくならない」。

異なる性質をもつ人たち(＝マイノリティ)が居るとする。彼らは、それがゆえの不利益を被ったり、不平等な状況に置かれていたりする。その差異に対して積極的に働きかけようとすると、新たなコンフリクトや問題が生じることになる。とはいえ、何もしなければ不平等かつ不公正な状態が温存されてしまう。それが、「差異のジレンマ」である。

この考えにしたがうなら、障害児の教育に関して、「空間的配置と参加の両立は困難である」という言明が導かれる。障害児を健常児のなかに入れると、障害児へのケアが十分にできない。かと言って、障害児へのケアを最優先すると、彼らを「別建て」で扱わざるを得ない。すなわち「空間的配置」(両者を同じ空間で生活させる)という課題と「参加」(障害児の十全な参加を保障する)という課題を一挙に達成するのは不可能であるということになる。

この種のジレンマは、外国人教育の分野についても同様に指摘することが可能である。たとえば、何らかの事情でよその国から突然日本の学校に入ることになった子どもは、日本語がよくわからない。日本語を身につけるためには、通常の教室から取り出して集中的に日本語指導を行うのが早道であるが、それに注力すればするほどその子が在籍する学級の友だちになじみ、さまざまな教科の学習を受ける機会が阻害されてしまう。

部落の子どもたちに関しては、かつては差異のジレンマが存在していたように思う。そのひとつのあらわれが、地域における学習会である。筆者にもうっすらと記憶がある。彼らは放課後(あるいは夜間)に、彼らの地域の会館で勉強を教えてもらっているようだった。この地域学習会は、西日本の同和地区のなかではある時期までかなり広範に行われていた実践である。学校のなかで、彼らを取り出して特別に勉強を教えるということは「特別扱い」になるのでなされていなかった。しかし彼らは、地域の会館(＝学校の外)で、ボランティアという形でやってくる学校教師や地域の青年指導員に無償で勉強を教えてもらっていたのである。彼らに対する差異のジレンマは、同和対策という文脈のもとで「間接的に」対処がなされていたのである。

貧困問題についても、同様の現状を指摘することができる。部落に対するかつての同和対策と同じように、今日では貧困対策というものが存在し、貧困家庭の子どもたちは、行政やNPOが主体となって地域で行われている学習会や子どもが食堂などに通うことができる。裏を返せば、貧困層に関する差異のジレンマは、学校のなかでは表面化されない状態が続いているということになるのだが。

話を障害児の問題に戻そう。3章において注目されるのは、大阪の学校に通う障害のある高校生たちの声に耳を傾けると、彼らの「障害者アイデンティティ」に大きなバリエーションが見出されたことである。さまざまな制度的セッティングをもつ大阪では、教師やクラスメートがインペアメントをどのように理解するのかが変わってくるため、そのまなざしによって「障害者」にされたり、されなかったりすることが明らかになった。つまり、同一の場で特別な支援を受けてもそれがスティグマ化しない学校環境がありうること、さらに、そうした環境下では、健常者への同化か障害者として生きる(＝異化)かといった二項対立では捉えきれないアイデンティティが育まれうることを、今回の調査は明らかにした。

理論上では解決できない差異のジレンマは、それぞれの学校のなかで実践的に乗り越えられていると主張することが可能である。大阪の「共生共育」的理念は、能力主義的パラダイムを組み替えていくほどの大きなポテンシャルを有していると指摘することもできよう。

6 「参加」の視点でみる

第四の、最後のキーワードが「参加」である。参加を最大のキーワードとして議論を展開しているのが、外国人を焦点とした4章である。

筆者も教育の場における外国人支援の問題に長くかかわってきたが、従来強調されてきた論点は、「社会統合」か「文化保障」という二項対立にかかわるものであった。それは、「日本語指導の重視」対「母語・母文化保持の重視」

という対比的な教育観を導いていた。4章ではそこに「参加」という観点を加味して分析・評価を試みている。前二者が「上から目線」(教師や教育関係者の目線)の評価軸なのに対して、後者の「参加」とは、「下から目線」(当事者としての子ども・若者の目線)で教育の妥当性や有効性を評価しようとするスタンスである。外国人を排除しがちな学校システムの問題点や課題に対して、当事者である外国人生徒がどの程度声をあげることができるか。自分たちはそもそも認められていないという状況に対して申し立てができるかどうか。その結果として、いかなるカリキュラムや教育方法が用意できるか。そうした問題意識から4章は書かれている。

それぞれの特色を持つ三つの高校に通う生徒たちの証言を拾い出すことを通じて、「各校は外国人を排除するような教育を行っていない」という結論が引き出されている。同時に、「学校内の居心地は良いが、学校外では差別される」という語りも、外国人生徒から多く聞かれたという。在学している高校に対する彼らのポジティブな評価は、彼らがある程度の参加を実感できているからであろう。ただし、今回の調査の対象とはならなかった通常の高校において、外国人生徒の参加がどの程度実現しているかは、今後の検証を待つほかない。

障害児を対象とした3章においても、「参加」は重要キーワードとなっている。調査対象となった大阪の高校については、前節でもふれたように、空間を分離せずに特別な支援を工夫する実践が垣間見られた。それと対照的なのが、しばしば「ダンピング」と形容される教育実践である。これは、障害児が何もわからないまま、ただ健常児たちと教室に一緒にいる状況を指す言葉である。3章ではダンピングを、「排除を正当化するロジックでしかない」と批判している。

一人ひとりの生徒が自らの「居場所」を見出し、安心して学校生活を送れること、そしてその前提のうえで、彼ら全員が自分らしさを発揮し、それぞれの能力や資質を伸ばしていける環境をつくりあげること。それが、私たち教育関係者に求められている。

ところで、部落と貧困という、見えにくい二つのグループを扱った1章・2章では、「参加」というテーマが明示的に語られることはなかった。しかし、彼らにとっても、言うまでもなく参加は重要な事項である。参加という語は用いられてはいないものの、1・2章では彼らの参加のありようが詳細に描かれていた。

まず貧困層に属する高校生たちは、さまざまな形で小中学校時代に「肩身の狭い思い」をした記憶を語ってくれた。また、現在の高校生活に関しては、アルバイトや家族の世話がもたらす制限的な状況を彼らは話題にした。総じて言うなら、「学校生活にフルに参加できない状況を貧困がもたらしている」現実を、彼らは口にしていた。外国人や障害児のように「見えやすい」存在ではない彼らにとって、そのような「しんどさ」を周囲の人々（教師やクラスメート）にわかってもらうのは必ずしも容易なことではない。そうした状況が、彼らの自尊感情やアイデンティティにネガティブな影響を与えがちなのもうなずけるところである。

2章の著者たちの結論のひとつは、「当事者たちの状況を適切に表現しエンパワーするような概念や言葉を構想する」という課題を私たちは有している、というものである。ある意味、意表をついた、しかし事柄の本質をついた提案である。他の集団と比べて貧困の子どもたちにはポジティブな光が当たりにくい。彼らを元気づけ、勇気づける（＝エンパワーする）言葉が与えられれば、彼らの参加の度合いは向上するだろうという期待を、著者たちは有しているのである。

部落の高校生たちが置かれた位置も、ある意味それに重なる部分がある。二〇〇二年の同和対策法の期限切れ以降、同和教育の停滞は著しく、一般の高校で部落問題が教えられることはほとんどなくなってきている。結果として、高校生たちにとって部落問題は見えないものとなりつつある。他方で、社会のなかに差別や偏見は依然として残存しているため、彼らは学校内外でマイクロアグレッションに遭遇する危険と隣り合わせの状況にあるのだ。

同和教育のさかんな地域において、法切れ以前に存在していた「部落民宣言」や「地元高受験」といったユニークな教育活動は、部落の子どもたちに絶好の参加の機会を提供するものであった。そういう機会は、現代の部落の子どもたちにはもはや開かれていない。1章の筆者たちが願望を交えて主張する、「反差別の文化を社会に広げていく集団として部落を位置づける」という戦略は、究極の「参加」論のひとつであると見ることもできる。現代社会、そのなかの学校において、そのことがどのような筋道を経て実現しうるのか、私たちの構想力が試されている。

7 いくつかの提案

本章の中心的な舞台となった大阪は、同和教育・人権教育の考え方が、歴史的にもっとも浸透してきた地域だということができる。私たちが構想する公教育のあり方は、決して新奇なものではない。それは、あえて言うなら、大阪の学校・教師が追い続けてきた「未完のプロジェクト」を少しでも前進させようというものである。未来は、必ず過去の延長線上にくる。

「人権教育の四つの視点」という見方がある(平沢 一九九七)。

人権教育とは、「人権に関する知的理解と人権感覚の涵養を基盤として、意識、態度、実践的な行動力など様々な資質や能力を育成し、発展させることを目指す総合的な教育」(文部科学省 二〇〇八)のことである。それは、以下の四つの視点を組み合わせて構想・実行されるものだと考えられている。

① 人権としての教育(education as a human right)
② 人権についての教育(education about human rights)
③ 人権を通した教育(education through human rights)
④ 人権のための教育(education for human rights)

①は、教育を受けること自体が、子ども・若者にとってのきわめて重要な権利であるという事実を示している。②は、人権についての知的理解を促進するための教育活動すべてを表す。③は学校・学級が、子ども・若者たちが自己の人権が尊重されていると感じながら学習できる環境となっているかを問う視点である。そして④は、人権尊重の社会を実現するために子ども・若者に何ができるかを追究しようというスタンスである。

人権教育が成立するための基盤は、上記の③にあるように、「教育が行われる環境(学校・学級)がすべての関係者の人権が尊重される場となっているか」という点にある。そのうえで、子ども・若者たちの人権についての知的理解とたしかな人権感覚を育むための活動が組織されなければならない。そうして展開される教育活動のすべてが、一人ひとりのかけがえのない人権として保障されなければならない。

以下で提示する三つのレベルにおける合わせて八つのポイントは、すべてこれらの視点にかかわりを有するものだと位置づけることができる。

序章において、教育における排除と包摂のプロセスを、制度―組織―相互作用という三つのレベルの相互関連から捉えるという方針を設定した。それにもとづいて、ここでは私たちの具体的な提案を、三つの言葉で表現しておくことにする。〈やわらかい制度〉〈ぬくもりのある組織〉〈みとめあう相互作用〉がそれである。

〈やわらかい制度〉

① 学校のトラッキング構造をゆるやかなものにする。
② 高校教育について希望者全入を実現する。
③ マイノリティのニーズに応えるカリキュラムを整備する。

制度レベルでは、「やわらかさ」を生み出すことが最大のテーマとなる。①と②は教育制度のあり方について、③は教育内容の中身についての提案である。

第一に、日本の学校教育システムは、パイプラインのような形状を呈していて、それぞれの段階でどの種別・どの地位の学校に進むかによって、そこを経由していく諸個人を異なる社会的世界に送り込む役割を果たしている。その構造を、今よりもずっとゆるやかなものにして、コース変更ややり直しが今よりも容易となるようなものにしていきたい。

第二に、シンプルに高校についての希望者全入を実現したい。各種の障害のある者、日本語が不自由な外国人などについても、彼らが高校で学びたいという希望を有する場合は、その希望を最大限尊重するような制度に改編したい。

第三に、さまざまなタイプのマイノリティのニーズに直接応えるような教育内容・カリキュラムを、高校教育のなかに豊富に盛り込んでいきたい。そのひとつのモデルとなるのが、本章で何度かふれた反貧困学習である。

〈ぬくもりのある組織〉

① 学校組織をマイノリティの存在を認める風土を持つものにする。
② 支援の作法の導入・活用をはかる。
③ 参加の視点で問い直す。

組織(個々の学校)レベルでは、「ぬくもり」という言葉をキーワードとしたい。「ぬくもり」は、日本の人権教育の源流である同和教育においてしばしば掲げられてきたキーワードである(志水 二〇二二)。

第一に、本書で扱った学校の多くは、マイノリティの存在を認める風土を有する学校であった。しかしながら、すべての学校がそうかというと必ずしもそうではない。マイクロアグレッションに日常的にさらされている部落出身の生徒や、通常学級のなかで置き去りにされている障害のある子どもたちを例にあげるまでもなく、冷たい雰囲気をもつ学校・学級も当然世の中にはある。すべてのメンバーの存在を承認する、ぬくもりのある組織を形成していきたい。

第二に、2章で強調されていたのが、高校階層では下位に位置づく学校で見られた「支援の作法」であった。面倒見のよい学校には、さまざまな課題をかかえた生徒たちに寄り添う教師の存在がある。生徒たちのエンパワーに寄与する、ぬくもりのある場所に学校を変えていくことが求められる。

第三に、参加の視点から、組織環境や組織風土を問い直す姿勢が必要である。

生徒同士、あるいは教師同士の関係が、「冷ましあう」ではなく、「あたためあう」関係になっているか。我慢して下を向いていたり、見て見ぬふりをしていたりする者がいないか。メンバー全員に出番や活躍の場が開かれているか。組織のあり方を常に問い直す姿勢が必要である。

〈みとめあう相互作用〉

① 立場を超えて「リスペクト」しあう関係をつくる。

② 多様性を力にする。

相互作用(周囲の人とのかかわり)レベルで焦点となるのは、「みとめあう」関係性が成り立っているかどうかである。1〜4章で高校生たちが語ってくれたのは、日々の学校生活をおくる中での率直な気持ちや思いであった。それらは、家族や教師やクラスメートといった周囲の人々とのかかわりのなかで形成されていくものである。

第一に、ここで問題となるのは、彼らが取り結ぶ人間関係が「みとめあう」ものになっているかどうかである。相互作用のベースに、他者に対する「リスペクト」(敬意)があるかどうかが決定的な分かれ目になるように思う。能力主義的な価値観のもとでは、人が人を「できる・できない」のメガネで見がちとなる。大人と子ども、教師と生徒、

「できる子」と「できない子」、障害児と健常児、外国人生徒と日本人生徒といった立場や違いを超えて、相手をリスペクトしつつ他者とかかわれる資質が問われている。

第二にそれと関連して、さまざまな違い(=多様性)をポジティブなものと捉え、それを場の力として生かしていくことができるかが問われている。多様性を縮減しようとするのは同化である。包摂とは、多様性を含みこみ、より高次な「まとまり」を生み出していこうとする動きである。包摂的なシステムを創り上げるうえでもっとも重要なのは、ひとえに個人個人の行動、それらが積み重なった相互行為の質にあると考えたい。個人の行為の集積が組織の変容を導き、それが制度の変革へとつながっていく。

別の言葉で言い換えてみよう。個人とシステムがあるとして、同化とは、「既存のシステムを不変のものとし、それに個人をいかに適応させるか」に焦点をあてた概念であるのに対して、包摂とは、「異質性をもつ多様な個人の適応を導くために、システムがいかなる変容を遂げるか」という水準をも含みこむ概念である。要するに、変わらねばならないのは、個人ではなくシステムである。

マイノリティの立場にある人々が、学校から、あるいは学校のなかで排除されている。そしてその結果として、労働市場からも排除されている。そうした現状が本書1~4章の記述で明らかになった。彼らをよりよく包摂するためには、何よりも学校(大きくは教育制度、身近なところでは個々の高校)が変わっていかなければならない。

本章3節でもふれたように、学校システムの基調は能力主義にある。高校段階においては、それは適格者主義という価値前提や各地における高校の階層構造という形で、子ども・若者たちの前に現前化する。恵まれた社会階層・社会集団に属する者は、そうした学校秩序のなかで優位な立場をキープし、豊かな学校体験を蓄積することが可能であるが、本章で扱ったマイノリティ集団に属する者は、それとは逆の立場に置かれがちであり、学校教育のメリットを限定的な形でしか享受することができない場合が多い。

このシステムのあり方を少しでもベターなものにしていきたい。そのためには、能力主義によって編成された秩序を相対化するような価値や理念を組み込み、さらにそれを具現化するような教育内容や教育方法を創造していくという営為が必要となってくる。

そうしたシステムの変容可能性は、次の二つのルートを経てなされることになるだろう。ひとつは、トップダウンの筋道。政治的リーダーシップや実効ある教育政策の実施を通して、学校を変えていくことは一定程度可能である。今ひとつは、ボトムアップの経路。個々の現場における教師たちの工夫や取り組み、そして何よりも子ども・若者の積極的な参加のプロセスを通じて、学校は活性化され、変革を遂げることができる。

後者の筋道の可能性を、私たちは今後も考え続けていきたい。

参考文献

岩木秀夫・耳塚寛明編 一九八三、『現代のエスプリNo.195 高校生――学校格差の中で』至文堂。

志水宏吉 二〇二二、「公正を重視する大阪の公教育理念」髙谷幸編著『多文化共生の実験室――大阪から考える』青弓社、二一四―二三三頁。

平沢安政 一九九七、「人権教育としての同和教育――体系的なアプローチを求めて」部落解放研究所編『これからの人権教育――新時代を拓くネットワーク』解放出版社、一六―三九頁。

盛満弥生 二〇一一、「学校における貧困の表れとその不可視化――生活保護世帯出身生徒の学校生活を事例に」教育社会学研究第八八集、二七三―二九四頁。

文部科学省 二〇〇八、「人権教育の指導方法等の在り方について[第三次とりまとめ]」。

あとがき

難産だった。

これまでいくつもの本をつくってきたが、本書の作成ほど苦労したことは、今までなかったように思われる。「やれやれ、やっとできあがった」というのが、編集に携わった私の率直な感想である。

理由はいくつかある。

第一に、序章にも書いたように、調査のタイミングの問題。科学研究費助成を得て、調査を始めようとした段階で、新型コロナ感染症が私たち、そして世界全体を直撃した。その後数年間にわたる混乱、自粛と革新の動きは、記憶に新しいところである。結果的に本書のベースとなっている聞き取り調査は、高校生の声を集めることにフォーカスをしぼることとなった。調査期間は二年あまりに及んだ。

当初、研究代表者である私自身も、高校生・若者を対象とする聞き取りに実際に調査者として加わりたいと考えていた。しかし、事態の経過のなかで、その思いを断念し、全体の取りまとめに専念することにした。現地に出向き、了解がとれた人たちにインタビューを敢行する共同研究者たちの苦労と努力を見るにつけ、「一緒に連れていってくれ」と気軽に切り出せないと感じた。ある種の非常事態のなかでの調査活動は、私たち全員にとっての貴重な経験であった。ご協力いただいた学校関係者やその他の関係者の皆さん、そして何よりも生の声を聴かせてくれた高校生・若者たちに、この場を借りて深く感謝の意を表したい。

第二に、調査の規模の大きさ、それに由来する調査メンバーの確保の問題。私たちは、保護者や他の大人（教育関係者等)をふくめ、総勢で二〇〇名以上の人たちに聞き取り調査を実施した。コロナ禍の影響で、調査期間は大幅に延びた。私が当時勤務していた大学の院生たちを中心に多くの人々に調査にかかわってもらったが、メンバーの交代・入れ替わりもあり、本書1~4章の筆頭著者となっている四つのチーム(部落・貧困・障害・外国人)のリーダーたちは、大いに苦労したに違いない。調査のプロセスにおいて、チームのメンバー内やチーム間でのぎくしゃくした状況もあったと聞いている。四人のチームリーダーの皆さんには、ありがとうの言葉しかない。

第三に、研究内容の取りまとめの難しさの問題。序章でも述べたように、今回の調査の第一の目的は、当事者である高校生・若者の生の声を聴くことであった。その目的はおおむね達成できたと思う。結果として、皆でまとめた科研費の最終成果報告書(『学校システムにおける排除と包摂に関する教育社会学的研究――マイノリティの視点から』大阪大学大学院人間科学研究科、二〇二三年)は、A4サイズで四五〇頁を超す分量となった。これまで私が手掛けたなかでも、最も大部な報告書のひとつである。本書を作成するために、それをコンパクトにまとめ直さねばならなかった。許された紙幅はおよそ半分。そのなかに彼らの声を精選して掲載し、なおかつそれらを理論的・分析的に記述するという課題が、1~4章の著者たちには課された。私たち執筆者八人は何度も原稿を持ち寄り、検討会を持った。これまでの本づくりのなかでも、最も手間暇をかけたと言ってよいだろう。

第四に、そのプロセスのなかで出版社側の編集者が替わるという事態が生じた。当初の担当者であった大竹裕章さんは、彼が岩波書店に移る前の出版社時代から懇意にさせていただいた間柄であった。そして、この本をつくるにあたって、「岩波でいい本をつくりましょう」と私から声をかけさせていただいた。共同作業を進めつつある段階で、氏の、社内での異動が決まり、賀來みすずさんが本書の担当編集者となった。編集途中での担当者の交代という経験は、私にとって初めてのものである。なおかつ賀來さんは、教育関係の著作はほとんど経験がないということであった。率直なところ、戸惑いがないではなかった。しかしながら、賀來さんはてきぱきと仕事を進めて下さった。おかげで何とか、今年度内に本書を刊行することができた。お二人の編集者に感謝である。

なお本書は、以下の科研費の助成を受けて共同研究の成果物として刊行されるものである。科研費基盤（A）「学校システムにおける排除と包摂に関する教育社会学的研究――マイノリティの視点から」（研究代表：志水宏吉、二〇二〇～二〇二二年度、A20H01000）。

本書の執筆にかかわったのは私を含め八人であるが、先にも述べたように、そのもとになる科研費調査にはよりたくさんの人がかかわってくれた。その人たちのお名前を、ここに掲載しておく。

第1章　髙田一宏、石川結加（以上、執筆者）、棚田洋平、内田龍史、橋本幸一、藤井伸二、山内結、澤井未緩
第2章　西田芳正、知念渉（以上、執筆者）、西徳宏、数実浩佑、山口真美、栗原和樹、瀬戸麗、田中祐児、秋山みき
第3章　堀家由妃代、本間桃里（以上、執筆者）、二羽泰子、宇田智佳、中西美裕、高野結衣、久保田裕斗、山森一希
第4章　榎井縁（執筆者）、山本晃輔、石川朝子、王一瓊、聶蕙菁、大川ヘナン、山脇佳

ここで、いささか個人的な感慨を記させていただきたい。

この本の刊行は、自らのこれまでの研究史のひとつのまとめとしての意味合いを有するものであった。二〇代の前半に教育社会学を志した私は、三〇代になって以降、「学校文化」「マイノリティ」「フィールドワーク」という三つのキーワードのもとに自らの研究を位置づけようとしてきた。小学校から高校にいたる学校文化という研究対象の問題性や課題を、主としてマイノリティ側の視点から、フィールドワークの方法を駆使して把握・理解すること。そして、その営為を通じて、その事態の解決や改善を図っていくこと。

マイノリティ研究の領域では、通常は一つの社会集団（在日コリアンとかセクシャルマイノリティといった）を追いかけ

るものが多いが、本書では「四つのマイノリティ集団の現状に横串を指す」という視点からの理解を試みた。マイノリティ研究に「比較」という視座ないしは方法を導入することによって、新たな知見を得ようとしたのである。

もう一点、繰り返しになるが、本書では、マイノリティの高校生・若者たちの声を聴くという方針を掲げた。これは、私自身の反省から出てきている。これまでマイノリティ側の視点から学校文化を読み解くという立場を標榜しながら、私自身が主として話を聞くのは教師や親たちといった「大人」であることがもっぱらで、真の当事者である「子ども・若者」の声を聴くことはごく一部しか行えていなかった。今回は、その弱点の克服を試みた。

上記二点が、類書にはないこの本の特徴だということができる。

思い起こせば三〇年ほど前になる。私が若いころに志した「エスノグラフィー」(民族誌)という手法が、はげしい批判を浴びることになった。特権的な立場にある研究者が、各種の「現場」でフィールドワークなるものを通じて「データ」をとり、エスノグラフィーなる書き物にまとめ、自らの研究業績とする。それが、書く者と書かれる者の格差を、一層増大させる。私自身が日本の学校に関して行ってきた研究も、その批判から逃れることはできない。

かつて私は「要約の暴力」という言葉で、研究者の営為を振り返る文章を書いたことがある(志水「要約の暴力について」『教育学年報第10巻』世織書房、二〇〇四年)。そこで言いたかったのは、「私たちの仕事は、現場の人々、とりわけマイノリティと呼ばれる人々の生活や思考を、要約という形にならざるをえないが、社会に伝えることである」ということであった。質的研究法に関する、当時の英語のテキストには、giving voice などといった表現で、同様のことが語られていた。声なき人々の声を代弁すること、社会科学のひとつの重要な役割がそれであるという主張である。

本書において私たちは、高校生たちの言葉を数多く掲載し、それに私たちなりの解釈を施して、学術的な主張を試みている。その言葉の選択や解釈のあり方は、つまるところ私たちの「要約」の結果である。前掲論文で書いたように、要約には暴力がつきものである。「私はそんなつもりで言ったのではない」「こんな風に書かれるとは思ってもみなかった」。ことによると、「調査対象者」となった彼らは、そう感じるかもしれない。しかし、本書はもうここにできあがっている。私たちの選択なり、解釈なり、主張なりが、真っ当なものであるか、あるいは適切とは言えないものであるか。その判断は、インタビューに答えてくれた高校生たちをふくむ、この本を手にとる読者の皆さんお一人おひとりに委ねるしかない。マイノリティ側に立つと言いながら、結局のところ、マイノリティを「食い物」にしているのではないか、という批判に応えうるのか、自問自答しながらの編集作業であった。

二〇二四年四月に私は、トータルで四〇年近く勤務した国立大学から、私立の女子大学に職場を移した。ここで、主として社会人を対象とする、夜間大学院の教壇にたっている。この秋に齢六五歳となり、「高齢者」というカテゴリーに仲間入りを果たした。どこまでできるか、何ができるか、全く見通しは立っていないが、力のあるかぎり、自分なりの教育研究活動を続けていきたいと考えている。

二〇二四年師走

志水宏吉

【編者・執筆者】
志水宏吉（しみず こうきち）
武庫川女子大学教育研究所長．教育社会学，学校臨床学．『ペアレントクラシー「親格差時代」の衝撃』（朝日新書），『学力格差是正策の国際比較』（共編，岩波書店）など．

【執筆者】
髙田一宏（たかだ かずひろ）
大阪大学大学院人間科学研究科教授．教育社会学，同和教育論，地域教育論．『新自由主義と教育改革　大阪から問う』（岩波新書），『ウェルビーイングを実現する学力保障――教育と福祉の橋渡しを考える』（大阪大学出版会）など．

石川結加（いしかわ ゆか）
大阪芸術大学教養課程准教授．教育社会学，同和教育論．『未来を創る人権教育――大阪・松原発　学校と地域をつなぐ実践』（共著，明石書店）など．

知念　渉（ちねん あゆむ）
大阪大学大学院人間科学研究科准教授．教育社会学，家族社会学．『教育格差の診断書――データからわかる実態と処方箋』（共著，岩波書店），『〈ヤンチャな子ら〉のエスノグラフィー――ヤンキーの生活世界を描き出す』（青弓社）など．

西田芳正（にしだ よしまさ）
大阪公立大学大学院現代システム科学研究科教授．教育社会学，都市社会学．『排除する社会・排除に抗する学校』（大阪大学出版会），『児童養護施設と社会的排除――家族依存社会の臨界』（編著，解放出版社）など．

堀家由妃代（ほりけ ゆきよ）
佛教大学教育学部准教授．教育社会学，障害児教育．『新しい教職教育講座 教職教育編 5 特別支援教育』（編著，ミネルヴァ書房），『学力政策の比較社会学【国際編】――PISA は各国に何をもたらしたか』（共著，明石書店）など．

本間桃里（ほんま とうり）
京都大学大学院人間・環境学研究科博士後期課程．教育社会学，社会学．『インクルーシブな教育と社会――はじめて学ぶ人のための 15 章』（共著，ミネルヴァ書房）など．

榎井　縁（えのい ゆかり）
藍野大学医療保健学部教授，大阪大学大学院人間科学研究科招聘教授．教育社会学，教育学．『外国人生徒と共に歩む大阪の高校――学校文化の変容と卒業生のライフコース』（共著，明石書店），『移民政策とは何か――日本の現実から考える』（共編，人文書院）など．

ひとりもとりこぼさない学校へ
——部落，貧困，障害，外国ルーツの若者の語りから

2025年2月26日　第1刷発行

編　者　志水宏吉《しみずこうきち》

発行者　坂本政謙

発行所　株式会社　岩波書店
〒101-8002 東京都千代田区一ツ橋2-5-5
電話案内 03-5210-4000
https://www.iwanami.co.jp/

印刷・精興社　製本・松岳社

ISBN 978-4-00-061683-6　　Printed in Japan